珞珈公益与人权法丛书

死 刑 新 论

——人权视角下的实证研究

New Studies of the Death Penalty:
Empirical Research from the Human Rights Perspective

张万洪 主编　　丁 鹏 执行主编

WUHAN UNIVERSITY PRESS
武汉大学出版社

图书在版编目(CIP)数据

死刑新论:人权视角下的实证研究/张万洪主编.—武汉:武汉大学出版社,2024.7
珞珈公益与人权法丛书
ISBN 978-7-307-22522-0

Ⅰ.死… Ⅱ.张… Ⅲ.死刑—研究 Ⅳ.D914.14

中国版本图书馆 CIP 数据核字(2021)第 161425 号

责任编辑:胡 荣　　　责任校对:汪欣怡　　　版式设计:马 佳

出版发行:**武汉大学出版社**　　(430072　武昌　珞珈山)
　　　　　(电子邮箱:cbs22@whu.edu.cn　网址:www.wdp.com.cn)
印刷:广东虎彩云印刷有限公司
开本:720×1000　1/16　印张:15.75　字数:283 千字　插页:1
版次:2024 年 7 月第 1 版　　2024 年 7 月第 1 次印刷
ISBN 978-7-307-22522-0　　定价:68.00 元

丛 书 总 序

珞珈求法，服务公益；研究法理，倡导人权。

武汉大学在人权教学及研究领域有着悠久而光荣的历史。早自 20 世纪 90 年代起，在韩德培、李龙等先生的带领下，我们出版了《人权理论与国际人权》(李龙、万鄂湘，1992)、《国际人权法》(万鄂湘，1993)、《人权的理论与实践》(韩德培，1994)、《欧洲人权法院判例评述》(万鄂湘，1999)等一批开拓性的人权论著。进入 21 世纪，我们在国际人权法、特定群体平等权利领域又发表了一大批学术成果。

长期以来，武汉大学师生坚持理论研究与社会实践相结合，坚持学术研究成果与社会转化相承续，积极参与社会公益服务。1992 年，武汉大学师生创立了社会弱者权利保护中心，后更名为武汉大学法律援助中心，其是中国最早的民间法律援助机构。2007 年，我们成立了武汉大学公益与发展法律研究中心，以法学为基础，以公益、发展和人权为切入点，提倡并从事跨学科的、从实践出发的、有"质感"的研究。奠基于长期的理论研究积累和这两个中心的经验和产出，2013 年成立了武汉大学人权研究院，并成功入选第二批国家人权教育与培训基地。2014 年，为进一步拓展社会服务，我们另外创立了武汉市武昌区东湖公益服务中心，作为注册社会组织，致力于开展助残、扶贫、赋能等方面的公益活动，为残障、贫困等特殊群体的平等保护与融合发展提供服务与支持。2024 年，该组织获得联合国经济及社会理事会特别咨商地位。立足这些研究与服务平台，我们将继续连接社群，扎根基层，秉持跨文化交流视角，面向世界推动在地的公益与人权事业。

本丛书赓续武汉大学人权研究、教育与服务的优良传统，呈现武汉大学人权研究与教育工作的最新成果，也见证中国人权事业在多个领域的新进展。中国全面推进法治建设，以发展促进人权，契合联合国 2030 年可持续发展目标(SDGs)，着力探索中国式人权发展道路。自 2009 年起，中国政府连续制定和实施四期《国家人权行动计划》，积极参与和促进人权国际交流与合作，在法治建设和人权保护方面取得巨大成就。本丛书呼应人权与发展这一时代主题，在公正审判、值班律师、法律援助、特定群体平等保护、社区法律赋能（legal empowerment）、负责任工商业实践等具体领域，总结中国人权保障的丰富经验，提炼、呈现中国人权保障的创新模式。

本丛书汇集国内外关于公益与人权法实践领域的研究成果，力求构建并呈现有中国特色的公益法知识体系。本丛书关注的公益法律服务，惠及被羁押人、农民、残障人等特定群体，同样是消除贫困、实现社会融合与可持续发展的主体。他们不仅可以经由个案中的公益服务救济保障权利，而且可以由此得到赋能，从而更有信心和能力享受法律服务，平等参与社会生活，共享社会文明成果、实现个体繁荣。

本丛书在全球视野下，广泛吸纳公益与人权法领域的国际经验，在西方形式主义法治正统之外，尤其强调运用"社区法律明白人""非传统法律服务""参与式需求评估和能力建设"等新兴策略，以实现让法律为每一个人服务的一般经验。本丛书切入实务前沿，在讨论新理念、新制度、新知识的时候，注重提供相应的操作方法。此外，本丛书还综观世界各国家人权行动计划，介绍工商业与人权领域的最新规范及实务案例，推进全球供应链上的人权尽责，比较分析其如何将人权标准转化为适合本土条件的制度实践。这些研究成果，为决策者在制定、执行、评估具体的人权相关措施时提供参照和借鉴。

本丛书是开放和动态更新的丛书。中国人权事业开拓进取，常论常新。中国坚持以人民为中心，以发展促进人权，促进人的自由全面发展，正着力走一条有中国特色的人权发展道路。我们由衷期待，武汉大学及其人权研究院在未来产出更多高质量的人权研究成果，秉持崇高人权理念，做好公益法律服务，讲好中国人权故事，推进国际人权对话与合作，为建立公正合理包容的国际人权治理秩序和促进人类命运共同体的和平繁荣，做出新的贡献。

是为序。

武汉大学人权研究院 张万洪

2024 年 6 月 20 日

序：探索死刑研究的新视界

死刑是刑事法领域关注和讨论已久的问题，就此也形成了不少研究成果。既有研究多是围绕死刑存废、替代措施、执行机制等问题进行具体研究，而且往往囿于实体法或程序法的单一视角，因此虽然提出了不少具体的观点，却难免陷入"管窥蠡测"的困境，刑事法学科内死刑研究的局限性愈发明显。死刑问题的跨学科研究并非易事，其不仅涉及具体的刑罚裁量与执行，更涉及终极意义的生命评判与价值衡量，同时由于死刑问题的敏感性，获取第一手资料可谓难上加难，更遑论实证研究还需专门的知识和技能。

张万洪教授主编的《死刑新论——人权视角下的实证研究》正是围绕这一难题所进行的开拓性尝试。本书跳出传统的以生命权、刑罚权视角审视死刑问题的藩篱，立足更宏大的学术视野，基于人权视角加以研究。在此基础上，本书还进一步探索跨学科研究的有效开展，特别是基于法律社会学的视角进行实证研究，以扎实的资料、客观的分析予以佐证，提出了诸多具有创新意义的观点。在内容上，本书具有以下特点：

第一，立足中国和放眼世界相结合。本书首先基于中国的死刑问题进行深入阐释，所研究的对象多为我国死刑理论探讨、司法实践中的具体问题，同时结合中国语境、中国视野，提出契合我国死刑运用和未来展望的观点。本书并未将本土化和国际化对立起来，一方面基于国际法的视角，围绕《公民权利和政治权利国际公约》等人权法律文件的立场和要求，以及联合国其他人权条约机构和机制发布的一般性意见、报告，对废除死刑问题在国际语境下进行考察；另一方面，基于比较法的视角，围绕印度的"39-A 项目"（以《印度宪法》第 39-A 条款命名）以及与死刑相关的实践，以特定国家关于死刑的多元探索为分析对象，为研究死刑问题提供域外借鉴。

第二，理论研究和实证研究相结合。本书未割裂理论研究和实践研究，而是致力于二者融合。比如本书基于"沟通应报论"等理论对死刑进行阐释，以道德主体的人性假设来确定答责依据，并且基于自主理性、比例原则的限缩考量，来确证杀人犯罪作为有限适用死刑的犯罪类型，从而确保死刑的正当性。

与此同时，本书也未将死刑适用的正当性静态化，而是基于动态视角进行阐释，比如在死刑民意认同的正当性评判中，不是将民意作为死刑适用的确定依据，而是指出基于实验研究，民意在死刑替代方案、死刑存废理由信息的影响下可能发生变化，因此可以引导民意重塑死刑的正当价值。

第三，个罪研究和司法研究相结合。本书深入研究了特定犯罪的死刑适用，围绕集资诈骗、贪污贿赂等非暴力犯罪死刑的发展方向，以及故意杀人、绑架等暴力犯罪死刑的适用规律，进行了有针对性的研究。基于各类死刑犯罪的实践，本书还进一步归纳和研究了司法实践中死刑适用的重要问题，比如被告人律师帮助权的建构、民事赔偿情节的妥善适用、刑事辩护的有效实现、司法鉴定的发展完善等。

此外，本书还于附录中系统梳理了死刑制度，以独特的视角对死刑的规范架构、制度模式、主体特质、程序要求、适用导向、执行方式等问题进行归纳，不仅能够为读者理解全书的理论视角和系统研究提供资料支持，也能给读者以额外的启发。

当然，如何以视野广阔、学科交叉的方式进一步推动死刑问题研究仍然是需要广大理论和实务工作者深入思考的重大命题。在此意义上，本书也难免存在"挂一漏万"的问题，具体的研究架构、研究内容也有待于进一步体系化、科学化。我衷心期待作者能够在本书基础上，围绕这一问题产出更为优秀的成果！

是为序。

莫洪宪[①]

2021 年 2 月 6 日

于珞珈山

---

① 武汉大学刑事法研究中心主任、教授、博士生导师，中国刑法学研究会副会长。

目　　录

编者弁言·· 1

上编　死刑与人权司法保障概论

保障生命权的公约标准·· 3

 一、前言·· 3

 二、《公民权利和政治权利国际公约》第 6 条的内涵 ········· 4

 三、结论·· 21

一个正当化"有限死刑"的论证·· 22

 一、死刑论证的层次·· 22

 二、什么是沟通应报论？··· 23

 三、邪恶与刑罚·· 25

 四、死刑必然违反人性尊严吗？·· 27

 五、人性的卑微与高贵··· 30

 附：同行评阅反馈·· 32

民意、教育与中国死刑的存废·· 34

 一、问题的提出·· 34

 二、实验研究·· 37

 三、结论与讨论·· 44

 附：同行评阅反馈·· 46

论死刑案件有效辩护的实现·· 49

 一、死刑案件有效辩护的概念及现状····································· 50

 二、有效辩护的域外模式及启示·· 55

三、实现我国死刑案件有效辩护的措施 ……………………… 70

印度的 39-A 项目以及与死刑相关的 5 年工作 ……… 74

一、印度死刑报告 ………………………………………… 75

二、诉讼 …………………………………………………… 76

三、从死刑研究中心到 39-A 项目 ……………………… 80

四、公共议题 ……………………………………………… 82

五、挑战与风险 …………………………………………… 84

六、结论 …………………………………………………… 84

<h2 style="text-align:center">下编　死刑适用的实证研究</h2>

集资诈骗典型案例与非暴力犯罪死刑废止 ……………… 89

一、《刑法修正案(八)》未能废止的集资诈骗罪死刑 ………… 90

二、《刑法修正案(八)》出台前后的吴英案 …………………… 91

三、保留集资诈骗罪死刑期间的曾成杰案 …………………… 96

四、《刑法修正案(九)》最终废止的集资诈骗罪死刑 ………… 98

贪污受贿罪死刑适用标准研究 ………………………… 100

一、贪污受贿罪死刑标准之立法嬗变 …………………… 101

二、贪污受贿罪死刑适用现状的考察 …………………… 107

三、贪污受贿罪死刑适用标准的规范化思考 …………… 114

附：同行评阅反馈 ………………………………………… 123

故意杀人罪死刑裁量的规律探寻 ……………………… 124

一、故意杀人罪的死刑复核案例素材 …………………… 125

二、故意杀人案例的死刑司法实践规律探寻 …………… 129

三、我国司法关于故意杀人案例的裁判检视 …………… 132

附：同行评阅反馈 ………………………………………… 135

民事赔偿情节在死刑裁量中的适用 …………………… 142

一、问题的提出 …………………………………………… 142

二、民事赔偿情节影响死刑裁量的实际状况 …………… 143

三、民事赔偿情节影响死刑裁量的实践问题分析…………………………… 145

四、民事赔偿情节影响死刑裁量的应然之道 …………………………… 147

五、小结 ………………………………………………………………… 152

绑架罪死刑行为人特征分析研究………………………………………… 153

一、样本选取与分析方法 ……………………………………………… 154

二、绑架犯罪死刑行为人基本特征统计及结果分析 ………………… 155

三、绑架犯罪死刑行为人的诉讼表现特征及相关分析 ……………… 163

四、预防与抑制致死型绑架犯罪的思考 ……………………………… 165

五、结语 ………………………………………………………………… 166

附：同行评阅反馈 ……………………………………………………… 167

死刑案件中司法鉴定问题的实证分析………………………………… 169

一、死刑案件中司法鉴定的争议问题 ………………………………… 169

二、死刑案件中完善司法鉴定的对策建议 …………………………… 179

附：同行评阅反馈 ……………………………………………………… 196

死刑复核程序中被告人的律师帮助权………………………………… 199

一、对最高人民法院复核裁定的实证分析 …………………………… 200

二、对死刑复核案件被告人的实证分析 ……………………………… 205

三、对死刑复核辩护律师的实证分析 ………………………………… 208

四、完善死刑复核程序的建议 ………………………………………… 212

附：同行评阅反馈 ……………………………………………………… 217

附录　中国死刑制度概览……………………………………………… 219

一、关于死刑的刑事法体系 …………………………………………… 219

二、关于死刑的保障措施 ……………………………………………… 221

三、最严重的罪行 ……………………………………………………… 222

四、弱势被告人 ………………………………………………………… 228

五、证据规则 …………………………………………………………… 230

六、获得公正审判 ……………………………………………………… 231

七、适当的法律协助 …………………………………………………… 233

八、赦免、上诉和减刑 ………………………………………………… 234

九、尽量减轻痛苦 ……………………………………………………… 236

编 者 弁 言

本书以"死刑新论"为名,在以下几个方面有所创新尝试。

1. 关于生命权及其司法保障和公正审判等价值观的新论述

本书各篇文章探讨死刑议题的不同侧面,落脚点都可以归于人权研究。第一篇吴志光《保障生命权的公约标准》介绍了与生命权相关的国际人权标准的新动态和总体框架。关于生命权保障,在国际人权标准层面已有诸多发展,人权事务委员会于 2018 年 10 月 31 日发布公约的第 36 号一般性意见,内容多达五章 70 点。该意见涵盖历年来人权事务委员会对各国报告的结论性意见、个人申诉案的决定、联合国其他人权公约之精神(例如《儿童权利公约》《消除对妇女一切形式歧视公约》)、联合国各种人权保障机制之报告(例如"法外处决、草率或任意处决问题特别报告员"的报告)、前南斯拉夫国际刑事法庭和卢旺达国际刑事法庭的裁判,以及各区域性人权保障机制的实务发展(例如欧洲人权法院、美洲人权法院的裁判及咨询意见)等,内容丰富多元,堪称是目前对公约第 6 条生命权保障诠释最完整、最具权威的国际法文献。

本书附录与此呼应,参照联合国《关于保护面对死刑的人的权利的保障措施》,从最严重罪行、弱势被告人、证据规则、公正审判、法律协助、赦免上诉和减刑、尽量减轻痛苦等层面概括梳理了我国刑事法相关制度和通行做法,希望对感兴趣的同仁有所帮助。

从生命权视角研究我国死刑问题,可以促进我们关于"生命至上"的讨论和反思,丰富"以人民为中心"的中国特色人权理论。其中包括但不限于对应报论、公共意见(民意)的更新研究。以当事人(犯罪嫌疑人、被告人)①的基本权利为中心,完善确保死刑案件实体法适用均衡、审判程序公正的相关制度,有助于我们贯彻落实习近平法治思想,依照《法治中国建设规划(2020—2025 年)》,加强人权法治保障,建设公正高效权威的中国特色社会主义司法

---

① 在死刑案件中,尤其还要考虑到被害人及其亲属的充分救济、赔偿、补偿和支持。

制度。

2. 对死刑多学科研究方法论的新尝试

人权天然构成了一个跨学科研究和方法论异质的领域。人权法中的诸多核心学说概念，都继承了哲学、政治学、批判理论、社会心理学、社会动员领域的工作成果。人权法也参与塑造了哲学领域的权利理论，乃至影响到社会科学领域的公民、社会变迁等观念。人权领域的诸多迫切问题和争议难题，在单一传统或方法研究的局限下无法得到解答。[①]

回到死刑的多学科研究，许家馨从刑法哲学角度提出了《一个正当化"有限死刑"的论证》，探讨沟通应报论对于死刑案件实现矫正正义的影响，在一定程度上契合"杀人偿命"的大众直觉和"自负其责"的理性主体论。这两点常常构成了限制、减少适用死刑乃至废除死刑的最大阻碍。其在理念层面界定了一种穷尽道德想象力也无法理解的"恶"或人性彻底败坏，进而要求个体死亡作为生命固有的阴影提早显现（死刑）以映照人性的微光。这种哲学思辨对于解释"最严重罪行""罪行极其严重""人身危险性极高""求其生而不可得"等国际国内法中的概念，都有借鉴意义。而文末李茂生的回应，则从实务角度指出，这个合理的论断可能被刑事司法中各种无法经人力克服的缺陷而抵消，例如冤错案件、执行中的拖延和其他因素导致的极度痛苦。

本书大部分文章都可归入对死刑的法律社会学以及犯罪学的实证研究。李俊通过《民意、教育与中国死刑的存废》这一社会学的实验研究表明，死刑民意是可以改变的，一方面受问题本身（即死刑替代方案）的影响，另一方面受阅读材料（即关于死刑存废理由的信息）的影响。前者侧重于立法自身的变革，后者则涉及在信息公开基础上的教育。由此也可以在实务层面回应许家馨的理论，特别是民众关于"应报""沟通"的信息如何获取、公共讨论如何进行，都是死刑相关理论思辨应该予以考虑的关键环节。此外，杨诏斌研究的《集资诈骗典型案例与非暴力犯罪死刑废止》指出，在非暴力犯罪范畴中，民意往往对死刑废止起推动作用而非阻碍作用；理论研究有利于引导民意向废止死刑方向转变；司法部门对民意和理论界观点的尊重也有利于废止非暴力犯罪死刑。

---

① Malcolm Langford, Interdisciplinarity and Multimethod Research, in Bård A. Andreassen, Hans-Otto Sano, Siobhán McInerney-Lankford, Research Methods in Human Rights: A Handbook, Edward Elgar Publishing Limited, 2017, pp. 161-191.

从刑事司法程序角度分析死刑议题，周冠宇《论死刑案件有效辩护的实现》将公正审判、有效辩护原则贯彻到死刑案件中，凸显出死刑案件在定罪、量刑乃至复核阶段实现有效辩护或者"超级正当程序"（super due process）的重要意义和可行策略。在死刑案件中，认定有效辩护的标准可能更细致，比如辩护律师是否发现和指出被告人的受虐反抗、极度贫困、脑部损伤、认知低下、精神疾病等严重脆弱状态。

吴宏耀、张亮分析《死刑复核程序中被告人的律师帮助权》强调，在以审判为中心的诉讼制度改革时代背景下，有必要在死刑复核程序中扩大辩护律师的参与，实现死刑复核程序中指定辩护的全覆盖，同时有必要采取措施提高死刑复核程序中指定律师的辩护质量。随着《法律援助法》的起草颁布，为死刑复核阶段被告人提供法律援助很可能成为制度上的现实，如何及时推广这个新制度，建立通知—指定辩护的协调机制，值得进一步研究。例如最高人民法院、高级人民法院发现死刑复核案件的被告人没有辩护律师，是通知省一级法律援助中心还是被告人监管所在地市一级的法律援助中心，抑或是一审、二审所在地的法律援助中心？与目前法律援助的"属地"管辖一致，但考虑到死刑复核案件的特殊性，以及省一级法律援助中心的资源相对丰富，各地差异不至于悬殊，可否考虑建立明确的通知-指派机制：办案机关一般应该通知当地同级司法行政部门的法律援助机构指派律师；死刑复核案件由人民法院通知被告人所在地省一级法律援助机构指派律师。

李捷、王东妍对《死刑案件中司法鉴定问题的实证分析》指出，为提升死刑案件司法鉴定的科学性，应赋予当事人启动司法鉴定程序的权利，通过司法解释明确重新鉴定的标准，举办听证补强鉴定意见的效力以及在医学标准的基础上运用法学理论来判断被告人的刑事责任能力。应该注意到，2020年《刑法修正案（十一）》降低了未成年人的刑事责任年龄，相应也强化了对未成年人"辨认或者控制自己行为"能力鉴定的要求；由此还可能牵涉社群倡导者、受害人、社会公众以及法律部门对精神障碍者"辨认或者控制自己行为"能力鉴定标准的争议。

印度同行介绍《印度的39-A项目以及与死刑相关的5年工作》则向我们表明，法律人开展死刑实证研究和政策倡导的一线机遇和诸多挑战。一方面，社会力量与大学合作设立的研究机构通过访谈实证研究，揭示出死因来自较低的经济社会背景，没有良好的法律代理，以及在监牢中等候处决可谓煎熬。这些中立客观的研究发挥了强有力的政策影响。另一方面，法律人在热点案件中为不受欢迎乃至众人唾弃的被告人辩护，反而会让民众更加不愿意支持通过谨慎的司法程序和宽仁的法律解释限制或减少适用死刑。

3. 回应国内刑事政策的新发展

死刑适用在我国一直深受刑事政策的影响。2006 年即有研究指出，"死刑案件中死缓与立即执行之间的选择，基本上不是个法律问题而是个政策问题……正是这个最自由的部分与被告人是否立即去死这个不可逆的法律后果之间形成对应，其堪忧之处倒不仅仅是那些死刑圈里被告的个人命运，更在于这种决定生命去留的方式是一种缺乏明确性操作规则的方式，一种制度化程度较低的方式"。① 其中，在定罪环节，刑事政策直接影响关于行为的应受处罚必要性及其程度的价值判断，进而通过危害性评价这一支点影响对犯罪成立要件（罪行极其严重）的解释。在死刑案件的独特量刑环节，刑事政策关于人身危险性的判断，直接影响到最终是否判处死刑立即执行。② 死刑案件的量刑辩护以及死刑复核阶段关于"不是必须立即执行"的减轻（mitigation）辩护，由此具有不同于其他刑事辩护的重要价值。

依照最新《刑法修正案》和相关司法解释、指导案例中体现的原则，我国关于判处死刑立即执行的刑事政策，可以理解为如图 1 所示的逻辑层级：对于可能判处死刑的罪行，依据《刑法》第 48 条第 1 款，③ 要达到"罪行极其严重"标准，既包括客观行为，也包括行为中的主观状态和被害人过错等，才能考虑进入"死刑圈"，判处死刑缓期执行（普通死缓）。而后依据《刑法》第 50 条第 2 款，属于累犯或特定 8 类犯罪的行为人具有更高的人身危险性，但综合衡量行为人的人身危险性，包括事前的累犯、再犯信息，一贯表现，事后的自首、坦白、立功、悔罪、赔偿等表现，仍属于"不是必须立即执行"，则判处死缓限制减刑。最后，对于累犯或特定 8 类犯罪的行为人，或其他不符合死缓限制减刑条件的行为人，综合考虑事前、事后的人身危险性，其从严的部分折抵从宽的部分仍有剩余，无法达到"不是必须立即执行"标准，才可以考虑判处死刑

---

① 白建军：《死刑适用实证研究》，载《中国社会科学》2006 年第 5 期。

② 劳东燕：《功能主义的刑法解释》，中国人民大学出版社 2020 年版，第 71、308、352 页。

③ "死刑只适用于罪行极其严重的犯罪分子。对于应当判处死刑的犯罪分子，如果不是必须立即执行的，可以判处死刑同时宣告缓期二年执行。"

立即执行。①②

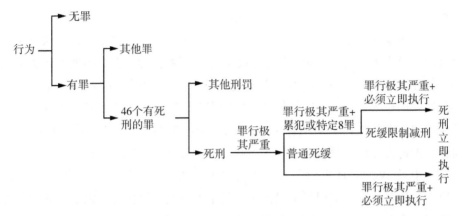

图 1 死刑立即执行的刑事政策解读

在此脉络下，死刑适用的刑事政策研究和刑法教义学研究结合起来。陈妍茹《贪污受贿罪死刑适用标准研究》分析了《刑法修正案（九）》施行后部分贪污、受贿罪案件中死刑的适用情况，提出进一步规范死刑立即执行、死刑缓期二年执行以及终身监禁的适用标准，以促进死刑适用的公正与均衡。范天梦分析《故意杀人罪死刑裁量的规律探寻》指出，践行宽严相济、少杀慎杀的刑事政策，对于罪行极其严重的故意杀人犯，也要平等适用"从宽"原则。然而目前司法审判实践对政策把握还有不足，故意杀人罪中"从宽"情节的裁量与政策精神还有差距。此外，刘亚男分析《民事赔偿情节在死刑裁量中的适用》指出，法院对民事赔偿情节的属性认识不清，对死刑个案中适用民事赔偿情节的标准掌握不一。为保障民事赔偿情节在死刑裁量中的公平、科学适用，不仅要明确民事赔偿情节的酌定从轻属性，也要强调民事赔偿情节的独立地位，避免以被害人家属不谅解为由拒绝适用民事赔偿情节。

本书研究从平等保障所有人的生命权出发，既包括受刑人的生命权，也包括受害人和普通公众的生命权；既包括人权保障的维度，也包括打击、防控犯

---

① 对被判处死刑缓期执行的累犯以及因故意杀人、强奸、抢劫、绑架、放火、爆炸、投放危险物质或者有组织的暴力性犯罪被判处死刑缓期执行的犯罪分子，人民法院根据犯罪情节等情况可以同时决定对其限制减刑。

② 劳东燕：《死刑适用标准的体系化构造》，载《法学研究》2015 年第 1 期。

罪的维度。死刑实证研究对于防控犯罪也有启发。例如项艳的《绑架罪死刑行为人特征分析研究》指出，认识和了解绑架犯罪死刑行为人的特征，对防控暴力性质极其严重的绑架犯罪具有一定的指导意义。

我们也期待和鼓励，关于生命权、死刑、国家权力、司法正义、法律文化等议题，形成更广泛的理论对话。例如黄宗智先生认为，在中国刑事司法实践中，曾经由于意识形态化的"和谐"理念导致对"刑事和解"的误解和夸大，近些年摸索出比较合理、实用的做法，将刑事和解限定于轻罪尤其是青少年和大学生所犯，以及"过失"等有限领域。① 这一论述可能忽视了死刑案件中民事赔偿及被害方谅解的重要影响。本书收录的刘亚男《民事赔偿情节在死刑裁量中的适用》一文，就此提出了有意义的参考。此外，黄宗智先生的前述研究，可以启发读者思考，前现代中国民事、刑事不分的法律传统，以及在死刑案件中讲求应报都在这一世而非来世的文化传统，对当前死刑适用的影响。这也可以与本书收录的关于应报、民意的研究形成对照和相互启发。

死刑研究是非常复杂而艰难的议题。本书收录研究，大多还属于对原材料的初步开采，难免粗陋之处，有待后来研究者继续发掘、熔炼、琢磨。这本书属于武汉大学人权研究院"珞珈人权法丛书"的作品之一。我们希望通过自己的微薄努力来表明，关于人权(生命权)的司法保障包括公正审判、公共法律服务均等化的探索，至少与刑事政策、刑法教义、诉讼程序、辩护技巧层面的讨论，同样重要。

天地之大德曰生。投身于维护每个人固有生命尊严的人权法治事业，任重道远，是以与诸君共勉。

---

① 黄宗智：《中国的新型正义体系：实践与理论》，广西师范大学出版社 2020 年版，第三章"道德与法律：中国的过去和现在"，第 123 页，注 1。

上编

死刑与人权司法保障概论

保障生命权的公约标准

——《公民权利和政治权利国际公约》第 6 条注释*

吴志光**

摘要：国际人权法上对生命权的一个核心界定来自《公民权利和政治权利国际公约》第 6 条，及其相关的一般性意见、结论性意见和来文决定。过去数十年间，这些文献的积累、法理的演进，在理论和实际中都不断丰富了生命权保障的内容。联合国其他人权条约机构和机制发布的一般性意见、报告，欧洲美洲等区域人权机制的实践，也构成了理解生命权的重要参考。迈向废除死刑，已是形成中的国际共识。

关键词：生命权　公约　死刑　程序保障　国家义务

一、前　言

关于《公民权利和政治权利国际公约》(以下称公约)第 6 条生命权保障的规范诠释，传统上主要有四类来源：一是公约的条约机构"人权事务委员会"(Human Rights Committee)针对公约第 6 条"生命权"发表的一般性意见(General Comment)；二是人权事务委员会针对公约各缔约国为履行该条约定期提交的报告，而提出的结论性意见(Concluding Observations)；三是联合国人权事务委员会针对个人因国家违反公约而提出申诉案的决定(Communication)；

---

* 本文原载于廖福特执行主编：《联合国人权两公约——公民与政治权利国际公约、经济社会文化权利国际公约》，财团法人台湾新世纪文教基金会 2014 年出版，第 129~151 页。因增补相关资料而有相当程度的改写，其缘由可参见本文前言所述。

** 吴志光，法学博士，台湾辅仁大学法律学系教授。

四是国际人权法学者的相关论著。其中人权事务委员会针对公约第 6 条曾于 1982 年与 1984 年发布公约第 6 号及第 14 号一般性意见。时隔 30 年，关于生命权保障的议题，已有诸多不同层面的发展，人权事务委员会遂于 2018 年 10 月 31 日发布公约第 36 号一般性意见，内容多达五章 70 点，涵盖历年来人权事务委员会对各国报告的结论性意见、个人申诉案的决定、联合国其他人权公约之精神（例如《儿童权利公约》《消除对妇女一切形式歧视公约》）、联合国各种人权保障机制之报告（例如"法外处决、草率或任意处决问题特别报告员"的报告与前南斯拉夫国际刑事法庭、卢旺达国际刑事法庭的裁判），以及各区域性人权保障机制的实务发展（例如欧洲人权法院、美洲人权法院的裁判及咨询意见）等，内容丰富多元，堪称是目前对公约第 6 条生命权保障诠释最完整、最具权威的国际法文献。且亦开宗明义地取代了已超过 30 年、内容脱离国际发展现况的第 6 号及第 14 号一般性意见。[①] 故本文以公约第 36 号一般性意见为蓝本，并参考其他必要数据，以此诠释公约第 6 条。

二、《公民权利和政治权利国际公约》第 6 条的内涵

（一）最重要的人权

生命权作为所有人权中最重要也是最基本的权利，系人权事务委员会起草公约时所特别强调，盖失去生命其他权利亦失其附丽。故将其列为公约所保障的所有权利之首，且依公约第 4 条第 2 项[②]明定为国家在紧急状态下亦不得暂

---

① General Comment No. 36：The right to life（Art. 6），§ 1.

② 公约第 4 条规定如下："一、在社会紧急状态威胁到国家的生命并经正式宣布时，本公约缔约国得采取措施暂时免除（derogation）其在本公约下所承担的义务，但暂时免除的程度以紧急情势所严格需要者为限，此等措施并不得与它根据国际法所负有的其他义务相矛盾，且不得包含纯粹基于种族、肤色、性别、语言、宗教或社会出身的理由的歧视。二、不得根据本规定而暂时免除缔约国保障第 6 条（生命权）、第 7 条（禁止酷刑或不人道刑罚）、第 8 条第 1 款及第 2 款（奴隶与强制劳动）、第 11 条（无力履行约定义务之监禁）、第 15 条（禁止溯及既往之刑罚）、第 16 条（法律前人格之承认）和第 18 条（思想、良心和宗教自由）等权利之义务。三、任何援用暂时免除权的本公约缔约国应立即经由联合国秘书长将它暂时免除的各项规定、实行暂时免除的理由和终止这种暂时免除的日期通知本公约的其他缔约国家。"

时免除(derogation)①的权利,据此而言,生命权当具有国际法之绝对法(jus cogens)特质。②

生命权作为最重要的人权是否享有绝对保障?公约第6条承认死刑是生命权经过许可的例外,并规定了适用死刑的限制。而对第6条的解释可分为两个方向,一个方向是将第6条视为许可性的,并因此"承认"死刑超出了生命权的适用范围;另一方向则是将第6条视为限制性的,承认死刑的存在是令人遗憾的,是暂时的妥协,并认为其与纯粹意义上的生命权完全不相符。③ 无论是何种解释,依公约第6条起草时的多数意见,保障生命权的意涵所赋予的绝非个人防御国家的侵害而已(国家的消极义务),还要求国家应采取保障生命权的积极措施(国家的积极义务)。④

(二)国家保障生命权的义务

1. 国家保障生命权的消极义务

公约第6条第1项规定,生命权应受法律保障,任何人之生命不得被恣意(arbitrarily)⑤剥夺。其中一个国家的立法者在履行此义务时,具有宽泛的自由裁量权。只有在相关之立法完全不存在,或者当这种立法面对实际威胁明显不

---

① "暂时免除"(derogation)在《公民权利和政治权利国际公约》的联合国官方中文译本翻译为"克减",通行中文译本或翻译为"减免履行"(另外亦有译为"减除""减损""减免"),令人殊难理解其确切意涵。按 derogation 一词原意系指一个法规范由另一个嗣后制定位阶更高或相同的法规范所废弃或取代,不过被废弃或取代的法规范并非完全失其效力,其效力只是暂时停止而已。参见 Carl Creifelds, Rechtswörterbuch, 11. Aufl. , 1992, S. 267f. 故"暂时免除"一词在此系指紧急状态之法令取代原先保障基本人权之规范,使得在紧急状态期间,保障基本人权规范暂时失效,而不予适用。而该公约及《欧洲人权公约》德文译本则使用"Außerkraftsetzen"一词,则明确有失其效力之意。故本文选择译为暂时免除,应最为接近原意。

② Manfred Nowak, U. N. Covenant on Civil and Political Rights CCPR Commentary (2nd revised ed. , N. AT Engel Publisher, 2005), p. 121.

③ William A. Schabas, The Abolition of the Death Penalty in International Law (3rd ed. , Cambridge University Press, 2002), p. 95.

④ Manfred Nowak, U. N. Covenant on Civil and Political Rights CCPR Commentary (2nd revised ed. , N. AT Engel Publisher, 2005), p. 122.

⑤ 值得注意的是,"arbitrarily"一词在台湾地区立法机构通过之公约中文本译为"无理",惟就文义而言,尤其是参照公约其他语文之译文(例如德文即使用 willkürlich),"恣意"实较为精确之翻译。

足以保障时，才能认定有关国家违反其根据公约第 6 条第 1 项所承担的保护义务。但是第 6 条第 1 项要求各缔约国在刑法中有最低限度之禁止性规范。①

据此，公约第 36 号一般性意见便指出诸如为了防卫生命而杀死攻击者，且此防卫必须为最后手段且合于比例时即非属"恣意"。② "恣意"和"不合法"可以重叠，例如死刑若源自一个违反刑事程序或证据法则的诉讼判决，即属不合法，亦属恣意。③ 亦即人权事务委员会认为"恣意的"并非只是"违反法律"，而应当给予更广泛的解释，包括不适当、不公正和缺乏可预见性。④ 而依国内法却有违反国际法的行为，即可能是虽系"合法"却属"恣意"；而任何国家行为若含有不恰当、不正义、不可预期、欠缺正当法律程序、不合理、不必要、不符比例原则者，皆需受检视。⑤ 警察或军人等执法人员使用武器若损及人命，皆须遵守严格的法定要件，并需搭配嗣后的报告和审查制度。且前述程序亦应遵循国际法上关于武力使用的相关准则，诸如 1979 年联合国大会 34/169 次决议的 "Code of Conduct for Law Enforcement Officials"，以确保在任何情形下，均应完整地尊重生命权。⑥

再者，"恣意的"一词有意涵盖生命权的其他例外，即使公约第 6 条的其他规定提供了更具体的限制，这也不意味着已穷尽其列举情形，仍不排除执行死刑虽符合第 2、4、5 项规定，但仍然是"恣意的"。例如第 5 项将未成年人和孕妇排除在死刑之外，但是忽略了精神病患者。第 5 项其实并没有刻意排除精神病患者。只是公约的起草者不愿意用一大堆例外清单，把公约文本弄得那么繁琐。实际上对精神病患者执行死刑违反了许多国家的国内法，而且很可能违反了国际人权法的习惯法准则。任何对精神病患者执行死刑的企图，即便不违反公约第 6 条第 5 项，也绝对是"恣意的"，因此违反了公约第 6

---

① Manfred Nowak, U. N. Covenant on Civil and Political Rights CCPR Commentary (2nd revised ed., N. AT Engel Publisher, 2005), p. 123.

② General Comment No. 36: The right to life (Art. 6), § 12.

③ General Comment No. 36: The right to life (Art. 6), § 11.

④ Van Alphen v. the Netherlands (305/1988), § 5.8.

⑤ General Comment No. 36: The right to life (Art. 6), § 12. 例如在 Suárez de Guerrero v. Colombia 一案中，人权事务委员会认为极度扩张警察因执行职务使用武器致损及他人生命，而得以阻却违法的范围，即已侵害了国家依公约第 6 条第 1 项所承担保障生命权之义务。Suárez de Guerrero v. Colombia(45/1979), § 13.3.

⑥ General Comment No. 36: The right to life (Art. 6), § 13.

条第 1 项。①

2. 国家保障生命权的积极义务

国家保障生命权的消极义务，主要是着眼于国家不得以刑法规范恣意剥夺任何人之生命，惟人权事务委员会认为对生命权的解释，常常十分狭隘。对公约第 6 条第 1 项"固有生命权"这个词的范围加以局限，就无法恰当地了解它的意义，而保护这项权利则需要各缔约国采取以下积极措施：诸如妇女能安全终止怀孕②；防止自杀③，但不反对在严格监管机制下，由专业医师协助末期病人为尊严死亡而终止生命④；应立法禁止任何可能剥夺生命的暴力行为或煽惑行为，例如他杀、不当使用武器、杀婴、所谓的"荣誉杀人"（honour killings）、私刑、仇恨犯罪、仇杀（血祭式犯罪）、仪式性的献祭等⑤。

国家亦需对特殊身份者，例如记者、人权工作者、对抗贪污及组织犯罪者、人道救援工作者、知名公众人物、刑事案件的证人、人口贩运、家庭暴力或性暴力的受害者，另亦包括儿童尤其是街头无家可归的儿童、无陪伴者的未成年移民、处于武装冲突下的儿童、宗教或种族上的少数族群、原住民、性少数者（同性恋、跨性别或性别未定者）、寻求政治庇护者、难民、无国籍者⑥各种身心障碍者等⑦，提供必要保护。

国家对于被限制或剥夺自由的人，例如受监禁者、羁押者、安置于精神机构者、服兵役者亦有责任保护他们的生命和安全⑧；国家亦必须提供适当生活环境和条件，以保证各种生命受威胁者（诸如环境污染受害者、艾滋病患者等）之生存保障。⑨ 生态破坏、气候变迁和不可持续的发展，威胁现在及以后的世代，因此环境和自然资源的保护，亦属维护生命权的国家义务。⑩ 国家维

---

① William A. Schabas, The Abolition of the Death Penalty in International Law (3rd ed., Cambridge University Press, 2002), p. 100.

② General Comment No. 36：The right to life (Art. 6)，§ 8.

③ General Comment No. 36：The right to life (Art. 6)，§ 8.

④ General Comment No. 36：The right to life (Art. 6)，§ 8.

⑤ General Comment No. 36：The right to life (Art. 6)，§ 20.

⑥ General Comment No. 36：The right to life (Art. 6)，§ 23.

⑦ General Comment No. 36：The right to life (Art. 6)，§ 24.

⑧ General Comment No. 36：The right to life (Art. 6)，§ 25.

⑨ General Comment No. 36：The right to life (Art. 6)，§ 26.

⑩ General Comment No. 36：The right to life (Art. 6)，§ 62.

护生命权的义务即使在武装冲突时亦持续存在，国家使用武力必须遵循国际人道法；所有牵涉武器的研发、买卖、使用，都必须考虑到对生命权的冲击。①

若于受拘禁期间非自然死亡者，推定权责机关任意剥夺生命，除非政府接受调查发现有足够的证据，证明其已遵从公约第 6 条之义务。② 否则，国家应对非法剥夺生命的事件进行独立、公正、迅速、完整、有效、透明的调查，并有义务为后续的损失采取填补、复原及赔偿等措施。③

(三) 公约第 6 条对《防止及惩治灭绝种族罪公约》的立场宣示

公约第 6 条两度提及联合国《防止及惩治灭绝种族罪公约》，惟其主要是一种立场宣示，并非具有实质意义。公约第 6 条第 2 项规定未废除死刑之国家，其死刑规范不得抵触《防止及惩治灭绝种族罪公约》，其主要是考虑防止过去纳粹通过司法机关判处死刑之方式实施种族灭绝行为(即灭绝种族罪)。④ 至于公约第 6 条第 3 项则规定生命之剥夺构成灭绝种族罪时，本公约缔约国公认本条不得授权任何缔约国以任何方式免除其依《防止及惩治灭绝种族罪公约》规定所负之任何义务。⑤ 换言之，在未废除死刑之国家，犯灭绝种族罪者不得将公约第 6 条当作"免死金牌"。一般认为，此为多余之规定，按公约第 5 条第 2 项规定，本公约缔约国依法律、公约、条例或习俗而承认或存在之任何基本人权，原本即不得以本公约未予确认或确认之范围较狭，因而加以限制或暂时免除义务。⑥

(四) 死刑范围的限制

公约第 6 条第 2 项规定，凡未废除死刑之国家，非犯最严重的犯罪，且依照犯罪时有效之法律，不得科处死刑。人权事务委员会在针对本条的一般性意见中表示"最严重的犯罪"这个词的意义必须严格限定，它意味着死刑应当是

---

① General Comment No. 36：The right to life (Art. 6)，§§64, 65.

② General Comment No. 36：The right to life (Art. 6)，§29.

③ General Comment No. 36：The right to life (Art. 6)，§§28, 29.

④ Manfred Nowak, U. N. Covenant on Civil and Political Rights CCPR Commentary (2nd revised ed. , N. AT Engel Publisher, 2005)，p. 125.

⑤ General Comment No. 36：The right to life (Art. 6)，§39.

⑥ William A. Schabas, The Abolition of the Death Penalty in International Law (3rd ed. , Cambridge University Press, 2002)，p. 132.

十分特殊的措施。① 一个衡量原则可参照联合国经济及社会理事会于 1984 年的决议，其认为所谓最严重的犯罪，其范围"不应超出导致死亡或其他特别严重结果之故意犯罪"之界限，② 此决议并得到联合国大会之认同。③

秉持上述立场，在依据公约第 40 条审议缔约国的定期报告过程中，人权事务委员会即对"最严重的犯罪"进行限制性解释，其只限定于极端严重的罪行，且涉及直接与故意导致死亡（resulting directly and intentionally in death）的杀人行为方得处以死刑。非直接故意造成死亡的罪行，例如谋杀未遂、贪污及其他经济和政治犯罪、武装抢劫、海盗行为、绑架、毒品犯罪④及性犯罪等，虽严重但依公约第 6 条的精神，绝不能成为判处死刑的理由。同理，共犯或提供犯案工具者，也不能因此被判处死刑。⑤ 此外，将某些行为入罪本身即已经违反公约，故这些行为也绝对不能适用死刑，包括通奸、同性性行为、叛教、建立政治反对团体，或冒犯国家元首等。⑥

再者，唯一死刑与"最严重的犯罪"之定义不符，保留死刑的国家，唯一死刑的规定亦不乏其例。由于公约第 6 条第 4 项规定受死刑宣告者，有请求特赦或减刑之权，一切判处死刑之案件均得给予大赦、特赦或减刑。故公约第 6 条在本质上即反对唯一死刑之规定。⑦ 而人权事务委员会在 Thompson v. St. Vincent and the Grenadines 一案中，也确认唯一死刑规定，使得当事国判处死刑的考虑标准只限于犯罪的种类，而没有就个案情况不同而给予不同的考虑，如此将会侵犯生命权，既是恣意的，又与公约第 6 条第 2 项"最严重的犯罪"之定义不符。⑧

---

① General Comment No. 36: The right to life (Art. 6)，§ 33.

② Economic and Social Council, resolution 1984/50 of 25 May 1984, Safeguards guaranteeing protection of the rights of those facing the death penalty.

③ General Assembly, Resolution 39/118.

④ 有鉴于不少国家将"与毒品有关的犯罪"列为得处以死刑的范围。惟基于非故意侵害生命法益之犯罪即难以构成"最严重的犯罪"的精神，人权事务委员会即曾反复指出"与毒品有关的犯罪"不在第 6 条"最严重的犯罪"含义范围之内。Concluding Observations, Sri Lanka, UN Doc. CCPR/C/79/Add. 56，§ 14；Concluding Observations, Cameroons, UN Doc. CCPR/C/79/Add. 116，§ 14；Concluding Observations: Thailand (2005)，§ 14.

⑤ General Comment No. 36: The right to life (Art. 6)，§ 35.

⑥ General Comment No. 36: The right to life (Art. 6)，§ 36.

⑦ William A. Schabas, The Abolition of the Death Penalty in International Law (3rd ed., Cambridge University Press, 2002)，p. 111.

⑧ Thompson v. St. Vincent and the Grenadines (806/1998)，§ 6.2；8.2.

(五) 死刑案件的程序保障

1. 与公约第 14 条之关联

依公约第 6 条第 2 项, 只能以"不违反本公约规定", 方得判处死刑。故人权事务委员会在针对本条的一般性意见即特别援引公约第 14 条至第 16 条的精神, 并主张"必须遵守这几条规定的程序保障, 包括接受独立法庭的公正审判权, 无罪推定, 最低辩护保证和较上级法庭的复核权"。换言之, 若死刑判决违反了公约第 14 条, 也就同时违反了公约第 6 条。① 在 Reid v. Jamaica 一案中, 人权事务委员会认为在本案中, 既然终审判决未能满足公约第 14 条关于公正审判的要求, 那么必然是违反了公约第 6 条保护的权利。② 人权事务委员会进一步认为"在死刑案件中, 缔约国的义务是严格遵守所有的程序保障, 因为公约第 14 条列出的公正审判保障更严格"。③ 故人权事务委员会嗣后在针对公约第 14 条的一般性意见即特别强调"在审判最终处以死刑的案件中, 严格遵守公正审判的保障特别重要。审判未遵守公约第 14 条而最终判以死刑, 即构成违法剥夺生命权(公约第 6 条)"。④

而人权事务委员会在公约第 36 号一般性意见, 即指出死刑审判程序若有以下违反公约第 14 条之情形, 其死刑判决即有违公约第 6 条: 被告无机会质问有关证人; 在刑事诉讼的所有阶段(包括刑事侦查、预审、审判及上诉程序)缺乏律师的有效辩护; 未尊重被告享有无罪推定, 而于审判时被关在笼子中或戴上手铐; 欠缺有效的上诉权利; 欠缺足够的时间和设施准备刑事辩护, 包括无法获取进行法律辩护或上诉所必需的卷证, 例如向法院提出的起诉书, 法院判决或审判记录; 缺乏合适的通译; 未能向身心障碍者提供其能了解之必要诉讼信息及审判时必要之支持设施; 审判或上诉程序过度和不合理的迟延; 刑事审判或上诉法院欠缺公正性及独立性。⑤

再者, 将公约第 14 条与第 6 条联系起来的一个重要的必然结果是至少在死刑案件中, 公约第 14 条规定亦不可暂时免除。盖公约第 4 条允许缔约国在

---

① General Comment No. 36: The right to life (Art. 6), § 41.

② Reid v. Jamaica (250/1987), § 11.5.

③ Reid v. Jamaica (250/1987), § 12.2.

④ General Comment No. 32: Right to equality before courts and tribunals and to a fair trial (Art. 14), § 59.

⑤ General Comment No. 36: The right to life (Art. 6), § 41.

紧急状态下暂时免除第 14 条保障的权利，但至少死刑案件即应为限缩解释，即此时公约第 14 条规定亦不可暂时免除。①

2. 与领事通知权之关联

公约第 36 号一般性意见第 42 点提及了侵害外籍犯罪者的"领事通知权"，其死刑审理程序也就违反公约第 6 条及第 14 条，并援引了美洲人权法院于 1999 年 10 月 1 日就关于在"正当法律程序保障框架内获得领事协助的权利"发表的 OC-16/99 号咨询意见，而此一结论自是近二十年来国际法的重要发展。

《维也纳领事关系公约》第 36 条所规范的"领事通知权"（或称为"领事探视权"）系渊源于习惯国际法的"人道探视权"，其主要是赋予各国领事人员在驻在国探视其人身自由受拘束国民，并提供必要协助之权利。而关于"领事通知权"，《维也纳领事关系公约》第 36 条有以下规定："一、为便于领馆执行其对派遣国国民之职务计：（一）领事官员得自由与派遣国国民通讯及会见。派遣国国民与派遣国领事官员通讯及会见应有同样自由。（二）遇有领馆辖区内有派遣国国民受逮捕或监禁或羁押候审、或受任何其他方式之拘禁之情事，经其本人请求时，接受国主管当局应即通知派遣国领馆。受逮捕、监禁、羁押或拘禁之人致领馆之信件亦应由该当局迅予递交。该当局应将本款规定之权利迅即告知当事人。（三）领事官员有权探访受监禁、羁押或拘禁之派遣国国民，与之交谈或通讯，并代聘其法律代表。领事官员并有权探访其辖区内依判决而受监禁、羁押或拘禁之派遣国国民。但如受监禁、羁押或拘禁之国民明示反对为其采取行动时，领事官员应避免采取此种行动。二、本条第一项所称各项权利应遵照接受国法律规章行使之，但此项法律规章务须使本条所规定之权利之目的得以充分实现。"

原本传统上领事关系以国家权利为核心架构之，但国际法院在 LaGrand 及 Avena 两案的实体判决中，明确指出《维也纳领事关系公约》第 36 条第 1 款第 2 项创设了接受国对个人和派遣国的义务。其规定在被拘禁之人的请求下，接受国主管当局应迅即通知派遣国领馆，并进一步规定，受逮捕、监禁、羁押或拘禁之人致领馆之信件亦应由该当局迅予递交。更为重要的是，该项最后规定，该当局应将本款规定之权利迅即告知当事人。且依据第 36 条第 1 款第 3 项，如受监禁、羁押或拘禁者明示反对时，派遣国不应行使提供领事协助权。故从

---

① William A. Schabas, The Abolition of the Death Penalty in International Law (3rd ed., Cambridge University Press, 2002), p. 113.

上下文义观之，这些规定已十分明确创设了个人权利。① 而国际法院在上述判决中肯定《维也纳领事关系公约》第 36 条系创设个人权利的重要性如下：

(1)强化及呼应了国际人权保障的时代潮流

就国际法在第二次世界大战后的发展观之，国际人权法从无到有，以及其对人权基本价值普世的贡献，可谓是国际法领域最有意义的发展。除了以联合国为核心主导的国际人权公约及保障机制外，亦有区域性的人权保障机制的同步发展(其中当以欧洲地区最具代表性)。就主要是处理国家间纷争的国际法院而言，人权保障原本并非其核心任务，国际法院在 LaGrand 及 Avena 两案中却适时强化及呼应了国际人权保障的时代潮流，使得在现代国际法体系下，个人权利被视为不再仅仅限于国际人权法的领域，它已渗透到了国际公法的其他领域②。特别是在国际法保障人权的趋势下，考虑到外国人所在国因语言、法律障碍造成的不利，认定领事通知权为个人权利更有利于对其权利的保护。这也是多数法官认为条约赋予了个人权利的原因。而且，若认定领事通知为国家权利，那么国家可以行使该权利，也可以放弃该权利，而放弃该权利意味着不接受所在国的领事通知，这显然与领事职务不符合。在这个问题上，可以将领事通知与外交保护进行比较，外交保护是国家的权利，国家可以行使，也可以放弃，若国家放弃外交保护，则有关的本国公民的权利就不能够得到保护，外交保护不是个人的权利，个人不能要求国家必须给予其外交保护。外交保护和领事保护虽然只有一词之差，但它们在性质、内容和适用的条件和范围等方面有着很大的差异。③

按公约第 14 条规定："一、所有的人在法庭和裁判所前一律平等……三、在判定对他提出的任何刑事指控时，人人完全平等地有资格享受以下的最低限度的保证：(一)迅速以一种他懂得的语言详细地告知对他提出的指控的性质和原因；(二)有相当时间和便利准备他的辩护并与他自己选择的律师联络……"故美洲人权法院于 1999 年 10 月 1 日在关于"正当法律程序保障框架内获得领事协助的权利"发表的 OC-16/99 号咨询意见中认为，就程序公正而言，被告必须能够行使他的权利，有效捍卫他的利益并和其他被告处于平等地位。司法过程是一个尽最大限度确保平等解决争端的途径，不同特点的程序和程序

---

① 参见 LaGrand Case (Germany v. USA)，27. June 2001，EuGRZ 2001，S. 287-299.

② 顾婷：《拉格朗案的国际法解读》，载《华东政法大学学报》2008 年第 1 期，第 76 页。

③ 王秀梅：《领事通知问题论要》，载《法律科学》2009 年第 6 期，第 81 页。

公正都是为了实现该目标。为实现有效和适当的司法保障，这些程序要求旨在保护、确保或确认权利的享有或行使。就面临司法审判的人而言，司法保障的程序要求是充分保护其权利或义务的必要前提。那些被带至法院的人可能存在一些不利因素。为了实现这些目标，司法程序必须承认和纠正这些不利因素，从而遵守法律和法院面前平等原则和防止歧视原则。正是因为存在这些不利因素，因而需要采取相应措施来减少或消除障碍或缺陷，否则这些障碍或缺陷将损害或减损某人为自身利益所做的辩护。这就解释了为什么当某人不懂法院工作语言时需要提供翻译，为什么外国国民应该立即被告知可以请求领事帮助。这些措施使得被告能充分行使权利，人人根据法律可以享有这些权利。这些权利及那些密切关联的权利组成实现公正的程序保障。故《维也纳领事关系公约》第 36 条第 1 项在此范围创设了个人权利。①

（2）领事通知权虽尚非基本人权，但已不影响其"权利本质"

关于领事通知权的另一个重要问题就是其是否已经成为基本人权，认定其是一项个人权利（individual right）和认定其是一项基本人权（human right）的实益在于前者是相对于国家权利或集体权利而言的，它来源于法律和契约的创设，法律和契约可以剥夺，后者则是天赋的，是作为人所应当享有的固有权利，并非来自法律和契约的创设，法律和契约不能予以剥夺。国际法院认为它只要确认领事通知权是一项个人权利就足够了，没有必要回答它是否人权这个问题。这是因为国际法院并不是一个世界人权法院，而是一个国家间定纷止争的司法机构。判断领事通知权是否构成一项人权的恰当机构不应该是国际法院。这一点可以从国际法院和美洲人权法院的对比中体现出来。美洲人权法院在前述咨询意见中一致认定：《维也纳领事关系公约》第 36 条第 1 项第 2 款所规定的对被拘禁的外国国民提供领事协助的权利是国际人权法的一部分，如果国家没有遵守该款项的规定，则构成违反法律的正当程序原则，据此而判决的死刑是对生命权的恣意剥夺。由于美洲人权法院是一个人权法院，因此它可以毫不犹豫地宣布领事通知权是一项基本人权。尽管如此，国际法院确认领事通知权是一项个人权利，对于保护个人权利来说还是意义重大。因为如果国际法院认定它是一项国家权利，由于权利的享受者是国家而不是个人，一旦国家放

---

① 阙占文：《论领事关系中的个人权利》，载《大连海事大学学报》2011 年第 10 卷第 1 期，第 13~14 页。

弃这项权利，那么对于个人来说是非常不利的。①

（3）领事通知权与生命权保障

在国际法院关于领事通知权的案件中，由于涉及死刑的执行在即，所谓"人命关天"，故国际法院皆毫不犹豫地作成暂时处分，尽管国际法院在实体判决中未涉及死刑问题的讨论，但一般论者皆认为领事通知权与生命权保障的议题息息相关。② 史久镛法官在 LaGrand 一案所提的特别意见中，即可一窥就是因为涉及生命权保障，方使得国际法院特别义无反顾地将领事通知权定位为个人权利。史久镛法官虽强烈主张《维也纳领事关系公约》并无创设个人权利之目的，但其衡量死刑乃系严重且不可逆转之惩罚，因此须采取一切可能措施防止不公正的定罪或判刑错误，出于此考虑他才投下赞成票。③

（六）特赦、减刑或大赦

公约第 6 条第 4 项规定："受死刑宣告者，有请求特赦或减刑之权。一切判处死刑之案件均得予以大赦、特赦或减刑"。其中"大赦"只出现在该项第 2 句中，因为其相对于特赦或减刑是普遍赦免措施，不适合赋予受死刑宣告者在个案中有此请求权。④ 由于在许多国家，透过大赦、特赦或减刑已成为先在事实上废除死刑，并在嗣后于法律上废除死刑的重要途径。公约第 6 条第 4 项在此即具有其指标性之意义。

再者，一旦有死刑犯请求赦免，即应该有停止执行死刑的效力，以阻止死刑的执行⑤，否则嗣后的赦免亦将失去实益，这应是该项条文在解释上的"自明之理"（self-evident consequence）⑥，公约实践亦复如此：

---

① 朱利江：《国际法院对国际人权法的贡献》，载《外交评论》2006 年 10 月，第 88~89 页。

② 参见 William A. Schabas，The ICJ Ruling Against the United States：Is it Really About the Death Penalty？，The Yale Journal of International Law 27（2002），pp. 445（451）.

③ 参见国际法院判决书、咨询意见和命令摘要 1997—2002 年，第 212 页，http：//www. icj-cij. org/homepage/ch/files/sum-1997-2002pdf.

④ Manfred Nowak，U. N. Covenant on Civil and Political Rights CCPR Commentary（2nd revised ed.，N. AT Engel Publisher，2005），p. 146.

⑤ 《美洲人权公约》第 4 条第 6 项即如此明文规定。

⑥ Manfred Nowak，U. N. Covenant on Civil and Political Rights CCPR Commentary（2nd revised ed.，N. AT Engel Publisher，2005），p. 146.

1. 人权事务委员会在受理个人申诉案，若死刑尚未执行时，人权事务委员会在实务上即依其审理规则第 86 条的规定，要求在案件终结前停止死刑之执行。①

2. 经社理事会在 1984 年的第 1984/50 号决议附件规定了"未废除死刑国家执行公约第 6 条的最低国际标准"，其中第 8 点亦强调在赦免决定前不应执行死刑。②

3. 人权事务委员会在 2007 年 Chikunova v. Uzbekistan 一案中，即对于乌兹别克没有对赦免申请做出回应，即仍然继续执行死刑，认定已违反了公约第 6 条第 4 项规定。③

4. 故人权事务委员会即因此强调未废除死刑国家应保障死刑犯请求赦免的权利，在对于赦免申请未做出回应前，即应停止执行死刑。④

而关于赦免请求权之保障，公约第 6 条第 4 项第二句话的义务主体是国家之立法机关，立法机关必须提供寻求大赦、特赦或减刑之可能性，而且不能将死刑的任何可能适用排除在这些救济之外。⑤ 而此种赦免请求权之立法，应提供某些必要的保障，诸如应遵循程序的明确性、个人被判处死刑后启动赦免或减刑程序的请求权、请求赦免者陈述意见之机会、及时获得通知结果的权利等。⑥

再者，赦免程序之裁量亦不得恣意为之，例如知名的国际人权法学者 Manfred Nowak，即在诠释人权事务委员会在涉及死刑赦免的 Mbenge v. Zaire 一案中的意见后，⑦ 认为如果一个缔约国所提供的权利救济方式是无效的，例如在决定赦免方面给政治部门决定者无限制的自由裁量权时，即已违反公约第 2

---

① Manfred Nowak, U. N. Covenant on Civil and Political Rights CCPR Commentary (2nd revised ed. , N. AT Engel Publisher, 2005), p. 146.

② Economic and Social Council, Resolution 1984/50 of 25 May 1984, Safeguards guaranteeing protection of the rights of those facing the death penalty.

③ Chikunova v. Uzbekistan(1043/2002), § 7.6.

④ General Comment No. 36: The right to life (Art. 6), § 47.

⑤ General Comment No. 36: The right to life (Art. 6), § 47.

⑥ General Comment No. 36: The right to life (Art. 6), § 47.

⑦ Mbenge v. Zaire(16/1977), § 10, 11, 18.

条第 3 项提供人民有效权利救济之义务。①

最后，人权事务委员会亦特别强调死刑犯一旦诉诸国际人权保障机制的各种救济途径，缔约国则有义务停止死刑的执行。②

(七) 判处死刑及执行死刑之限制

1. 判处死刑应考虑的因素

在所有涉及适用死刑的案件中，法院必须考虑罪犯的个人情况和罪行的具体情况，包括有无特定的减刑因素。③ 公约第 6 条第 2 项要求缔约国确保任何死刑判决均符合犯罪当时的法律，即公约第 15 条第 1 项规定之罪刑法定原则。死刑亦不得基于定义不清的刑事条款，致其于适用时无法合理预见，被定罪的人适用此类条款仅是取决于主观或个人判断。④

2. 公约第 6 条第 5 项之解释

公约第 6 条第 5 项规定："未满十八岁之人犯罪，不得判处死刑；怀胎妇女被判死刑，不得执行其刑。"因而就主体而言，对十八岁以下之人不得处以死刑，⑤ 对孕妇不得执行死刑。关于本条款的延伸诠释，兹阐明如下：

(1) 对犯罪时是否已满十八岁者无法证明者，亦不得判处死刑。⑥

(2) 就公约第 6 条第 5 项的制定过程而言，此绝非列举规定。⑦ 故在公约的实践上，经社理事会即一贯主张应扩张免于死刑判决及执行之范围，例如 1984 年的第 1984/50 号决议，其针对"未废除死刑国家执行公约第 6 条的最低国际标准"第 3 点，即进一步认为对刚生产的妇女（new

---

① Manfred Nowak, U. N. Covenant on Civil and Political Rights CCPR Commentary (2nd revised ed. , N. AT Engel Publisher, 2005), p. 63.

② General Comment No. 36：The right to life (Art. 6)，§ 46.

③ General Comment No. 36：The right to life (Art. 6)，§ 37.

④ General Comment No. 36：The right to life (Art. 6)，§ 38.

⑤ 联合国《儿童权利公约》第 37 条亦规定，不得对未满十八岁之人处以死刑及终身监禁，因而对十八岁以下之人不得处以死刑已是国际共识。

⑥ General Comment No. 36：The right to life (Art. 6)，§ 48.

⑦ William A. Schabas, The Abolition of the Death Penalty in International Law (3rd ed. , Cambridge University Press, 2002), p. 133.

mother) 或心神丧失之人 (insane) 均不应执行死刑。而经社理事会在 1989 年的第 1989/64 号决议，在针对"未废除死刑国家执行公约第 6 条的最低国际标准"的实践决议中，经社理事会亦认为对于心神丧失或精神耗弱之人 (mental retardation or extremely limited mental competence) 均应免除判处或执行死刑。①

（3）而人权事务委员会则在公约第 36 号一般性意见中明确指出基于心智障碍者此类当事人因为面临特殊的障碍，进而导致其经常无法与他人立于同等基础上，为自己提出有效的辩护，因此法院不应对心智障碍者判处死刑。值得注意的是，人权事务委员会对心智障碍者的定义除智能障碍 (intellectual disability) 外，在此特别使用"serious psycho-social disability"，即"严重心理社会障碍"的字眼，② 该词语涵盖了"因为心理因素导致在社会中面临障碍"的状况，而不再局限于传统上较狭隘的"mental disability"（精神障碍或精神疾病）含义。③

（4）尤有进者，人权事务委员会在公约第 36 号一般性意见中亦进一步指出仅有有限道德上可归责的人 (on persons that have limited moral culpability)，缔约国亦必须避免处以死刑判决。而对于那些无法理解自己的判刑理由的人、执行对其异常残酷，或导致他们及其家人遭受异常严厉后果的人，例如高龄者、非常年幼或受抚养儿童的父母、过去遭受过严重人权侵犯的个人，缔约国也应避免对其执行死刑。④

3. 公约第 7 条对死刑执行之限制

尚未废除死刑的国家在执行死刑时，必须尊重公约第 7 条（任何人不得施以酷刑，或予以残忍、不人道或有辱人格之处遇或惩罚），各种造成痛苦和屈辱的处决方法（例如公开执行死刑）都是违反公约的。未能向死囚提供关于其执行日期的准确通知，已构成虐待，使得其后的死刑执行违反公约第 7 条。极端拖延执行死刑的时间，超过竭尽司法救济手段的合理所需，也可能违反公约

---

① Economic and Social Council, Resolution 1989/64 of 24 May 1989, Implementation of the safeguards guaranteeing protection of the rights of those facing the death penalty.

② General Comment No. 36: The right to life (Art. 6), § 49.

③ 翁国彦：《公约第 36 号一般性意见导读》，https://www.taedp.org.tw/story/10443，2019 年 3 月 9 日最后访问。

④ General Comment No. 36: The right to life (Art. 6), § 49.

第7条，尤其死囚长期暴露于严厉且紧绷的条件下（包含单独监禁），也因他们的年龄、健康或精神状态等因素导致他们特别容易受到伤害。① 即使剥夺生命本身并非恣意，但若不告知死囚家属死亡的情况和相关消息，对家属而言亦违反公约第7条。②

而执行被判有罪的人，其罪名若未超越合理怀疑也构成恣意剥夺生命。缔约国必须采取一切可行的措施，以避免死刑中的错误定罪案件。可以依据新的证据，例如新的 DNA 证据，重新审查定罪判决。③

（八）引渡、驱逐或遣返及死刑

尽管公约并未明定缔约国是否可以将面临死刑威胁的个人引渡、驱逐或遣返，但公约的实践上却逐渐产生否定的解释，以避免"我不杀伯仁，伯仁因我而死"的效应。其发展过程如下：

1. 首先，1984 年制定的《联合国禁止酷刑和其他残忍、不人道或有辱人格的待遇或处罚公约》（*The United Nations Convention Against Torture and Other Cruel，Inhuman or Degrading Treatment or Punishment*，以下简称《禁止酷刑公约》），已于第3条规定缔约国如有充分理由相信任何人在另一国家将有遭受酷刑的危险时，不得将此人驱逐、遣返或引渡至该国。故嗣后人权事务委员会在针对公约第7条"任何人不得施以酷刑，或予以残忍、不人道或侮辱之处遇或惩罚"的一般性意见中亦呼应表示"缔约国不得以引渡、驱逐或遣返手段使个人回到另一国时，有可能遭受酷刑或残忍、不人道或有辱人格待遇或处罚"。④ 举轻以明重，解释上受到死刑威胁更应在不得驱逐、遣返或引渡之列。⑤

2. 人权事务委员会最初的态度是毕竟公约并未废除死刑，因此将逃犯引渡至其可能遭受死刑威胁的国家尚不违反公约。⑥ 但人权事务委员会

---

① General Comment No. 36：The right to life（Art. 6），§ 40.

② General Comment No. 36：The right to life（Art. 6），§ 56.

③ General Comment No. 36：The right to life（Art. 6），§ 43.

④ General Comment No. 20：The right to Prohibition of Torture or Cruel，Inhuman or Degrading Treatment or Punishment（Art. 6），§ 9.

⑤ Manfred Nowak，U. N. Covenant on Civil and Political Rights CCPR Commentary（2nd revised ed. ，N. AT Engel Publisher，2005），p. 150.

⑥ Kindler v. Canada（470/1991），§ 14. 3.

亦曾援引公约第 7 条的规定，间接维护受死刑威胁者免于引渡、驱逐或遣返。①

3. 惟嗣后人权事务委员会的态度有所改变，例如在 2003 年 Judge v. Canada 一案中，人权事务委员会认为公约第 6 条第 1 项用意在保护生命权，国家在此规定之下无论在任何情况皆存有这样的义务，因此在当事国如果合理预见当事人回国之后将受到死刑制裁，即不应将该人犯遣送或引渡，特别是当事国已废除死刑。因此人权事务委员会认定公约第 6 条禁止已废除死刑国家在合理可预见当事人回国后会遭受死刑的情况下将之引渡，除非该国确认当事人不会在请求国被执行死刑才可引渡。② 一般论者认为，这多少与公约第二任择议定书的制定及生效有关，③ 该议定书的缔约国有义务于平时废除死刑，并确保其管辖之人不受死刑之执行。当事国若已签署并批准公约第二任择议定书，上述之要求系自明之理。④

4. 综上所述，针对已废除死刑的国家，除非获得相对国不处以死刑的担保，否则将面临死刑威胁的个人引渡、驱逐或遣返自有违公约第 6 条第 1 项之义务；同理，在对特定罪名已废除死刑的国家，除非获得相对国不处以死刑的担保，否则将面临该特定罪名死刑威胁的个人引渡、驱逐或遣返亦有违公约第 6 条第 1 项之义务。⑤ 然而对于未废除死刑的国家，在其尚可主张尚可适用公约第 6 条第 2 项以下规定的前提下，自难如此奢求。⑥

---

① Ng v. Canada (469/1991)，§ 16.4.

② Judge v. Canada (829/1998)，§ 10.4. 人权事务委员会在嗣后的 Yin Fong v. Australia(1442/2005)，§ 9.7. 一案亦延续同一立场。

③ Manfred Nowak, U. N. Covenant on Civil and Political Rights CCPR Commentary (2nd revised ed., N. AT Engel Publisher, 2005), p. 152; William A. Schabas, The Abolition of the Death Penalty in International Law (3rd ed., Cambridge University Press, 2002), p. 140.

④ 按加拿大在 Kindler v. Canada 一案时，尚未签署并批准公约第二任择议定书 Manfred Nowak, U. N. Covenant on Civil and Political Rights CCPR Commentary (2nd revised ed., N. AT Engel Publisher, 2005), p. 152.

⑤ General Comment No. 36: The right to life (Art. 6), § 34.

⑥ Judge v. Canada (829/1998), § 10.5; Joseph/Schultz/Castan, The International Covenant on Civil and Political Rights, Cases, Materials, and Commentary (2nd ed., Oxford University, 2004), p. 180.

(九) 不得妨碍或阻止废除死刑

1. 废除死刑后的不归路

公约第 6 条第 2 项规定开宗明义地指出"在未废除死刑的国家"，其自不适用于已废除死刑的国家。惟是否一旦一个国家废除了死刑，即不能恢复死刑，原本在解释上不无争议，毕竟公约第 6 条并未如《美洲人权公约》第 4 条第 3 项对此有明文规定。但一个有力的论述则是依据公约第 6 条第 2 项和第 6 项的关系，废除死刑除了是受到公约第 6 条第 2 项所列条件之限制外，更是公约的目标。故诚如前人权事务委员会委员 Pocar 在 Kindler v. Canada 一案的不同意见书所言，其论及公约第 6 条第 2 项和第 6 项的措辞清楚表明公约第 6 条系在一定限度内，为了死刑存在于未废除死刑的国家表示容忍，但是无论如何这也不能解释为暗示授权任何缔约国推迟废除死刑、引入或恢复死刑。① 上述见解嗣后在 Judge v. Canada 一案中为人权事务委员会所接受，即重新恢复死刑有可能会违反公约第 6 条的规定，如果一国已被认为是废除死刑的国家，人权事务委员会即认为该国将不得再依公约第 6 条第 2 项至第 6 项的例外规定进行抗辩。② 而在公约第 36 号一般性意见中，人权事务委员会则指出公约缔约国一旦批准公约关于废除死刑的第二任择议定书或依其他国际法上义务而废除死刑时，即不得再重新恢复死刑。而公约第二任择议定书亦无中止条款得以重新恢复死刑。③

2. 不得推迟或阻止死刑之废除

公约第 6 条第 6 项之规定别具用心地提及了公约意欲废除死刑的初衷，其表明"本公约缔约国不得援引本条，而推迟或阻止死刑之废除"。其本质上的意义是具有前瞻性的，人权事务委员会在公约第 36 号一般性意见，即明确死刑完全背离尊重生命的原则，而且越来越被视为一种极端的酷刑而违反公约第 6 条，因此鼓励各国朝废除死刑的方向努力，诸如以停止执行死刑达到事实上

---

① William A. Schabas, The Abolition of the Death Penalty in International Law (3rd ed., Cambridge University Press, 2002), p.104.

② Judge v. Canada (829/1998), § 10.4.

③ General Comment No.36: The right to life (Art.6), § 34.

废除死刑。① 公约第 6 条第 6 项因此赋予人权事务委员会促进废除死刑的动力，在审议缔约国定期报告时，人权事务委员会即因此坚持与限制或废除死刑有关的措施，这对于许多在事实上废除死刑但法律上还没有废除死刑的缔约国尤其有效，提交定期报告的压力会促进废除过程的终结。②

三、结　　论

综上所述，公约第 6 条的生命权保障，系以最大限度的死刑限制为核心，而其终极目标乃在于废除死刑。值得注意的是，联合国大会曾经于 2007 年的第 62 届、2008 年第 63 届及 2010 年第 65 届联合国大会（UNGA）通过全世界停止死刑执行的决议，③ 其吁请仍保留死刑的国家停止执行死刑，目标是废除死刑。故是否停止执行死刑，将逐渐成为公约缔约国是否尊重公约第 6 条第 6 项精神的检验标准。而迈向废除死刑，若谓已是形成中的国际共识，应不为过。

---

① General Comment No. 36: The right to life（Art. 6），§§ 50, 51.

② William A. Schabas, The Abolition of the Death Penalty in International Law（3rd ed.，Cambridge University Press，2002），pp. 138-139.

③ 分别为 UNGA 62/149、63/168 号及 65/206 号决议。

一个正当化"有限死刑"的论证

许家馨*

摘要：依据"沟通应报论"可以在理论上支持一种有限度的死刑。该理论把受刑人当成道德主体，尊重其行为选择和主体自由，并以合乎比例的刑责来还报其自主实施的罪行。生命的价值在于其承载了自主及理性，在极端情况下，只有剥夺罪犯的生命才能体现对人性尊贵和选择善恶之自由的终极维护。死刑制度可以被限缩在极端邪恶践踏人性的杀人犯罪。在道德哲学上证成死刑的正当性，不代表任何政府或刑事司法体系都有能力承担这个制度。

关键词：沟通　应报　人性　主体　死刑

一、死刑论证的层次

如果把"支持死刑"当成是支持政府此时此刻继续处决死囚的一种主张。那么，这不是一篇"支持"死刑的文章，不过，这篇文章确实是一篇在道德哲学上，特别是刑罚哲学上，为死刑的正当性进行辩护的一篇文章。这两种"支持"有很大的差距。第一，支持死刑的正当性不代表任何政府都有能力承担这个制度。第二，"死刑"不是一种单一的制度。支持某种死刑的正当性不代表此时制度符合这个理论所能够正当化的那个理想中的制度。第三，即便能把理想中的制度大致上建制在我们这个社会中，也不代表实行起来没有难以克服的障碍(比如误判、恣意、歧视特定族群等)。第四，就算以为能够克服这些障碍，也不代表理想中的制度所赖以建立的道德意涵(理想的应报理论)，能够与这个社会既有的文化兼容(报复的文化)。第五，就算我们都能够克服以上困难，也不代表这个社会不会因为国际因素而使得这个制度走向崩坏。不过，

---

* 许家馨，法学博士，台湾"中央研究院"法律学研究所副研究员。

尽管有如上的种种限制，这篇文章仍然试图为一种死刑的制度辩护，这种死刑的制度，且不论在刑事诉讼程序上应有的搭配措施(比如独立的量刑程序、清楚列出死刑加重因素作为量刑依据、使用比"超越合理怀疑"还要严格的犯罪事实证明度、完整的赦免程序等)，针对实体而言，这种死刑制度仅仅限缩在极端邪恶践踏人性的杀人犯罪之上。

二、什么是沟通应报论？

我的刑罚哲学是"沟通应报论"。① 什么是沟通应报论？当代的应报论不是民间思想中的报应，不是轮回，更不是复仇。它是启蒙时代的产物。20 世纪 70 年代以后，在英美经历强大的复兴。此说认为，刑罚是犯罪者"应得"的。而且犯罪刑罚必须合乎比例。如果你相信罪刑必须合乎比例，而且刑罚主要不是为了吓阻他人而设立，那么，你所相信的，可能正是某种现代的应报论。

"应得"这个概念，在分配正义或应报正义中都很重要。我们认为有天分加上努力，应得相对应的回报，这是"正面应得"(positive desert)。做坏事，伤害他人，必须受到惩罚，这是负面应得(negative desert)。"应得"的基础是什么，当代应报论有很多学说。有人认为，社会生活像是一场游戏，破坏游戏规则，获取不公平的利益，就要付出代价，这叫做公平游戏论(fair play theory)。② 有人认为，刑罚反映的是根植于人性中的应报情绪，这种情绪反映某种客观的价值秩序。这是"刑罚情绪论"(punitive emotions theory)。③ 我现在采用的是另外一种，叫做沟通应报论。

沟通应报论认为，刑罚乃是一种沟通的行动。沟通的对象，主要是受刑人本身。沟通什么？沟通社会的价值，把罪犯所诋毁的价值，通过刑罚沟通给他。因为我们把受刑人当成一个具有理性的道德主体，所以，我们要沟通。为

---

① 我对"沟通应报论"的理解主要来自 R. A. Duff, Punishment, Communication, and Community, Oxford University Press (2001)。但是 Duff 是反对死刑的，参见前引书，p. 152-155。对"沟通应报论"是否与死刑绝对不兼容，我有另一篇文章加以探讨，参见 Jimmy Chia-Shin Hsu, Does Communicative Retributivism Necessarily Negate Capital Punishment? Criminal Law and Philosophy (2015), pp. 603-617.

② Herbert Morris, Persons and Punishment, 52 The Monist, 475-501 (1968).

③ 请参考 Jeffrey G. Murphy, Getting Even: Forgiveness and Its Limits, Oxford University Press (2003).

什么不用"说"的沟通？沟通的形式有很多。犯罪者的犯罪刚好显示了，用正常社会体系内的沟通方式是无效的。所以，必须用刑罚让犯人感受犯罪对其生命的重量，通过这种重量，启发他的意志，使其意志向社会价值开放。这对他不是一种思想改造，也不是"洗脑"。当代应报论的兴起，刚好就是反对把人的刑罚当作疾病，反对侵入性、恣意的矫正主义。正因为把他当成道德主体，这意味着尊重他的自由。这导出沟通应报论的第一个要求：刑罚必须有沟通性。这意味着残忍的刑罚、酷刑不是沟通。因为这通过制造感官上的痛苦，使得人无法运用理智。

第二个要求，刑罚与犯罪必须合乎比例，不需要一样（好像以眼还眼，以牙还牙），但要有相当的对等性（substantive fit）。如何理解对等性，我们有三个方面要考虑。第一，刑罚必须能够与被害人的苦难合乎比例。在应报论的背后，其实是一个对于所有人的人性一视同仁的"平等原则"。犯罪行为也是一种沟通行为。我们如果被人故意伤害，我们愤怒的不只是损害本身，更是犯罪行为传达的一个讯息，那就是，我比你优越，所以可以利用你、伤害你，来遂行我的意志，满足我的欲望。刑罚，正是要平衡这种侮辱性讯息。不够严重的刑罚，代表社会不够正视，没有体会到被害人伤害的严重性，代表社会没有与被害人站在一起。第二，刑罚必须课予犯罪者相当的道德责任。负责任不是口头说说就好。负责任是一种行为、一种实践、是愿意付出重大代价、弥补创伤的实践行动和意志。不够严重的刑罚，无法课予对等的道德责任。第三，刑罚必须对所彰显的社会价值，给予相当的重量。徒法不足以自行，徒价值也不足以自行。必须由社会架构的刑事司法机制给予对等的重量。让犯罪者有足够的后果可以承担，才能彰显价值。

以上两种沟通性和对等性的要求，我称之为"完全目标"。哪一种刑罚违反完全目标，就会违反沟通应报论的宗旨，就不是合理的刑罚。接下来，我要谈沟通应报论的另外两个要求。既然是沟通，隐含着一个意思，就是被沟通的人最好能听懂。听懂，然后照着去做，悔改、反省。这是第三个要求。第四个要求，就是一旦悔改反省之后付出足够的代价，他可以展开一个新的人生。悔改、新人生，是隐含在沟通刑罚之中的目标。可是，它不是"完全目标"，我称之为"不完全目标"。所谓不完全目标就是，如果达到最好，但是不达到不会使我们做这件事情不合理。如果你对一个表明了永不悔改的人施予刑罚，你当然达不到"不完全目标"。但是，这并不因此使得刑罚失去正当性。我可以沟通，但是你可以不听，这是你的自由。

注意，死刑并不抵触第一、二、三个要求。它只抵触第四个要求（新人生）。当代沟通应报论者大多拒绝死刑，理由很简单。因为死刑排除了"新人生"。接下来，问题是，排除新人生的刑罚就必然不正当吗？死刑的运用，并不是天外飞来一笔。当我们把死刑限缩运用在极其邪恶的杀人犯罪时，这其实是来自第二个（对等性）的要求。换言之，与其说死刑违背第四个要求，因而说排除新人生的就不是合理刑罚，不如说，是"对等性"和"新人生的可能性"产生冲突。冲突怎么办？谁要让谁？我认为"对等性"要让步给"新人生"，是很奇怪的。因为"对等性"是完全目标，"新人生的可能性"是不完全目标。违反"对等性"导致刑罚不合理，排除新人生只是达不到理想状态。当产生冲突的时候，应该是"新人生可能性"让步给"对等性"，不应该是反过来。

三、邪恶与刑罚

可是，另外一个废死的论证，就是否认死刑有可能从"对等性"导出。意思是说，你可以否认有任何的犯罪，其相对等的刑罚是死刑。问题是，这句话是对的吗？针对这个问题，我认为大家所忽略的是"邪恶"这个议题。

我曾经引用过，在这里我要再次引用，因为这段话是开启我思考的起点。20 世纪最重要的政治思想家 Hannah Arendt 在其名著 *Eichmann in Jerusalem* 的后记（Epilogue），以第二人称，在法官的位置，用极为肃穆且富有渲染力的口吻说明，为什么她认为纳粹大屠杀的主要执行者 Adolf Eichmann 必须被处以极刑。她说："正如你支持并执行了一个不愿与犹太人同处于地球上的政策，好像你和你的上级有权决定谁应该或不应该活这世上——我们也认为没有一个人类社会的成员，愿意与你同处于天地间。这就是理由，而且是唯一的理由，你必须被吊死。"

这段话刚好展现了沟通应报论的内涵。犯罪行为的讯息是："我和我的上级有权决定谁应该或不应该活这世上"，对 Eichmann 处以极刑所传达给他的讯息是："我们也认为没有一个人类社会的成员，愿意与你同处于天地间。这就是理由，而且是唯一的理由，你必须被吊死。"①

什么样的犯罪会发出什么样的讯息？在这里，我跟康德的观点很不一样，我不认为在正义的天平上，谋杀必然导致死刑。我认为要衡量的是犯罪的讯

---

① Hannah Arendt, *Eichmann in Jerusalem*: A Report on the Banality of Evil, New York: Penguin（2006），p. 279.

息。而只有在谋杀犯罪的讯息中，传达出极端敌视人性、践踏人性的犯罪，才能够判处死刑。这是什么样的犯罪？我们对死刑的想法，跟我们对邪恶的想象能力很有关系。你看一个犯罪，不能只看其手段多残忍。当你说一个犯罪毫无人性的时候，你不能只看人性的光明面，不能只用某个社会阶级的狭隘的生活经验来设想。刑罚的运用，考验我们道德想象力（moral imagination）的边界。人性的世界里，本来就有很多软弱肮脏丑陋的事情。这些情绪或动机的根源，是每个人都有的。我们都有软弱、有嫉妒、有骄傲，有时候也想复仇。当然，我们没有容忍那样的东西肆无忌惮地滋长，出于复仇而针对特定仇恨对象，用极残忍的手段加以杀害。我觉得这仅仅体现人性中固有的一面，尽管被错误地发挥。很多残忍的杀人犯罪，都没有脱离我们可理解的人性范围，虽然犯罪者错误地极端地发挥了人性的软弱面。又好比黑帮寻仇，这是在特定社会规范底下的产物，也没有真的脱离人性的范围。更不用提汤英伸、邓武功这样的杀人犯，完全有可悯之情。

现在我要谈谈真正的邪恶。刚刚那些，都谈不上邪恶。他们只是软弱或不幸的人，不是邪恶的人。刚刚我举了纳粹大屠杀的例子，现在我要举一个小范围杀人的例子。美国哥伦比亚大学有一位犯罪心理学家 Michael H. Stone，他系统性地分析了 600 多宗谋杀犯罪，整理出 22 个邪恶等级。[1] 我们来看一个第 22 级的犯罪者 David Parker Ray。对于他的犯罪行为，我在这里，其实连开口描述都觉得困难。请各位原谅我，稍微看一下我的文字描述。

　　Ray 把被害人带到他用精巧的机械手艺打造出来的酷刑囚牢里，他自己戏称之为"玩具箱"。他会把被害人剥光，用铁链绑住四肢与身体，吊挂起来。用他的性玩具，如手术刀、针筒、电击、妇科手术工具、按摩棒、拔指甲工具等对被害人进行性虐待。被害人通常被留置数星期到数月不等，直到被杀害肢解，弃置于沙漠或湖泊中。所有被害人在被虐待之前，Ray 都会通过扩音器播放一卷"简介"录音带，是他自己录制的，得意洋洋地告诉被害人他要如何虐待他。受害者大约有十几位，大多尸骨无存。Ray 是因为一位幸存者逃出而遭到逮捕。

　　研究谋杀心理超过二十年的 Stone 博士，在检视警方制作的"简介"十六页誊写稿时表示，他读到第一页的一半就很难再读下去——难以想

---

　　① Michael H. Stone, The Anatomy of Evil, Amherst, New York: Prometheus Books (2017).

象的邪恶。①

这样的犯罪行为，有任何人性的成分在里面吗？他能够体现任何人性的一丁点成分吗？当我说人性的时候，我绝对不是说人性的光明面。我说的是，哪怕是人性中所能理解的黑暗面，这种犯罪行为也都完全超过了。有时候，对于我们看得见但无法理解的事，我们需要一些象征性语言来表达。我们可以说，这种人是彻底被邪恶给俘虏或占据了，其邪恶完全超过任何人性的可理解的范围。犹太存在主义哲学家 Martin Buber 这样表达他对 Eichmann 的立场："我对 Eichmann 感受不到同情。我只能对于我能理解的行为感到怜悯。我对参与第三帝国行动的人，只有在形式上的意义，分享了共同的人性。"②

对于践踏人性的犯罪，我认为，死刑是合宜的。死刑传达了这样的讯息："你的所作所为，已经完完全全践踏了人性。生命是一个恩赐。我们每个人都被赐予生命，来彰显生命的价值。而你，彻彻底底践踏了这个价值。你不配拥有这个宝贵的恩赐，因此，这个恩赐必须被剥夺。只有死刑，才能符合你的罪行。"无期徒刑不得假释，也无法传达这个讯息；这个讯息，只有死刑能够传达。因为无期徒刑只剥夺了社会生活，它没有剥夺生命本身。

四、死刑必然违反人性尊严吗？

接下来，我要谈谈人性尊严。我在上文中主要谈的是，死刑是否违反沟通应报论的内在逻辑。我认为不违反。但是，废除论者仍然可以说，死刑虽然没有违反沟通应报论的内在逻辑，但是它违反了独立的道德原则。有时候，一件事情之所以不应该做，不是因为它不能达到我们想要的目的，而是因为它抵触了其他的道德原则。在死刑问题上，最重要的就是人性尊严原则。

人性尊严在哲学上的界定受到较大的争议。让我先从重要的废死应报论者 Dan Markel 的定义开始。他认为："人性尊严是一种存在的'价值'，那种价值

---

① Michael H. Stone, The Anatomy of Evil, Amherst, New York: Prometheus Books (2017), pp. 217-221.

② Hannah Arendt, Eichmann in Jerusalem: A Report on the Banality of Evil, New York: Penguin (2006), p. 251.

来自人类独有的自主及理性能力。"①我们现在来分析这个定义。这个定义分为两个部分，一个是"存在"，一个是"自主及理性"。到底是哪一个部分给予人性无可取代的价值，让人与其他万物区别开来呢？"存在"或"生命"本身不可能。因为，人与所有的活物都一样分享"生命"这个特性。若说"生命"就是人性之所在，那么其他的活物也都不能被杀害。这不可能是真的。所以，人性之尊贵，应该是在于其有别于万物的特性，那就是"自主及理性"。那生命的价值何在？在于它承载了"自主及理性"。

我们打个比方。一个酒杯中装了极其珍贵的好酒。这一杯酒非常珍贵，是因为那个杯子吗？不是，是因为杯子所装的酒。杯子因此不重要吗？当然不是。只是它们的重要性是不一样的。杯子很重要，因为它盛装了酒。生命就好像杯子，珍贵的人性价值就好像那里面的名酒。

为什么酷刑(torture)永远都不是一种可接受的刑罚？这是任何思考人性尊严的哲学都必须回答的问题。酷刑，如果施加得当，并不会导致死亡。但酷刑有违人性尊严。为什么？因为它利用人类感受痛苦的能力，施加痛苦。在剧烈的痛苦中，人不可能使用自主理性。酷刑直接扭曲人的理性能力，使人的存在退化为一种类似动物的状态。换句话说，酷刑直接诋毁人性之所以尊贵的那部分——理性与自主。

死刑不一样。死刑并不是针对人之所以为人的"自主和理性"而来。它是针对承装"自主和理性"的生命而来。人人都有一死。死是每一个人都要面对的。面对死亡并不减损我们使用自主和理性的能力。死刑提早以人为方式让人面对迟早要面对的死亡。我们不需要否认，这仍然是一个极端重大的剥夺，剥夺了本来可以运用自主与理性的生命长度。但是死刑与酷刑在意义上有重大的区别。再用酒杯的例子来说好了。酷刑，就好像你在酒杯中加了臭水沟的水，它直接败坏那宝贵的东西。死刑，就好像直接把杯子打碎，它没有败坏酒的质量，可是酒也无法保持完整。这两种做法有重大的不同，但是，它们都严重地影响了人性中珍贵的部分，一个把酒给玷污了，一个把酒给洒了，两种都让我们心痛。

可是，两者的不同却在特殊情况产生重大差别。我们这样想象好了。如果没有人把酒玷污，而是酒自己坏掉了呢？如果酒自己腐败到一种程度，发出阵

---

① Dan Markel, State, Be Not Proud: A Retributivist Defense of the Commutation of Death Row and the Abolition of the Death Penalty, 40 Harvard Civil Rights and Civil Liberties Law Review, 408, 465 (2005).

阵恶臭，怎么办？那这时倒掉酒杯里的酒就可以了。但是行为与生命是无法分割的。你做了什么，你的生命就被你做的事情所定义。极其邪恶的谋杀犯，如David Parker Ray 之流，正是恶臭冲天的酒。而且你无法分开酒杯与酒。这时候怎么办？打碎酒杯，可能是一个重要的选项。

可是，问题还没结束。人的自主和理性，不是凛然不可侵犯的吗？他不正是具有本然价值的吗？所谓本然的价值(intrinsic value)，就是说，这种价值是不可替代的，不可打折的，这不正是康德最伟大的洞见吗？我们可以这样质问：选择的自由包括选择为恶的自由。就算是最邪恶者，他的生命，或说那酒中的成分，仍然是极其宝贵的。不管再臭，都不应该把酒杯打破。

在这里，我们没有时间进入当代不同康德诠释的路径。让我引用康德在《道德形而上学基础》中这段话，简短地说明我的论点：

> Now morality is the condition under which alone a rational being can be an end in itself, since only through this is it possible to be a lawgiving member in the kingdom of ends. Hence, morality, and *humanity in so far as it is capable of morality, is that which alone has dignity.* 道德律以及在能够选择道德律的范围内的人性，乃是尊严的唯一所在。①

我这样理解康德，"自主理性"本身不是价值的来源。"自主选择"那个道德律的可能性，是价值的来源。把容器当成价值的来源，是一种使得生命真正价值空洞化的讲法。真正价值的来源，是道德律存在我们心中的那个实践可能性，是因为人性有可能超越自然的冲动激情软弱，超越一切命定的束缚，而向上选择道德律的可能性。那才是真正人性光辉的来源。而实践可能性，随着生命的进展，被我们的所作所为所界定。我们要尊重每个人，因此不能够施以酷刑，因为每个人心中都有一套道德法则。罪犯之所以有责任能力，正因为他能够区别善恶。但因为其心中存在道德律，因此，我们应加以尊重，不应加以羞辱。但是，论到其生命在社会中的价值，已经被他自己彻底摧毁了。道德律本身需要生命的实践。一个极其邪恶的谋杀罪犯，自己已经践踏了心中的道德律，抹杀了道德律赋予其生命的价值。在这个意义上，为着那个价值源头的缘

---

① Kant Immanuel Groundworks of the Metahpysics of Morals, In Mary J. Gregor ed., Practical Philosophy：The Cambridge Edition of the Works of Immanuel Kant, Cambridge University Press (1996)(1785), p. 84.

故，死刑是合理的。

五、人性的卑微与高贵

最后，我再次强调，本文讲的是死刑在道德原则上的合理性。原则上合理，只给了我们很强的理由加以维持。但我们仍有可能因为其他重要的原因，暂时停止执行。比如，我认为威权国家没有道德立场执行死刑。这意味着，尚未完全走出过去威权司法结构阴影的社会，有很强的理由暂时停止执行死刑。又如司法体系结构性的问题，误杀的可能性，等等。这些问题，必须另外处理。而且，按照我的理论，我们必须全面重新思考邪恶的操作定义，好好检视我们目前待决的死囚是否真的应该执行死刑。当然要注意，以上的论述，并不排除死刑之后给予赦免。死刑的宣告，是社会决定该犯罪行为所应得的惩罚。这个惩罚有象征意义，即便事后不执行，仍然代表了社会对于人性尊严的看重，以及对此犯罪的评价。社会有权决定，是否给予一个人应得的惩罚。特别是当一个人显示悔改的可能性时，这时候，悔改意味着罪犯与其之前的犯罪及犯罪所传达之诋毁人性之讯息进行切割。这时，有很好的理由对其给予赦免。赦免意味给予其所不应得的，这是社会给予的恩惠。社会有权决定给予恩惠。死刑与赦免在逻辑上并不冲突，尽管操作上可能会有困难要克服。

目前社会中一连串重大杀人犯罪，一连串生死之判所引起的社会争议，暴露出诸多重大课题：什么是"泯灭人性"？检察官可否仅因被害人家属的请求而在二审加重求处死刑？被害者或家属的心声应如何评价？要回答这些问题，仅仅改良程序是不够的，必须针对刑罚与死刑的本质进行实质的义理之辨，才可能找到解题之钥。

大原则是，国家并非作为被害者或家属的代理人来执行刑罚。若是如此，应报刑就与复仇没有两样，而复仇没有正当性，因其蕴含极大的危险与恣意。复仇的重点在"施予痛苦"，而非"课予责任"，也因此容许酷刑，甚至可以伤害加害者的亲属，复仇的程度没有内在界线，不需要严格遵守"犯罪与刑罚合乎比例"要求；复仇方式的选择专属于被害者及家属，旁人无从置喙。若国家仅是复仇代理人，被害家属若觉得代理人刑罚过轻，岂非可以收回代理权限，执行私刑？

国家代表人民全体，公正地执行刑罚体制以确保社会价值的实现。所谓"人民全体"，包括你、我、被害者及亲属，更包括加害者及其亲属。这意味着，国家行使刑罚权，不能够只从被害者的角度来看待犯罪行为，反而必须不偏不倚地从各种角度深入了解犯罪行为的背景，包括从加害者的角度，才能够给予适当且合乎比例的刑罚。何谓适当的刑罚？"应报正义"的理念，绝非"施予痛苦"，乃是透过课予严肃的负担，传达社会价值的重量。既要沟通价值，就不能施以酷刑，因为酷刑并非诉诸理性，而是诉诸痛苦，扭曲理性。"死刑"仅能例外地适用于彻底践踏人性的犯罪，以及彻底邪恶的行为人，这是因为死刑虽然并没有直接扭曲理性，但缩短了可以使用理性的生命长度，这正是为何有些文明社会认为死刑与酷刑有别，因而仍予维持的原因。

然而，什么是"泯灭人性"？台湾"最高法院"在一个判决中，指出应将犯罪者视为"活生生的社会人"而非"孤立的犯罪人"。① 诚哉斯言！对于"人性"理解的深度与广度，反映一个社会的文明程度，也在测试我们是否真的了解"正义"。亚里士多德区分"僵硬的正义"（dikê）与"衡平的正义"（epieikeia），而后者优于前者，正因为后者拒绝简化、抽象化人类的行动的意涵，而愿意从特殊的情境中去了解人类行动的浮动与人性的脆弱。

被害者的愤怒情绪绝对值得同理，问题是，愤怒情绪在本质上有戏剧性的夸大倾向，它倾向简化加害者的人性，使加害者成为没有历史没有缘由没有共通人性的"孤立的犯罪人"。公正的司法体制正是要抵抗这种压力，进而扛起理解加害者人性的责任。为什么？因为人性本来就是脆弱的，能否行善除了意志之外，还受到环境、遭遇甚至运气的影响。

司法体制的设计，必须在"无知之幕"背后，尽可能使得偶然因素的影响降到最低，才是真正的正义。罗尔斯虽然不是在谈应报正义，而是在谈分配正义。但是，通过一些理论的延伸，我们并不是不能从其分配正义观得到关于应报正义的启示。在无知之幕的背后，我们是贫穷或富足、是白人黑人还是黄种人、是聪明还是愚笨、是四肢健全还是残障还是兔唇，有聪明智慧的父母还是愚笨凶暴的父母，所有偶然的因素都应该被遮蔽。罗尔斯问的是，在无知之幕背后，人们会建构什么样的分配资源的体制。同样的，我们也可以问，在无知之幕背后，我们会建构什么样的刑罚体制。罗尔斯的差异原则要求所有的不平等必须同时对底层的人有益处，这意味着我们都有可能处于底层，因此，我们会支持一个即便我到了底层，仍然不会把我遗弃的体制。运用在应报正义上面，我们也会支持一个，即便我到了底层，即便我的人性被环境扭曲，即便我被不懂教养的父母溺爱，因而走上歧路，一个体制仍然不会把我遗弃，仍然会尽可能理解这些环境的因素对我的影响，给予我的人性最后的机会。

---

① 台湾"最高法院"102 年度台上字第 170 号刑事判决。

　　台湾地区近来发生的陈某安弑父案固然令人发指，但从小生长在一个被严重溺爱的家庭，以致无法从人类幼儿时期唯我独尊的幻象中走出来，又岂全然是他的选择？在刘某龙及其同伙案件中，也可能有人性尚未泯灭之处，只要离开毒品的影响，并非完全无可救药。"泯灭人性"所设想的"人性"不能只是你我的人性，也要能够进入犯罪者生命中的点点滴滴。透彻理解人性的脆弱与无助，以及被偶然因素所影响产生的悲剧，才是对人性尊严的尊重。唯有穷尽了道德想象力，犯罪行为仍然展现无可理解的"邪恶"时，才是使用死刑的正当时机。我的意思是，即便了解了所有的背景，其行为仍然无法解释其展现的"邪恶"时，比如连续虐杀杀人狂，这时候，我们可以确定，这是他自己的选择，已非任何环境所能解释时，死刑是其应得，我们尊重其选择邪恶的自由，但是选择的自由意味着承担刑罚的责任。

　　此时死刑所传达的是"终极的平等"讯息。绝对的邪恶犯罪，传达出犯罪者认为自己绝对优越于他人的不平等讯息。社会为了维护人性价值，必须给予对等的讯息，该讯息就是，你也会死，就跟你杀害的人没有两样，你不是神，你不能把别人当成蝼蚁践踏。沟通"死亡"的讯息，除了是给予其泯灭人性犯罪的对等刑罚之外，同时是为了唤醒其对于人性平等尊贵的体认。就此意义而言，我们并未把他当成敌人。敌人是其人性中邪恶的力量，我们是其内心深藏的人性的朋友。死亡之所以可怕与具有负面效应，不是因为它本身蕴含邪恶，死亡无法承载邪恶。只有生命才能承载邪恶。死亡只是生命的阴影。在极端的状况下，死亡这个缺乏本体的阴影，必须被召唤来映照生命中的邪恶，才有可能挽救生命中将灭的人性烛火。如果无法挽救，那也是犯罪者的选择，但这样的选择将不能够免于共同体的终极审判。

附：同行评阅反馈 *

　　这篇论文与台湾大学法律学院助理教授谢煜伟先生所著《重新检视死刑的应报意义》，可以算是台湾地区至今为止讨论应报与死刑的论文中，最为精致的文章。

　　沟通应报论主张：应报的内容应该是社会大众（社群）以及行为人都能接受的谴责（亦即刑法理论中的责任非难），而国家有义务通过执行刑罚的仪式

　　* 评阅人：李茂生，台湾大学法律学院教授；评阅内容节选自李茂生：《应报、死刑与严罚的心理》，《中研院法学期刊》第 17 期，2015 年 9 月。

将谴责(非难)的意思传递给行为人,但并不强迫其接受这个意思,因为行为人仍旧是个道德主体。当然,如果行为人接受了这个对于其过去行为的非难,此即国家即必须通过其他的方法,将行为人的意思传递给社群,并促成双方的和解。

其实,若是理解刑法理论同时也认知现今刑事政策倾向的读者,应该立即可以察觉这个被许文称道的沟通应报理论,不外就是刑法的事后处理机能、规范的应报论以及修复性司法等论调的结合体,自然不会对沟通应报论的风行感到意外。然而,纵使这是具有发展潜力的应报刑理论,但脱离了抽象论述,于实际的刑法科赋现场,其合理性会被现实所侵蚀,而且也没有任何手段可以防止这种侵蚀。

虽然许文一直强调,该文并不是谈论现实的刑罚执行的论文,但沟通应报论根本就没有说明实际上的量刑基准。因为应报是个相对性的概念,所谓的"适得其所"不外乎是与其他罪行的应报量相比对的结果。如果某一罪行因为其他因素而被决定应赋予的苦痛后,又被视为比对的对象,其他较为严重罪行的量刑应该会节节上升。应报概念不仅无法节制这类比对,反倒会成为这类行径的合理化机制。因为比对就是应报的本质。

不过这还不算最惨,最令人气馁的是司法判决后执行阶段的现实。应报论虽然是目前最具有说服力的理论,但事实上根本就无法达成罪刑均衡的要求,因为法官从来就无法确切掌握在监狱中受刑人会遭到何种处遇,亦即法官根本就无法计算刑罚的痛苦程度。被处罚的痛苦,远远超过当初所预定的痛苦,这是审判者所不愿预料,但确实存在于被处罚者感受中的痛苦。

于此并不是主张对于刑罚的程度不需沟通或辩论,而是认为,只要不能理解人们这么执着于惩罚的理由,那么任何沟通都会成为单方面的强制。人们看到犯错的人受到严罚会产生愉悦感。或许正是这种深层且难以戒掉的愉悦感,使得人们不断地去追求、创造让犯错的人感受到极端痛苦的制度。在这种制度的运作下,是不可能有任何的正义可言的。

民意、教育与中国死刑的存废

李 俊[*]

摘要：民意不允许被认为是中国保留死刑的一个重要理由。然而，民意是发展变化的，也是可以引导的（即可以教化）。因此，有必要在既往死刑民意研究的基础上，进一步探讨民意、教育与中国死刑存废的关系。本文采用实验研究，探究中国死刑民意的可改变性以及教育在改变死刑民意中的作用。实验结果表明，死刑民意是可以改变的，一方面受问题本身（即死刑替代方案）的影响，另一方面受阅读材料（即关于死刑存废理由的信息）的影响。前者侧重于立法自身的变革，后者则涉及在信息公开基础上的教育。因此，未来需要政治家、知识分子、立法机关与司法机关以及民间力量在引导死刑民意上共同努力，使越来越多的公众理解和支持死刑改革。

关键词：死刑存废 民意 教育 实验

死刑存废在中国争论已久，中国目前在死刑方面的政策是"严格控制和慎重适用死刑"。近十几年来，通过最高人民法院收回死刑复核权、已经减少并计划继续减少死刑罪名、修改《刑事诉讼法》进一步完善死刑复核程序等举措，中国每年判决与执行死刑的人数大幅削减。但中国仍没有废除死刑，而民意不允许被认为是保留死刑的一个重要理由。然而，民意是发展变化的，也是可以引导的（即可以教化），因此，有必要在既往死刑民意研究的基础上，进一步探讨民意、教育与中国死刑存废的关系。

一、问题的提出

民意即民众共同的、普遍的思想或意愿，如"中和民意以安四乡"[①]"宜修

---

* 李俊，华东政法大学社会发展学院教授。

① 《庄子·杂篇·说剑》，方勇译注，中华书局 2007 年版。

孝文明政，示以俭约宽和，顺天心，说民意"。① 俗话说"得民心者得天下"，重视"民意"是社会稳定与发展的前提。在死刑存废这个问题上，民意常常是一个重要的影响因素。日本著名刑法学者大谷实指出："有关死刑存废的问题，应根据该社会中的国民的一般感觉或法律信念来论。"②梁根林认为，死刑的存废、去留，并不取决于其自身无法辩明的正义性（或非正义性）以及无法证实或证伪的威慑性。它在根本上是一个受集体意识的公众认同以及政治领袖的政治意志左右的政策选择问题。③

死刑是对生命权的剥夺，这一刑罚可能针对一国的所有公民。如果大多数公民并不认同，则意味着死刑失去了其存在的价值基础，而只是一种酷刑。反之，如果大多数公民认为死刑对于社会的运行有积极作用，则死刑具有其存在的合理性。所以，保留死刑的国家常常把民众对死刑的高度认同作为保留死刑的重要理由。孙世彦指出，秘书长根据联大决议提交的报告中列举的保留死刑的理由，其中包括公众舆论和意见不赞成废除死刑。④

但一个常被忽视的问题是，死刑民意并不是静止不变的，而是在不断地变化之中。随着人权观念的普及和相关信息的公开，很多国家从原来的绝大多数人坚决赞同保留死刑到越来越多的人倾向于赞同废除死刑。当然，死刑民意的变化并不是自然发生的，一般是来自政府的推动、知识分子的倡导、立法机关与司法机关的引导等。赵秉志、张伟珂指出，在中国死刑的观念变革是一个渐进的过程，死刑改革中应对民意的理性态度，就是引导公众理解和支持死刑改革，使公众成为推动死刑改革的主要社会力量。⑤ 孙世彦指出，目前仍保留死刑的国家今后是否会废除死刑，废除死刑的国家是否会恢复死刑，从国内方面来看，这在一定程度上取决于政府的意愿，公众对死刑问题的认识以及政府能在多大程度上按联合国的呼吁在国内广泛开展有关死刑存废的讨论。⑥ 英国自1970 年废除死刑以来，做了大量的宣传，直到 2015 年民意调查才显示英国民

---

① 班固：《汉书》，中华书局 2012 年版。

② ［日］大谷实：《刑事政策学》，黎宏译，法律出版社 2000 年版，第 113 页。

③ 梁根林：《公众认同、政治抉择与死刑控制》，载《法学研究》2004 年第 4 期。

④ 孙世彦：《从联合国报告和决议看废除死刑的国际现状和趋势》，载《环球法律评论》2015 年第 5 期。

⑤ 赵秉志、张伟珂：《略论死刑的民意引导——以慎用死刑为视角》，载《国家检察官学院学报》2013 年第 4 期。

⑥ 孙世彦：《从联合国报告和决议看废除死刑的国际现状和趋势》，载《环球法律评论》2015 年第 5 期。

众对死刑的支持率首次跌破 50%。① 日本是保留死刑制度的国家，对此日本公共舆论一直保持着支持态度。但公共舆论对死刑制度的支持并不意味着公共舆论是在对死刑制度充分了解的基础上做出的，政府当局情报公开的不充分性，使公共舆论并不十分清楚死刑制度的全貌尤其是死刑执行制度。② 可见死刑民意并非不可以改变，关键是政府对于死刑的态度。

在死刑存废这个问题上，大多数国家都开展了民意调查，中国也不例外。比较有名的民意调查包括 1995 年中国社会科学院法学所和国家统计局组织的"中国公民的死刑意识调查"、2007—2008 年武汉大学刑事法研究中心与德国马普所合作开展的"中国死刑态度调查"（简称"武大—马普调查"）、2008 年北京师范大学刑事法律科学研究院袁彬教授组织的"死刑观念民意调查"、2010 年腾讯网组织的调查、2016 年新闻百科微信调查。这些调查的结果都显示，我国民众对死刑的支持度是比较高的。

虽然这些调查对于了解中国的死刑民意有着重要价值，但由于抽样、问卷设计和统计分析方面的问题，大多数调查结果对我国死刑存废改革战略的制定和实施的参考价值有限。且不谈抽样的科学性与统计分析的正确性，仅就问卷设计而言，这些调查主要存在两个方面的问题。第一，问题与选项的设置比较简单，不能反映真实的民意。大多数调查都是一般意义上的对死刑态度的提问，即"总体来说，您是支持还是反对死刑？"③且大多数调查一般只有两至三个选项。在只有两个选项（即反对废除死刑与支持废除死刑）的调查中，反对废除死刑的比例远超支持废除死刑的比例。但如果加入第三个选项，即"中立"时，反对废除死刑的比例下降幅度较大，很多人转而选择了中立的态度。④但三个选项的测量仍不能细致地反映调查对象对死刑的态度，合理的设计应是五至七个选项。

---

① 英国正式废除死刑是在 1998 年。英国国家社会研究中心从 1983 年开始，每年都要发布"英国社会心态报告"，在往年的调查中，英国民众对死刑的支持率都超过 50%。在 1983 年发布第一份"英国社会心态报告"时，75%的受访者支持死刑。

② ［日］内田幸隆：《日本死刑适用中公共舆论的影响》，郑军男译，载《吉林大学社会科学学报》2012 年第 5 期。

③ 也有例外，如 2007—2008 年"武大—马普调查"与 2008 年北京师范大学调查中出现了死刑替代措施，如"以不可减刑、假释的无期徒刑替代死刑""以不得假释的无期徒刑加上对被害人的赔偿替代死刑"等。

④ 《在中国死刑是怎样的存在》，https：//news. qq. com/cross/20161111/VSV13U17. html，2019 年 1 月 18 日最后访问。

第二，调查结果反映的民意仅仅是虚空的民意。即是说，在公众对于死刑没有充分认知的情况下开展民意调查，调查结果并不能反映真实的民意，一旦认知充分，民意将发生变化甚至是逆转。1972 年弗曼诉佐治亚案中，美国大法官马歇尔曾就多数民众支持死刑的状况提出了著名的三点假设（Marshall Hypothesis）：（1）公众缺乏对死刑及其适用效果的有关信息以致其支持死刑；（2）多数民众在充分了解有关的死刑知识之后，将会认为死刑是不道德和违宪的；（3）对基于报应原因而支持死刑的人，死刑知识将不具有说服力，他们的死刑观念将不受死刑知识的影响。①

一些保留死刑的国家或地区已经全面公开了死刑执行的数据和详细的死刑审判材料，并开启了死刑存废或者死刑替代方案的讨论，在这种信息充分的条件下，公众可以进行理性的思考，由此形成关于死刑的真实民意。然而，还有一些保留死刑的国家或地区，既没有公开死刑执行的数据与详细的死刑审判材料，也没有开启死刑存废或者死刑替代方案的讨论，所以绝大多数公众对于死刑的认知还停留在感性层面，且更加认同广为流传的保留死刑的理由，如"罪有应得、杀人偿命""对于十恶不赦之徒，不杀不足以平民愤""死刑对严重刑事犯罪具有威慑力，有助于维持良好的社会秩序"等。因此，对于信息公开度不高和没有开展过相关讨论的保留死刑的国家或地区，如果要做民意调查，应该首先保障公众有充分的知情权，即让公众全面了解死刑存与废的理由，对死刑存废这一问题进行理性的思考，这样得来的调查结果才更加有价值。鉴于目前在全国开展死刑民意调查还比较困难，笔者将采用小范围的实验研究，探究中国死刑民意的可改变性以及教育在改变死刑民意中的作用。

二、实 验 研 究

实证研究在中国的法学研究中尚处于萌芽阶段，大多数法学实证研究是以问卷为基础的调查研究或以判决书为分析对象的文献研究。在社会科学研究领域（社会心理学除外），实验研究虽然难以实施，但它在探索和揭示现象之间的因果联系方面，具有比其他几种社会研究方式更为强大的力量。② 国外法学

---

① Furman v. Georgia, 1972, pp. 363-446, fn. 145.

② 风笑天：《社会研究方法》（第五版），中国人民大学出版社 2018 年版，第 158 页。

研究采用实验研究较早，国内则在近几年才刚刚出现。① 与本研究相关的实验研究包括约翰和米切尔的实验、萨拉特和维德玛的实验、维德玛与狄滕霍夫的实验②，以上都是为了检验马歇尔三点假设的前两个假设。本研究的实验假设二（即"关于死刑存废理由的认知会影响实验对象对于死刑存废的态度"）也是出于同样的目的，而实验假设一（即"在逐渐增加附加条件的情况下，实验对象更倾向于赞同废除死刑"）则是考察死刑替代方案是否适用于所有的实验对象（他们关于死刑存废理由的认知不同）。

（一）研究设计

本研究的实验方案为：首先在上海某高校某一学院 2018 级的 185 名本科生中，采取随机指派的方式，构造 3 个实验组（每组 20 人）和 1 个控制组（19人），共 79 名学生。其次，在同一时间段、不同的教室开展实验研究。3 个实验组都分别给予了简短的阅读材料。实验组一的阅读材料是学者与公众认为中国应该保留或废除死刑的理由，其中保留死刑的理由有 7 项：（1）"罪有应得、杀人偿命"的传统观念；（2）对于十恶不赦之徒，不杀不足以平民愤；（3）死刑对严重刑事犯罪具有威慑力；（4）只有死刑才可以安抚受害人或其家属；（5）如果将死刑改为无期徒刑且不得减刑或假释，会增加社会成本；（6）死刑风险小，无期徒刑可能存在犯人越狱、在监狱内再犯罪等风险；（7）无期徒刑使犯人完全失去发展的机会，生不如死，是比死刑更严重的刑罚。废除死刑的理由有 8 项：（1）死刑是一种酷刑，侵害生命权，现代社会不能有违反人道主义的酷刑；（2）可以将死刑改为无期徒刑且不得减刑或假释，犯人由此不再危害社会；（3）冤案存在，死刑的废除使蒙冤的人还有讨回公道的一天；（4）如果废除死刑，有的犯人可能在监狱中悔悟，弃恶从善；（5）死刑不可能根除产生犯罪的复杂根源，自然也不可能从根本上遏制犯罪的产生；（6）死刑无法对受害人的生命进行补救；（7）废除死刑，犯人在监狱中工作，劳动所得不仅可以抵

---

① 李奋飞：《舆论场内的司法自洽性研究：以李昌奎案的模拟实验分析为介质》，载《中国法学》2016 年第 1 期。

② John K. Cochran & Mitchell B. Chamlin, Can Information Change Public Opinion? Another Test of the Marshall Hypotheses, Journal of Criminal Justice, 2005, 33, p. 578. Sarat, A., & Vidmar, N., Public Opinion, the Death Penalty, and the Eighth Amendment: Testing the Marshall Hypothesis, Wisconsin Law Review, 1976, 1, pp. 171-197. Vidmar, N., & Dittenhoffer, T., Informed Public Opinion and Death Penalty Attitudes, Canadian Journal of Criminology, 1981, 23, pp. 43-56.

消自己的开支，还可以补偿被害人或其家属；(8)死刑实际上的适用对象更多的是贫困边缘人群，由此会导致司法不公。可见，死刑存废的大多数理由涉及死刑的正当性、有效性与经济性等方面。实验组二仅阅读保留死刑的理由，实验组三仅阅读废除死刑的理由。在阅读5分钟后，填写关于死刑态度的问卷(仅有三个问题)。控制组没有阅读材料，马上填写问卷。最后，用stata统计分析软件录入数据并采用方差分析分析4组之间的差异。

(二)研究结果

1. 死刑态度的总体变化

关于死刑态度的三个问题，呈现逐渐附加条件的特点。问题一是"你对于死刑存废的态度是什么?"问题二是"如果以无期徒刑替代死刑，且不得减刑或假释，你对于死刑存废的态度是什么?"问题三是"如果以无期徒刑替代死刑，且不得减刑或假释，同时犯人必须在监狱中工作换取酬劳，以此赔偿受害人或其家属，你对于死刑存废的态度是什么?"可见，问题二相比问题一，虽然提出废除死刑，但却以不得减刑或假释的无期徒刑替代死刑，从而在惩罚罪犯的同时，确保了社会安全，减轻了公众对于死刑犯的恐惧。而问题三在问题二的基础上更进一层，即还强调犯人对受害人或其家属的补偿，从而彰显公平正义，并在一定程度上补偿了公众所遭受的心理伤害。

本研究关于实验对象对于死刑态度三个问题回答的测量采取7分测量法。0表示中立，表示既不赞同保留死刑，也不赞同废除死刑；+3意味着非常赞同保留死刑；-3意味着非常赞同废除死刑。数据分析表明，在逐渐增加附加条件的情况下，实验对象对于死刑的态度发生了变化(详见表1)。

表1   **实验对象对于死刑的态度**

	赞同废除死刑			中立	赞同保留死刑		
	−3	−2	−1	0	+1	+2	+3
问题一	8	1	7	4	22	19	18
问题二	8	10	8	12	17	12	12
问题三	20	23	8	7	7	9	5

表1显示，实验对象对于死刑的态度从赞同保留死刑居多到逐渐倾向于赞

同废除死刑。具体来说，对于问题一"你对于死刑存废的态度是什么？"，赞同保留死刑的实验对象加总（+1、+2、+3）为59人，占总数的74.68%，且非常赞同保留死刑的实验对象（+3）为18人，占总数的22.78%；而赞同废除死刑的实验对象加总（-1、-2、-3）为16人，占总数的20.25%，且非常赞同废除死刑的实验对象（-3）为8人，占总数的10.13%。可见，对于无附加条件的问题，绝大多数实验对象是赞同保留死刑的，且非常赞同保留死刑的实验对象较多。

而对于问题二"如果以无期徒刑替代死刑，且不得减刑或假释，你对于死刑存废的态度是什么？"，赞同保留死刑的实验对象加总（+1、+2、+3）为41人，占总数的51.90%，且非常赞同保留死刑的实验对象（+3）为12人，占总数的15.19%；而赞同废除死刑的实验对象加总（-1、-2、-3）为26人，占总数的32.91%，且非常赞同废除死刑的实验对象（-3）为8人，占总数的10.13%。可见，在增加了附加条件（即以不得减刑或假释的无期徒刑替代死刑）之后，赞同保留死刑的实验对象总数下降，且非常赞同保留死刑的实验对象总数也下降了，而赞同废除死刑的实验对象总数上升。这说明，如果以同样具有严重惩罚性的刑罚①替代死刑，实验对象保留死刑的意愿变得不那么强烈了，同时废除死刑的意愿明显增强。但值得注意的是，非常赞同废除死刑的实验对象总数并没有发生变化，这说明原来赞同保留死刑的实验对象在获悉附件条件之后，虽然态度发生了转变，但对于死刑的完全废除仍然存疑，因此要么选择0（由问题一的4个增加到问题二的12个），要么选择-1（由问题一的7个增加到问题二的9个），要么选择-2（由问题一的1个增加到问题二的9个）。

而对于问题三"如果以无期徒刑替代死刑，且不得减刑或假释，同时犯人必须在监狱中工作换取酬劳，以此赔偿受害人或其家属，你对于死刑存废的态度是什么？"，赞同保留死刑的实验对象加总（+1、+2、+3）为21人，占总数的26.58%，且非常赞同保留死刑的实验对象（+3）为5人，占总数的6.33%；而赞同废除死刑的实验对象加总（-1、-2、-3）为51人，占总数的64.56%，且非常赞同废除死刑的实验对象（-3）为20人，占总数的25.32%。可见，在问题二的基础上继续增加附件条件（即犯人必须在监狱中工作换取酬劳，以此赔偿受害人或其家属）之后，赞同保留死刑的实验对象总数明显下降，且非常赞同保留死刑的实验对象总数也明显下降，而赞同废除死刑的实验对象总数明

---

① 某些学者认为不得减刑或假释的无期徒刑更具惩罚性，因为这种刑罚是持续性的，罪犯完全失去了发展的机会，生不如死。

显上升，超过了半数，且非常赞同废除死刑的实验对象总数明显上升，超过了1/4。这说明，如果不仅以不得减刑或假释的无期徒刑替代死刑，且犯人还必须以狱中劳动所得赔偿受害人或其家属，实验对象保留死刑的意愿明显减弱，同时废除死刑的意愿明显增强。不仅赞同保留死刑的每项(+1、+2、+3)分别下降，持中立态度的人也明显下降，而赞同废除死刑的两项(-2、-3)明显上升，且上升幅度分别为17.72%与15.19%。

由此可见，在逐渐增加附加条件的情况下，实验对象更倾向于赞同废除死刑，其中第二个附加条件对实验对象的影响更大，即强调罪犯对受害人或其家属的补偿。也就是说，实验对象更关注刑罚实质上的公平正义，要给受害者补偿，而不仅仅是简单地惩罚罪犯。实验假设一由此得到检验。

2. 死刑民意的组间差异

本研究采用方差分析测量不同组的实验对象对于死刑态度三个问题回答上的差异。由于实验对象的总数较少，如果死刑态度三个问题的选项仍是7个分类，将难以显示差异，因此将(+1、+2、+3)归为一类(即赞同保留死刑)，将(-1、-2、-3)归为一类(即赞同废除死刑)，0为一类(即中立)。首先采用单因素方差分析测量组间差异，结果如下表2所示。

表2　　　　　　　　不同组死刑态度得分的单因素方差分析结果

		平方和	自由度	均方	F 值	Sig. 概率
问题一	组间	1.072	2	0.536	0.42	0.658
	组内	96.649	76	1.272		
	总和	97.722	78	1.253		
问题二	组间	0.812	2	0.406	0.32	0.728
	组内	96.910	76	1.275		
	总和	97.722	78	1.253		
问题三	组间	2.349	2	1.174	0.94	0.397
	组内	95.373	76	1.255		
	总和	97.722	78	1.253		

由表2可知，不同组的实验对象对于死刑态度三个问题的回答并没有显著

的区别。但这有可能是因为没有考虑组别与其他变量之间的交互作用，于是进一步采用双因素方差分析。分别尝试了三个其他变量——性别（男性与女性）、户籍（城镇与农村）、民族（少数民族与汉族）、高考科目（文史、理工与综合改革），发现当其他变量是民族时，实验对象对于死刑态度前两个问题的回答是存在组间差异的。

　　（1）问题一的组间差异

　　在问题一的双因素方差分析模型整体检验通过（p = 0.0002）的情况下，可以发现组别的主效应（p = 0.1431）和民族的主效应（p = 0.1344）都不显著，但它们的交互效应对模型的贡献较大（p = 0.0016），显著地区别于0。也就是说，在不同的民族中，不同组的实验对象在死刑态度问题一的回答上存在显著差异（详见表3）。

表3　　　　　汉族与少数民族关于问题一回答上的组间差异（均值）

组别	汉族	少数民族	总计
组1	0.533	−0.4	0.3
组2	0.941	0.333	0.85
组3	0.765	−1	0.5
组4	0.4	1	0.526
总计	0.672	0	0.544

　　由表3可知，对于问题一，汉族总体上倾向于保留死刑（均值为0.672），而少数民族则是中立态度（均值为0）。再看不同组，可以看出组1的均值最低（0.3），然后是组3（0.5）、组4（0.526），组2的均值最高（0.85）。原因可能是组1和组3的阅读材料均包括废除死刑的理由，这在一定程度上影响了实验对象对待死刑的态度。

表4　　　　　少数民族关于问题一回答上的组间差异

组别	赞同废除死刑（−1）	中立（0）	赞同保留死刑（−1）	总计	赞同废除死刑的比例
组1	3	1	1	5	60%
组2	1	0	2	3	33.3%

续表

组别	赞同废除死刑 (−1)	中立 (0)	赞同保留死刑 (−1)	总计	赞同废除死 刑的比例
组3	3	0	0	3	100%
组4	0	0	4	4	0
总计	7	1	7	15	46.7%

根据三维列联表(详见表4),可以发现组别与民族的交互作用主要源自不同组的少数民族(卡方检验 p = 0.093)。组1和组3的少数民族更倾向于废除死刑,特别是组3(阅读材料仅包括废除死刑的理由)的少数民族实验对象全部选择废除死刑;而在组2和组4中,少数民族更倾向于保留死刑,特别是组4(没有任何阅读材料)的少数民族实验对象全部选择保留死刑。这说明少数民族对待死刑的态度更有可能受到宣传材料的影响。

(2)问题二的组间差异

在问题二的双因素方差分析模型整体检验通过(p = 0.0093)的情况下,可以发现组别的主效应(p = 0.0154)和民族的主效应(p = 0.0244)都不显著,但它们的交互效应对模型的贡献较大(p = 0.0043),显著地区别于0。也就是说,在不同的民族中,不同组的实验对象在死刑态度问题二的回答上存在显著差异(详见表5)。

表5   汉族与少数民族关于问题二回答上的组间差异(均值)

组别	汉族	少数民族	总计
组1	0.2	−0.2	0.1
组2	0.529	0	0.45
组3	0.529	−1	0.3
组4	−0.333	0.75	−0.105
总计	0.25	−0.067	0.190

由表5可知,对于问题二,汉族总体上倾向于保留死刑(均值为0.25),而少数民族则倾向于废除死刑(均值为−0.067)。再看不同组,可以看出除了组4(均值为负)倾向于废除死刑之外,其他3组均倾向于保留死刑,组2的意

愿最为强烈(均值为 0.45),然后是组 3(均值为 0.3)、组 1(均值为 0.1)。问题二在问题一的基础上增加了附加条件(即以不得减刑或假释的无期徒刑替代死刑),但由于组 2 的阅读材料仅包括保留死刑的理由,所以更倾向于保留死刑。

根据三维列联表,可以发现组别与民族的交互作用主要源自不同组的汉族(卡方检验 P = 0.072)。组 4 的汉族更倾向于废除死刑,而其他 3 组更倾向于保留死刑,其中组 2(阅读材料仅包括保留死刑的理由)最为倾向于保留死刑。这说明在增加附加条件的情况下,没有阅读材料的汉族对待死刑的态度更有可能受附加条件本身的影响,而其他组的实验对象可能还受到阅读材料的影响。

由双因素方差分析可知,少数民族对于问题一的回答一定程度上受到阅读材料的影响,因而显示出组间差异;而汉族对于问题二的回答,除了受到阅读材料的影响之外,问题本身也是重要的影响因素(详见表 6)。由于少数民族与汉族对于死刑存废的态度都受到阅读材料的影响,实验假设二由此得到检验。

表6　　　　　　　　　　汉族关于问题二回答上的组间差异

组别	赞同废除死刑 (−1)	中立 (0)	赞同保留死刑 (−1)	总计	赞同废除死刑的比例
组 1	5	2	8	15	33.3%
组 2	2	4	11	17	11.8%
组 3	3	2	12	17	17.6%
组 4	9	2	4	15	60%
总计	19	10	35	64	29.7%

三、结论与讨论

由上述实验假设的检验结果可知,死刑民意是可以改变的,一方面受问题本身(即死刑替代方案)的影响,另一方面受阅读材料(即关于死刑存废理由的信息)的影响。前者侧重于立法自身的变革,后者则涉及在信息公开基础上的教育。未来在做民意调查之前,不仅需要设计测量效度较高的问卷(即在简单询问的基础上逐渐增加附加条件),更重要的是信息公开,让公民全面了解死刑存与废的理由,这样他们对死刑的认知才能从感性认识上升到理性认识,即回到教育的初衷——开启民智。

也就是说，在死刑存废这一问题上，目前工作的重点不应只是立法，因为在死刑民意没有大的变化的情况下，死刑的存或废均难以产生较好的社会效果。重点应是公开死刑资料和开展死刑存废的辩论，让公民逐渐形成理性认识，从原有的"应报论"（"罪有应得、杀人偿命"）或"功利论"（"死刑对严重刑事犯罪具有威慑力，有助于维持良好的社会秩序"），到一定程度上接受"权利论"（"死刑是一种酷刑，侵害生命权"）与"正义论"（"冤案的存在，死刑的废除使蒙冤的人还有讨回公道的一天""死刑实际上的适用对象更多的是贫困边缘人群"等）。而无论存与废哪种观点占上风，都要结合中国的国情，做更为切实的思考。因为犯罪是多种社会因素与犯罪者个体相互作用的产物，如果废除死刑，更多地需要考虑由此带来的负面影响与相关应对措施；如果保留死刑，更多地需要考虑如何限制死刑适用条件，以及确保法律适用的正义（实体合法与程序合法）。

中国自古就有民意渗透司法、天理人情与律法并行的裁判传统，近代又有民愤作为量刑根据的实践，当前在"司法为民""法律效果和社会效果相统一"的司法理念指导下，[1] 更应关注死刑民意。一方面要准确、连续地测量民意，为死刑存废改革战略的制定和实施提供有效的参考；另一方面要积极引导民意，使越来越多的公众理解和支持死刑改革。从我国目前的情况来看，更需要后一方面的努力。

死刑民意的引导需要政治家、知识分子、立法机关与司法机关以及民间力量的共同努力。第一，政治家作为现实社会的统治者，其对死刑的态度和愿望，不仅对死刑的存废有着直接的影响，往往也能对民意起到引导和改变的作用。我国司法系统对死刑案件的信息并没有全部公开，民众得到的是经过裁减后缺乏整体感的事实。如果能够让人们全方位地观察死刑，民众对死刑认同的价值观念也会发生变化。比如政治家可以公布死刑判决执行的情况，死刑犯年龄结构、文化程度以及错判死刑的情况和后果，被害人的真正需要、死刑对家庭的影响等，以引导民众全面了解死刑的负面作用。[2] 公开死刑资料对于公众

---

① 刘春花：《舆论与刑罚：我国当代死刑社会态度调查的实证分析》，载《刑法论丛》2015 年第 3 卷。

② 孙国祥：《死刑废除与民意关系之审视》，载《华东政法大学学报》2009 年第 2 期。

有关死刑意见的形成和改变具有重要的作用。①

第二，知识分子需要结合中国具体的国情对死刑的正当性与有效性做深入的研究。此外，还可以如张明楷所说："主张削减死刑的刑法学者应当撰写通俗读物、一般短文，做电视演讲或现场报告，让仅仅回荡在刑法学界的削减死刑之声响彻漫山遍野，使国民了解死刑的弊害，认识削减死刑的益处，从而接受削减甚至废除死刑的理念。"②

第三，发挥立法机关与司法机关在引导死刑民意中的作用。立法与司法是体现死刑民意的主要领域，因而也是引导死刑民意的主要领域。在立法方面，应保证公众参与立法，同时还要积极回应公众诉求，吸收舆论中的理性成分，对于感性的、不符合立法科学规律性的舆论，应予以正确引导。在司法方面，司法的目的不仅在于维护法律的权威，更重要的在于引导公众尊重法律、恪守法律。因此，司法应该为公众参与敞开大门，而司法公开是推动公众参与司法的底线。司法公开包括审判公开与裁判公开。死刑案件审判公开与裁判公开的过程，既是司法机关宣传死刑法律制度、现代法治理念的过程，也是与社会公众就死刑适用问题进行对话、商谈的过程。③ 在这一过程中，公众因为知情与理解，可以使死刑民意得到正确的引导。

此外，还可以发挥民间死刑废除推进组织的作用，在死刑案件的辩护和讨论中，促进民意的转变。鉴于实验研究的样本较小，本研究的结论还有待进一步论证，但民意、教育与死刑存废的关系仍值得深入地思考。在我国这样一个有着死刑崇拜或刑罚迷信的国家，是否有可能通过教育开启民智实现死刑民意的转变，为死刑改革奠定有利的公众舆论基础，答案并不确定，但却可以尝试。

附：同行评阅反馈*

本文对于民意在了解充分讯息及选择可能性后，对死刑存废态度的改变，与其他国家和地区的相关研究结论相近。这反映出死刑的公共论辩与讯息之透

---

① 孙世彦：《公开死刑资料：联合国的要求以及中国的应对》，载《比较法研究》2015年第6期。

② 张明楷：《刑法学者如何为削减死刑作贡献》，载《当代法学》2005年第1期。

③ 张伟珂：《论死刑舆论的引导机制：框架、模式与对策》，载《刑法论丛》2015年第1卷。

* 评阅人：吴志光，台湾辅仁大学法律学系教授。

明性，以及死刑替代方案的选择可能性，有密不可分的关系。故就本文的研究方法及分析，应无须再有任何补充之处。惟在结论部分，仍可进一步强调政府及媒体在死刑公共论辩过程中，提供充分讯息，而非片面资讯的必要性。

按媒体对于重大犯罪之论述，尤其是"妖魔化他者"，以及犯罪现象报道与民众对治安的感受而言，媒体究竟扮演了何种角色，三位德国教授在2004年的一份实证研究①则突显了长久以来论者对媒体报道的疑虑。这份实证研究的摘要如下，可作为本文的补充资料：

第一，犯罪的发展与刑事政策。在民主国家中，行政与立法者对于刑事政策的走向，最重要是受到实际犯罪现象的影响。以德国为例，其在1993年与2003年的犯罪统计相较，对一般人民有严重威胁感的重罪呈现大幅下降的趋势，例如银行抢劫减少45%，杀人罪减少41%，强奸杀人罪减少37.5%，汽车窃盗甚至减少70%，虽然诈欺、伤害等犯罪分别增加66.7%及58.6%，但整体的犯罪率还是下降了2.6%。但犯罪率的增减对一般人民的感受，往往系于媒体的报道内容。此一实证研究主要是对此提出验证。

第二，2004年1月有研究机构抽样调查两千人，调查内容如下表：

(1)首先告知受访者1993年特定犯罪行为之犯罪率。

(2)接着请受访者推估2003年这些特定犯罪行为之犯罪率。

(3)询问受访者对犯罪现象感受的强烈程度及其所采取之预防措施。

(4)调查受访者知悉犯罪现象之主要来源。

第三，上述调查结果之重要数据如下表：

实际犯罪率增减与受访者推估之平均值

犯罪行为种类	1993年与2003年实际犯罪率之增减	受访者之推估
整体犯罪率	−2.6%	+17%
诈欺	+66.7%	+48%
伤害	+58.6%	+51%
侵入住宅	−45.7%	+39%
汽车窃盗	−70.5%	+47%

① Christian Pfeiffer/Michael Windzio/Matthias Kleimann, Die Medien, das Böse, und wir, Zu den Auswirkungen der Mediennutzungen auf Kriminalitätswahrnehmung, Strafbedürfnisse und Kriminalpolitik, 载《德国刑事政策与刑法改革月刊》第6期，2004年12月，第415~435页。

续表

犯罪行为种类	1993 年与 2003 年实际犯罪率之增减	受访者之推估
抢夺	−24.3%	+20%
杀人	−40.8%	+27%
强奸杀人	−37.5%	+260%

　　除了诈欺及伤害罪之外，受访者对犯罪率增减的感受与实际状况有相当差距。其中通过交叉分析显示，妇女对于强奸杀人的犯罪率增加，有特别明显的高估，另外教育程度越低、收看电视时间越长者，越容易高估犯罪率的增加。

　　第四，上述结果之产生，主要可归因于媒体对犯罪现象的频繁报道，以及节目内容的"犯罪化"。同样的结论在美国及加拿大的类似研究亦复如此，即犯罪率未明显增加，但媒体报道却明显增加。在德国，私人商业电视台的兴起，更是扮演推波助澜的角色。美国的一份研究报告亦指出，近年来，私人商业电视台对犯罪现象的呈现有"八卦化"及"妖魔化"的趋势，与造成收视者的偏见有直接关联。

论死刑案件有效辩护的实现

——基于比较法的视角

周冠宇*

摘要： 死刑案件有效辩护意味着对律师工作质量的最低限度要求，对被告人获得公正审判所需各项权利的全方位保障，也是确保正当程序和实现人权司法保障的要素。域内外实践表明，死刑案件有效辩护的标准应该比一般刑事案件更为严格细致。为此，需要结合刑事司法改革大局，在死刑案件中确立以被告人为中心的辩护理念，扩大律师辩护的覆盖面，提高其服务质量，特别是通过值班律师制度普及对严重案件早期阶段被羁押的嫌疑人、被告人的法律帮助。此外还需要在死刑案件中适用相对独立的量刑程序，进一步强化死刑案件有效辩护的制度载体。

关键词： 死刑　有效辩护　公正审判　值班律师　量刑辩护

在死刑案件中强调有效辩护尤为重要。联合国人权事务委员会要求"在涉及死刑的案件中，被告必须在诉讼所有阶段得到律师的有效协助。主管当局根据这一规定提供的律师必须能够有效地代理被告"。① 由于死刑的特殊性，保留死刑的国家都对死刑适用做出了各种限制。但这并不必然地表明在这些国家中，这些权利已经切实有效地被死刑嫌疑人所享有。

＊ 周冠宇，法学硕士，律师。

① 参见《第32号一般意见书·第14条：在法庭和裁判所前一律平等和获得公正审判的权利》，http：//www.humanrights.cn/html/2014/2_1009/1918.html，2018年3月28日最后访问。

一、死刑案件有效辩护的概念及现状

(一) 有效辩护与正当程序

有效辩护概念是个舶来品，英文一般将其表述为"effective assistance of counsel"或"effective defense"。美国很早就通过判例确立了有效辩护的概念，但是法院一直没有直接回答什么是有效辩护。法院通过确立无效辩护之诉来审查律师的辩护行为，认为只要律师的辩护不构成无效辩护，那么律师的辩护便都是有效的。无效辩护之诉是指在刑事案件中，律师行为使庭审没有发挥正常作用，以致影响了判决的可靠性，被告人有权以原审律师的辩护构成无效辩护为由提起诉讼。法官会审查原审律师的具体辩护行为，当原审律师的辩护行为被法官认定为无效时，法官可以据此撤销原审、发回重审。① 在死刑案件中，认定律师辩护构成无效辩护的门槛较低，相关标准也更细致，比如辩护律师没有发现和指出被告人的受虐反抗、极度贫困、脑部损伤、认知低下、精神疾病等严重脆弱状态。

人们对于有效辩护的概念存在很大分歧。② 实务界更多是从律师的辩护技巧上来解释有效辩护。③ 有效辩护就是为当事人追求利益最大化，"付出全部的精力和努力，穷尽所有手段和方法，在法律框架内做出所有努力"④。

理论界对有效辩护的界定主要分为两大类：第一类观点认为，有效辩护以美国为代表，以无效辩护之诉为核心，关注律师的具体辩护行为；第二类观点认为，有效辩护更应该强调国家义务，通过完善辩护权来实现有效辩护。例如，有效辩护主要包括："第一，辩护权被犯罪嫌疑人充分享有。第二，犯罪嫌疑人有权获得合格的律师。第三，国家应当设立法律援助制度，确保犯罪嫌

---

① 田文昌、陈瑞华：《刑事辩护的中国经验》，北京大学出版社 2013 年版，第 4 页。

② 参见韩嘉毅：《修改〈律师办理刑事案件规范〉的几点说明》，载《中国律师》2017年第 9 期。

③ 参见何荣功、杨俭：《毒品类死刑案件的有效辩护》，中国政法大学出版社 2017年版；臧德胜：《有效辩护三步法：法官视角的成功辩护之道》，法律出版社 2016 年版。

④ 李贵方、张燕生等：《死刑案件的有效辩护》，中国政法大学出版社 2017 年版，第 165 页。

疑人获得律师帮助。"①再比如有效辩护意味着："律师首先应当获得充足的时间来准备辩护。其次，律师能在包括侦查、审判、执行的全阶段行使辩护权。再次，国家应当设立法律援助制度为没有能力聘请律师的被告人指定辩护人。最后，要确保律师有足够能力胜任工作。"②

从汉语上看，"有效"意味着某种事物有助于实现预期目的。在刑事案件中，被告人预期的结果便是不受刑罚或者尽可能减轻刑罚。但对于有效辩护来说，不能以诉讼结果是否对当事人有利作为衡量辩护是否有效的标准。判决结果是多种因素相叠加的产物，律师辩护并不是决定因素。"没有获得律师辩护也可能实现案件的公平正义，但仅限于简单案件。"③美国判例也强调"最关心的问题是避免将真正的无效与单纯的失败手段混为一谈"。④ 因此，有效辩护标准关注辩护人的具体辩护行为，更应当从辩护过程来衡量辩护是否有效。

死刑案件有效辩护的一个理论基础是正当程序。正当程序理论起源于英国，1215 年英国国王签署的《自由大宪章》实际上是贵族用来限制王权的武器。它强调非经特定程序或手段，不得对公民加以任何损害。⑤ 直到 1350 年，"正当程序"这一表达才被英国国会第一次在法律文件中确定下来。将正当程序发展到更高阶段的是美国。美国以宪法修正案直接确定了正当程序的宪法地位。正当程序在大陆法系国家常常表述为程序法定原则。"二战"后许多国际公约吸收了正当程序的合理内核确立了公正审判原则。⑥ 如《关于保护面对死刑的人的权利的保障措施》规定，"只有在经过法律程序提供确保审判公正的各种可能的保障……才可根据主管法院的终审执行死刑"。⑦

---

① 李贵方、张燕生等：《死刑案件的有效辩护》，中国政法大学出版社 2017 年版，第 165、252 页。

② 参见汤茂定、李建明：《论我国刑辩律师有效辩护的制度保障》，载《深圳大学学报（人文社会科学版）》2012 年第 29 期；宋英辉：《刑事诉讼原理》，法律出版社 2014 年版，第 116 页。

③ 丁鹏等编译：《欧洲四国有效刑事辩护研究：人权的视角》，法律出版社 2012 年版，第 25 页。

④ People v. Baldi, 54 N. Y. 2d 137, 147 (1981).

⑤ 徐亚文：《程序正义论》，山东人民出版社 2004 年版，第 4 页。

⑥ 张吉喜：《刑事诉讼中的公正审判权》，中国人民公安大学出版社 2010 年版，第 24 页。

⑦ 《关于保护面对死刑的人的权利的保障措施》第 5 条，http：//www.ohchr.org/CH/Issues/Documents/other_instruments/43. PDF.

(二) 死刑案件有效辩护现状

在我国,死刑案件中的犯罪嫌疑人通常都是社会的弱势群体或者底层人民。有学者对 322 起死刑案件进行实证调查后发现:死刑被告人中职业为"无业"或"进城务工农民"合计高达 81.1%。① 由于绝大多数死刑案件的被告人经济条件极差,无力委托辩护律师,只能通过法律援助而获得指定律师。法律援助律师往往是缺少办案经验的年轻律师。在死刑案件中实现有效辩护不仅意味着弱势群体可以获得公正审判,也意味着法律对公民的保护力度不会因为经济条件的差异而出现显著差别,体现了人权的平等保护。

对死刑案件来说,提高辩护质量意味着通过司法限制死刑的适用。近些年随着一些冤假错案的曝光,提升刑事案件辩护质量这一课题受到了越来越多的关注。人们主张加强司法工作人员职责②或建立律师准入制度③来提高辩护质量。

在我国推进有效辩护,已经成为研究热点,④ 其中许多人主张在我国建立起类似于美国的无效辩护之诉。⑤ 也有学者对在中国普遍建立无效辩护之诉还稍有迟疑,但仍然主张可以先在死刑案件中进行试点。⑥

与此同时,刑事辩护率的增长也为死刑案件有效辩护奠定了数量基础。2017 年,最高人民法院与司法部联合发布的《关于开展刑事案件律师辩护全覆盖试点工作的办法》,要求在八个试点城市中对"适用普通程序审理的一审案件、二审案件、按照审判监督程序审理的案件……以及适用简易程序、速裁程

---

　① 参见李贵方、张燕生:《死刑案件的有效辩护》,中国政法大学出版社 2017 年版,第 249 页。

　② 参见吴纪奎、刘文升、钱志刚:《法官与有效辩护》,载《山东警察学院学报》2013年第 25 期。

　③ 参见冀祥德:《刑事辩护准入制度与有效辩护及普遍辩护》,载《清华法学》2012年第 6 期。

　④ 参见陈瑞华:《有效辩护问题的再思考》,载《当代法学》2017 年第 6 期;陈瑞华:《刑事诉讼中的有效辩护问题》,载《苏州大学学报(哲学社会科学版)》2014 年第 35 期。

　⑤ 参见申飞飞:《美国无效辩护制度及其启示》,载《环球法律评论》2011 年第 5 期;彭江辉:《论我国死刑案件有效辩护制度的构建》,载《湖南科技大学学报(社会科学版)》2016 年第 1 期;吴纪奎:《对抗式刑事诉讼改革与有效辩护》,载《中国刑事法杂志》2011年第 5 期。

　⑥ 吴常青、王彪:《论我国死刑案件无效辩护制度构建》,载《西部法学评论》2012年第 2 期。

序审理的案件，被告人没有委托辩护人的，人民法院应当通知法律援助机构指派（值班）律师为其提供辩护"。① 2018 年的数据统计显示，在已开展此项试点的城市里刑事案件辩护率有显著提高。②

有研究者将我国刑案辩护质量低下的原因归于律师执业能力不足、法律援助范围有限和庭审对抗缺失三方面。③ 本文则更关注审前程序和律师辩护理念对实现有效辩护的影响。《刑事诉讼法》近 2 次修订都扩张了律师辩护权，但是由于当前审前程序的非均衡性，在有效辩护的发展方面并没有达到预期效果。

审前程序的非均衡性体现在审前程序诉讼化的缺失，律师有权利却无救济，以及辩护权的不断扩大和律师职业保障不足之间的矛盾。以"北海律师伪证案"为例，杨某汉等四名律师为一起杀人抛尸案辩护。在会见犯罪嫌疑人时，律师了解到本案可能存在刑讯逼供现象且侦查机关提供的证人证言与其他证据存在明显矛盾，因此律师向法院申请证人出庭。庭审期间，四名被告当庭翻供，证人证言都倾向于被告人无作案时间。三个月后，几名证人因涉嫌包庇罪被刑事拘留，四名律师因涉嫌伪证罪被刑事拘留或监视居住。后来案件得到曝光并经多方搭救，证人和律师都被释放。律师与被羁押人沟通案情的行为容易被别有用心地解释为"引诱证人违背事实改变证言"或"帮助当事人伪造证据"。

此外，律师的"独立辩护人"理论一直在我国理论界和实务界占据主导地位。"独立的辩护权是律师独立诉讼地位的具体表现。"④独立辩护人理论主要强调律师应该与委托人、案件被告人和国家机关保持独立。⑤ 2017 年全国律协颁布的《律师办理刑事案件规范》也强调："律师担任辩护人，应当依法独立

---

① 详见《关于开展刑事案件律师辩护全覆盖试点工作的办法》，http：//www. gov. cn/xinwen/2017-10/12/content_5231274. htm#1，2018 年 1 月 24 日最后访问。

② 司法部：《今年适时将刑辩全覆盖推向全国》，http：//china. caixin. com/2018-03-10/101219571. html，2018 年 3 月 28 日最后访问。

③ 参见李奋飞：《论"表演性辩护"——中国律师法庭辩护功能的异化及其矫正》，载《政法论坛》2015 年第 2 期；彭江辉：《论我国死刑案件有效辩护制度的构建》，载《湖南科技大学学报（社会科学版）》2016 年第 1 期；陈效：《律师有效辩护理论探究——兼谈有效辩护理论在我国的探索》，载《河北公安警察职业学院学报》2012 年第 1 期。

④ 樊崇义：《刑事诉讼法学（第 3 版）》，中国政法大学出版社 2013 年版，第 190 页。

⑤ 陈瑞华：《刑事辩护的理念》，北京大学出版社 2017 年版，第 68~69 页。

履行辩护职责。"①在实务中，律师个人也很乐于接受这种独立的角色定位。②

但是，过分强调"独立辩护人"理论容易对当事人利益造成重大损害。有效辩护以保障被告人的基本权利为中心。过分强调"独立辩护人"理论的缺陷主要表现以下三方面。第一，律师变成了"第二公诉人"。这一问题在呼格案中有体现出来。被告人呼格吉勒图声称无罪，但是该案的两名律师一位一言不发，另一位做有罪辩护，认为被告"年纪小、是初犯、且是少数民族"。③ 最终法院判处了死刑立即执行。当律师不能和被告人形成一致辩护策略，被告人应对指控的能力不仅没有得到加强，在一定程度上反被律师"拖后腿"。④

第二，过分强调辩护人的独立性加剧了律师的不尽责。例如，在一起涉黑案件中，辩护律师在庭审中主张当事人不构成贩卖毒品罪。审判长感到很诧异，提醒辩护律师在起诉书中并没有提到被告人涉嫌贩卖毒品。原来律师事前完全没有阅卷，只是在开庭时瞟了一眼起诉书第一页发现被告人是因为涉嫌贩卖毒品被拘留就以为被告人因此罪被起诉。但是在随后的侦查中，已经没有这个罪名了。⑤

第三，过分强调辩护人的独立性造成律师行为缺乏外部评估与规制。律师无论采取怎样的辩护策略，其实质都是为了说服法官。但是有些律师利用"独立辩护"在庭审阶段提出一些与案件本身无关的政治言论；有的利用网络和媒体，单方面公布未经法庭确认的部分案件事实，诱导大众做出有利于被告人的言论，以此达到操纵舆论迫使法官接受本方主张。辩护人的这些行为往往弄巧成拙。在邱某华案中，被告人邱某华连杀 7 人，一审被判死刑立即执行。上诉期间，被告人妻子提供了被告人有精神病史的证据，这本是不适用死刑的有力证据。但是由于邱某华作案手段特别残忍、情节特别严重，律师向外公布案情的行为不仅没有为被告赢得社会上的同情，反而加重了民众对被告罪行的谴

---

① 详见《律师办理刑事案件规范》，http：//www. legaldaily. com. cn/index/content/2017-09/27/content_7330909. htm? node＝20908，2018 年 3 月 13 日最后访问。

② 参见汪震龙：《律师爆冷门：为被告作"罪重辩护"》，载《东方律师》2008 年 7 月 2 日；赵蕾：《李庄案辩护：荒诞的各说各话?》，载《南方周末》2010 年 8 月 12 日，第 A04 版。

③ 详见《呼格吉勒图案律师一审时做的是有罪辩护》，http：//legal. people. com. cn/n/2014/1120/c188502-26059325. html，2018 年 2 月 14 日最后访问。

④ 陈瑞华：《刑事辩护的理念》，北京大学出版社 2017 年版，第 72 页。

⑤ 案件来源参见李贵方、张燕生：《死刑案件的有效辩护》，中国政法大学出版社 2017 年版，第 138 页。

责。最后法院迫于压力并没有对被告进行精神病鉴定，仅仅对提交的疾病史的材料予以回应。

二、有效辩护的域外模式及启示

(一)欧洲：有效辩护的"三角模式"

欧洲人权法院通过一系列判例确定了"任何受到刑事指控的人应当得到律师有效辩护"的原则。[①] 有效辩护作为一种原则在欧洲国家贯彻落实到具体诉讼程序和制度设计中。

欧洲学者在总结归纳欧洲多国刑事司法实践后，提出了欧洲有效刑事辩护的"三角模式"。有效刑事辩护应当包含以下三个层次："第一，是否有宪法或者其他立法规定了与欧洲人权法院所确定的原则相符合的，且是可获得的刑事辩护权利作为最低标准；第二，是否有相应的法律法规以及实践操作确保上述权利是'实际且有效'的；第三，刑事辩护律师是否有稳定一致的辩护水平，其所处的职业文化是否认同有效辩护体现在程序和结果两方面，以及是否在理念和实践中都以嫌疑人和被告人为中心。"为了明确实现"最低标准"的有效辩护所必要的权利种类，以及这些彼此相关的权利是不是"实际且有效"，有效辩护的"三角模式"(Effective Criminal Defense Triangle)提出了如下界定[②]：

位于三角形顶端的权利是确保刑事辩护有效的最关键权利，对刑事诉讼程序开展有总体性影响。位于三角形左下方的权利起着对位于顶端权利与原则支撑的作用。这些权利的落实十分有赖于各个不同的国家刑事司法体制的性质，而国际公约一般也把这类权利的规定留给了缔约国自行抉择。位于三角形右下端的权利，是前提性或者支撑性的权利，它们是性质不同的核心权利。

有效刑事辩护的三角模式体现出一定的开放性。该模式以《欧洲人权公约》为基础，采取该模式的不仅包括英国这种普通法系国家，还包含如德国和法国这些大陆法系的国家；不仅包含在刑事诉讼中采取当事人主义的国家，也包含采用职权主义的国家，以及意大利这样的混合主义国家。该模式表现出一

---

① 熊秋红：《有效辩护、无效辩护的国际标准和本土化思考》，载《中国刑事法杂志》2014 年第 6 期。

② 丁鹏等编译：《欧洲四国有效刑事辩护研究：人权的视角》，法律出版社 2012 年版，第 5、23 页。

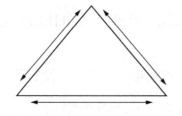

无罪推定　沉默权　平等武装　对抗制审判
自行辩护权　到庭参与审判权　知情权

权利告知　沉默权警示　保释
获得充足时间和便利条件准备
辩护　调查权　获得合理判决
程序上的执行机制　排除规则

口译　笔译
辩护质量
质量控制
法律援助体系

图1　有效刑事辩护的"三角模式"

定的普适性，不会单纯因为诉讼结构的不同而出现衡量标准的差异。例如法国是纠问制的典型代表，整个庭审程序中法官主导案件审理方向，辩护律师以保障被告人权益为追求，并严格遵照程序要求。该国司法传统上只赋予律师极小的发挥空间。[1] 在分析法国的有效辩护实践时，研究者承认在法国刑事司法体系中律师注重与检察官、法官的对话，而且律师存在倾向于妥协的、消极的辩护文化。但研究团队并没有站在对抗制的立场上一味批评法国律师在司法实践中缺乏对抗因素。相反，研究者赞扬了法国依据自身本土的司法资源在1993年和2000年进行的两次司法改革，尤其称赞了法国在2004年引入被告人认罪制度。[2]

此外，该模式还强调实现有效辩护的整体性。有效辩护的实现就像一个有机体，只有各个相互共生的权利得到平衡，辩护才可能实际而有效。正如"刑事司法体系"这一词语所蕴含的那样，正义应当是"体系化的"。"没有口笔译，很难想象一名被告如何参与诉讼活动。没有询问前的权利告知，沉默权就不会确保嫌疑人免于可能获罪的供述，没有询问前适当咨询以及咨询时的律师陪同在场，嫌疑人也很难行使这一权利。"[3]这一开放主张也贯穿于"刑事有效辩护三角"的设计中。整个有效辩护"三角"中所罗列的绝大部分权利都是与辩护权相关的刑事诉讼原则和其他刑事诉讼权利。三角形顶端所包含的是诸如无罪推

---

[1]　Jacqueline Hodgson, The Role of the Criminal Defence Lawyer in Adversarial and Inquisitorial Procedure, Social Science Electronic Publishing, 2008.

[2]　丁鹏等编译：《欧洲四国有效刑事辩护研究：人权的视角》，法律出版社2012年版，第166页。

[3]　丁鹏等编译：《欧洲四国有效刑事辩护研究：人权的视角》，法律出版社2012年版，第25页。

定、沉默权、参与权这些刑事司法中的基本原则。位于三角形两个边角上的权利并非传统意义上的辩护权，它们代表的是更广义的为辅佐有效辩护实现而存在的权利，比如获得翻译（右下角）和获得保释的权利（左下角）。

前述"三角模式"从程序公正层面关注来判断当事人是否获得了有效辩护。如果某些诉讼程序有瑕疵或者某种诉讼权利没有实现，律师没能阻止或主张救济，那么辩护就是无效的。这种思路明显受到联合国人权事务委员会的影响。① 人权事务委员会通过多次回复来文对有效辩护做出了具体解释。"不能追究缔约国对辩护律师所犯错误的责任，除非该律师的行为与司法利益相抵触，同时法官已经或应当清楚地看到该律师的行为不符合司法利益。"②

在 Byron Young v. Jamaica③ 案中，被告人 Byron Young 因涉嫌谋杀罪被判处无期徒刑。在穷尽国内一切救济手段后，被告人不服将案件诉至联合国人权事务委员会。被告人声称，他的律师在辩护过程中没有传唤任何证人，而他认为有证人可以证明自己在案发时不在场。由于辩护律师是受国家法律援助指派，国家有义务保障指派律师的辩护质量。因此国家违反了公正审判原则，侵犯了自己获得有效辩护的权利。为此被告人向人权事务委员会呈递了一份由三个人签署的文本，以证明在案发时他在一家酒吧，而这个酒吧离案发地点大约7英里。人权事务委员会认为，被告人的律师是法律援助律师，国家应当对援助律师的辩护质量提供保障；但是被告人已经在国内法上穷尽了救济，而且在被告人历经的审判中，公权力代表机关正当行使了权力。律师决定不传唤证人是他的辩护策略，依靠的是律师自己的职业判断，在此意义上公约缔约国已经履行了自己应尽的义务。因此牙买加政府没有义务去审查律师的具体辩护行为，并不违反《公民权利和政治权利国际公约》下的国家义务。

与此相对，在 Earl Pratt and Ivan Morgan v. Jamaica④ 案中，两名被告因犯谋杀罪被判处死刑。该案辩护律师也没有传唤任何证人，被告人同样认为有证

① 虽然刑事有效辩护"三角模式"理论是建立在《欧洲人权公约》第6条的基础上的，但是该条款所包含的内容都能在《公民权利和政治权利国际公约》第14条中找到对应的出处。

② Nicholas Henry v. Jamaica, Communication No. 610/1995, U. N. Doc. CCPR/C/64/D/610/1995.

③ Byron Young v. Jamaica, Communication No. 615/1997, U. N. Doc. CCPR/C/62/D/615/1995.

④ Earl Pratt and Ivan Morgan v. Jamaica, Communication No. 210/1986 & 225/1987; U. N. Doc. CCPR/C/35/D/225/1987.

人可以证明自己在案发时不在场，提出了与前案相同的诉求。不同的是，本案中在被告人申请的证人出庭前，法官提前结束了审判。对于这起案件，人权事务委员会同样认为律师决定不传唤证人是在行使他的职业判断，应当对律师的专业判断持有极大尊重。但人权事务委员会同时强调，法官不恰当地提前结束了审判，而没有提醒律师积极审查案件，影响了公正审判。因此律师的辩护行为无效，牙买加政府侵犯了原审被告人辩护的权利。

(二) 美国：无效辩护之诉

有效辩护在美国的发展可以分为三个阶段：第一阶段是辩护权在刑事案件中被普遍确立，第二个阶段则是从辩护权到有效辩护权的发展，第三个阶段则是进入 21 世纪以后联邦和州法院对有效辩护标准的发展。

1. 辩护权在美国的确立：从死刑案件开始

在美国辩护制度成立初期，被告人辩护权被侵害时有两种救济方式：通过援引宪法第六条修正案"有获得律师帮助的权利"或援引宪法第十四条修正案"正当程序"条款。前者较为直接有效，但是在南北战争以前，宪法第六条修正案只能在联邦司法系统中适用，不能在州司法系统中适用。[1] 第十四条修正案可以适用于州司法系统，但是对于侵犯辩护权是否必然违反正当程序在当时还存有疑问。

鲍威尔案[2]正是在这一时代背景下成为美国辩护权发展的里程碑案件。在鲍威尔案中联邦最高法院法官主张，当被告"面临死亡危险……但从传讯到审判开始，在法律咨询、法庭调查和法庭准备等诉讼程序最关键的时期，都没有获得任何真正意义上的律师援助"，[3] 这侵犯了被告人基于宪法第十四条修正案所应当享有的正当程序权利。通过鲍威尔案确立为死刑案件被告人指定律师是正当程序的要求。宪法第十四条修正案同时适用于联邦和各州，各州都应当为死刑案件中的被告人指定律师。

吉迪恩案[4]则把获得指定律师的案件范围扩大到了所有可能被判处有期徒

---

① Barron v. Mayor & City Council of Baltimore, 32 U. S. 243 (1833).
② Powell v. Alabama, 287 U. S. 45 (1932).
③ Powell v. Alabama, 287 U. S. 45 (1932).
④ Gideon v. Wainwright, 372 U. S. 335 (1963).

刑的案件，该案是美国 20 世纪 60 年代刑事程序变革的重要典型。① 自此，美国确立了刑事辩护的覆盖面规则：只要被告人有可能被判处监禁以上的刑罚，那么法院就应当依职权为其指定律师。②

2. 有效辩护权在美国的确立

在吉迪恩案以前，对于律师帮助权来说，美国联邦最高法院更关注如何尽可能地扩大获得律师帮助权的适用范围。吉迪恩案之后，这一历史使命已被完成，法官的注意力开始转向了辩护质量。一直以来，联邦最高法院没有给出判断有效辩护的方法和标准，地方法院开始对这一问题展开各种尝试。

其一，"闹剧"标准。1945 年哥伦比亚特区巡回上诉法庭在迪格斯案③中提出了"闹剧"标准。依据这一标准，只有律师辩护行为"震撼了法官良心"，"使庭审整个程序变成一场闹剧和对正义的嘲讽"，才构成对被告人正当程序权利的侵犯。"闹剧"标准有以下几个特点：第一，建立在正当程序的工具价值基础上，不关注律师的具体辩护行为，甚至不关注辩护的具体效果。第二，该判断标准实际上并不明确。对于什么算是"闹剧"，什么算是"对正义的嘲讽"，什么情形下会"震撼法官良心"，法官在判决书中并没有进一步说明。而且这些词汇过于主观，使得律师和法官不能够从以往的判例中直接获取启示。④ 有人认为，法院通过适用"闹剧"标准实际上是鼓励下级法院为被告人指定业务能力低下的辩护律师。⑤

其二，"合理且有效"标准。"闹剧"标准因其内在缺陷并没有得到其他法院的广泛采纳。此后一段时间里各地区法院都发展出一套自己的判断有效辩护的标准，其中第五巡回区上诉法院以"有合理期待，律师会提供合理且有效的辩护"为标准，算是当时观点中较有代表性的一种（以下简称为"合理且有效"标准）。法院认为，"虽然获得律师辩护并不等于获得完美的律师辩护，但是

---

① 吴宏耀、周媛媛：《美国死刑案件的无效辩护标准》，中国政法大学出版社 2014 年版，第 18 页。

② 陈瑞华：《有效辩护问题的再思考》，载《当代法学》2017 年第 6 期。

③ Diggs v. Welch, 148 F. 2d 667 (1945).

④ Waltz J R. Inadequacy of Trial Defense Representation as a Ground for Post-Conviction Relief in Criminal Cases. Nw. u. l. rev, 1964, 59(3)：289-342.

⑤ Rhodes R P J. Strickland v. Washington：Safeguard of the Capital Defendant's Right to Effective Assistance of Counsel?, B. c. third World L. j, 1992(1)：121.

至少意味着我们有合理期待，律师会提供合理且有效的辩护"。① 其他法院在各自判决中也表达了类似观点，如有法院主张"被告有权获得一个勤勉谨慎的律师所提供的合理、称职的辩护"，② 或者要求律师应当展现出"约定俗成的辩护技巧和合理称职的律师的勤勉注意"。③ 概而论之，"合理且有效"标准重在审查律师的辩护策略是否合理。与"闹剧"标准相比这一阶段的有效辩护标准相对明确，更有利于保障被告人权利。但是这一标准在适用时也面临巨大争议：什么叫做符合"当时、该地通行的辩护策略"，④ 应该用什么样的方法来确定律师辩护策略符合"当时、该地通行的辩护策略"。

其三，双重检验标准。斯特里克兰案⑤的出现标志着联邦最高法院开始着手解决有效辩护标准问题。该案中被告华盛顿实施了三起谋杀案。案发后，警方立即展开行动逮捕了两名同案犯。被告华盛顿眼见走投无路，便自首并交代了警方当时还未掌握的第三起案件的有关事实。被告从刚进入庭审阶段就获得了律师，他的辩护人是一位经验老到的律师。在庭审阶段，律师积极参与庭审，尽到合理和谨慎义务。但被告的选择有些让人费解，被告先是拒绝了律师建议他行使沉默权的提议，主动向警方供述了警方尚未掌握的犯罪事实。在庭审时，被告不仅否决了律师谨慎选择陪审团的提议，并当庭向法官承认了自己所犯下的罪行。在量刑阶段，被告再次拒绝了律师提出的对其有利的建议。被告要求由法官直接对其量刑，而不是让陪审团来承担这一责任。连法官都为被告的选择感到诧异。但律师依然选择尊重被告的选择并相应改变了自己的诉讼策略。为避免控方使用品格证据，律师并没有主动提出使用品格证据和精神鉴定。律师的辩护策略获得成功，被告前科记录被排除在外。但最终法官还是对被告人判处死刑。判决做出后，被告认为律师没有要求精神鉴定，也没有展开深入调查。因此，以自己没有获得实质辩护为由，提出了无效辩护之诉。该州最高法院支持被告主张，华盛顿州政府继续上诉，这一案件到了联邦最高法院审判。联邦最高法院在此案中确立了"缺陷+损害"的双重检验标准。

根据双重检验标准，辩护是否有效应当从辩护是否存在缺陷以及这种缺陷是否造成了损害两方面来进行考察。联邦最高法院认为，宪法第六条修正案保

---

① MacKenna v. Ellis, 280 F. 2d 592.

② United States v. Decoster, 487 F. 2d 1202.

③ Crimson v. United States, 510 F. 2d 356.

④ Moore v. United States, 432 F. 2d 730.

⑤ Strickland v. Washington, 466 U. S. 668 (1984).

护有效辩护是为了提高辩护质量，而不仅仅是为了保障被告人获得公正审判。因此，对于辩护是否有效必须根据律师的具体辩护行为来判断。法官认为应当对律师保持极大的尊重，所以一般推定律师辩护都是有效的。因此，在考虑律师行为是否存在缺陷时，要尽量避免以事后的角度看待问题，而应该尽量全面地以律师角度看待所发生的一切。例如，"如果被告人提供的信息让律师有足够的理由相信无须再进行某一项调查，那么律师没有进行这项调查就不能在事后被认为是不合理的"。如果要提起无效辩护之诉，被告应当承担证明律师的辩护行为存在缺陷的责任。而对于损害标准，美国联邦最高法院认为，那些因为法院或者控方造成的缺陷，例如法院没有及时指定辩护律师，控方影响律师会见当事人等，可以被称为"实质性的或者结构性的"缺陷。对于这种缺陷，法院认为可以直接推定有损害产生。但是在一般案件中，法官不能推定有缺陷的辩护一定产生了损害。因此要提起无效辩护之诉，被告人除了证明律师的行为有缺陷，还必须证明这种缺陷对自己造成了损害。"辩护是一门艺术"，[1]很难说清楚律师的某种不尽职的辩护行为从整体上来看是否一定会造成损害。同时，让政府来承担证明损害的责任完全不切实际且政府也没有义务这么做。

相比于以往标准，双重检验标准更加"详细具体、指导明确，而且遵循了允许法官自由裁量、尊重律师独立辩护的传统做法"，[2] 因此获得了较为广泛的适用。

3. 死刑案件有效辩护在美国的发展

进入 21 世纪后，随着 DNA 技术的应用，美国社会十几起冤案得以昭雪。加上这一阶段美国犯罪率下降，社会相对稳定，保障被告人权利的呼声日益高涨。双重检验标准给被告人施加了过高的证明责任，不利于保障被告人权利，因此面临挑战。美国法院通过一系列判例 (特别是死刑案件) 发展了双重检验标准，使有效辩护朝着更有利于被告人的方向发展。

其一，威金斯案[3]。联邦最高法院通过威金斯案进而缩小了律师不受审查策略的范围，减轻了被告人的证明责任。此案中被告威金斯因谋杀、抢劫等多项罪名被提起诉讼。在定罪环节，被告律师的表现可圈可点，但在量刑环节律

---

[1] Strickland v. Washington, 466 U. S. 668 (1984).

[2] 吴宏耀、周媛媛：《美国死刑案件的无效辩护标准》，中国政法大学出版社 2014 年版，第 82 页。

[3] Wiggins v. Taylor, 529 U. S. 362.

师出示的可以用于减轻被告人责任的证据就只有一份无前科犯罪证明。一审被告人被判处死刑。被告人认为律师没有进一步调查自己的身世，致使很多对自己有利的事实没有发现，因此提起了无效辩护之诉。事实上，在原审期间律师已经有两份关于被告人的私人报告，只要律师对这两份报告做进一步深入研究就会发现，被告人有极其悲惨的童年：他在多个寄宿家庭被虐待，最终流浪街头。根据美国过往判例，这些情节都是有力的减轻刑罚的证据。审理无效辩护的一审法院根据双重检验标准认为，既然律师已经掌握了这些线索，那么是否继续调查属于律师的辩护策略，法院不能轻易否定律师的辩护策略。因此判决原审律师的行为不属于无效辩护。案件一路上诉到联邦最高法院，联邦最高法院法官进一步解释了律师辩护的"合理性"。法官认为，"合理性"并不是说经过随意调查就能说明后续辩护策略的正当性。任何辩护策略的做出都必须建立在充分调查基础上。也就是说，并不是律师所有的辩护策略都不能被法院审查，对于经过律师合理充分的调查后所做出的决定，法院无权对其审查。但是对于未经合理充分调查所做出的决定，法院可以依职权进行审查，即法院可以审查从发现有关线索到形成初步判断这一阶段。联邦最高法院认为，威金斯的律师没有经过合理充分的调查，不称职；如果这些证据能在原审提出，很有可能会促进法庭做出不同判决，因此判定律师的辩护行为构成无效辩护。

其二，罗姆佩拉案①。联邦最高法院通过罗姆佩拉案强调了律师的全面调查义务，降低了被告人对缺陷标准的证明标准。该案中为获取对被告人有利的证据，律师与被告人沟通完毕后，又询问了被告人的亲友，但他们都没有提出任何有用证据。律师未提供任何可以用于减轻量刑的证据，被告人罗姆佩拉在一审中被判处死刑。被告认为他的律师在准备辩护期间没有通过任何官方渠道去获取他的个人信息。因此，律师行为构成无效辩护。在无效辩护诉讼中，下级法院认为律师已经询问过被告人及其亲友，他们都没有提出任何有用的证据。根据双重检验标准，"如果被告人提供的信息让律师有足够的理由相信无须再进行某一项调查，那么律师没有进行这项调查就不能在事后被认为是不合理的"。② 因此，下级法院认为原审律师行为不构成无效辩护。但联邦最高法院推翻了这一判决，其认为，（在死刑案件中）律师必须"尽全力"去调查对本方有利的各种证据。考虑到通过控方证据，被告律师可以很容易发现被告的个人经历资料，而律师仅通过询问被告人及其亲友，"这无异于大海捞针，尤其

---

① Rompilla v. Beard, 545 U. S. 374.

② Strickland v. Washington, 466 U. S. 668 (1984).

是在针似乎还不存在的时候"。① 因此，法院认为律师没有尽到全面调查义务，而考虑到个人经历中所包含众多对被告人有利的证据，律师辩护无效。

其三，巴尔迪案。双重检验标准自诞生以来，有关争论就从没停歇过。联邦最高法院也通过上述两个案件对双重检验标准进行完善。但由于美国独有的联邦制制度，在双重检验标准之后，很多州法院并没有采用联邦最高法院标准，而是贯彻了自己的无效辩护标准。例如，纽约州法院坚持使用巴尔迪标准。② 该标准认为，只要律师提供了"有意义的代理（meaningful representation）……就可以认为宪法上的要求得到了满足"。在审查律师辩护是否有效时，应当避免用事后观点去审查。因为"在事后指出辩护律师在策略上的失误总是很容易的。但是，不成功的辩护策略并不必然表明辩护无效"。法院强调"我们最关心的问题是避免将真正的无效与单纯的失败策略混为一谈"。③ 本案中，辩护律师的策略虽然失效了，但辩护律师成功指出了本案中证据上存在的弱点，因此律师辩护是有意义的，不属于"闹剧"。

纽约州法院还在 Henry v. Poole 一案中，专门回答了双重检验标准与巴尔迪标准之间的关系。州上诉法院认为，只要各州不违反联邦标准，各州就可以采用单独的无效辩护标准。④ 换句话说，只有州的无效辩护标准高于联邦标准，或者州标准完全脱离了联邦标准，那么州标准才不能适用。事实上，巴尔迪标准对被告人施加的证明责任要低于双重检验标准。因此，法院认定适用纽约州的巴尔迪标准"根本不违反"双重检验标准。

纽约州法院还在 People v. Benevento⑤ 一案中，对巴尔迪标准中存在模糊的"有意义代理"做了进一步解释。法院认为，一个足够有意义的代理并不意味着完美代理。法院强调有效辩护是为了实现公正审判，法院更关注的是整个诉讼的公正和完整，而不是结果的公正。

4. 对无效辩护之诉的评析

在最初的"闹剧"标准中，对于什么是有效辩护，美国法院似乎仅关注诉讼程序总体上的公正，而不关心律师的具体辩护行为。当时的法官认为，"即

---

① Rompilla v. Beard, 545 U. S. 374.

② People v. Baldi, 54 N. Y. 2d 137, 147 (1981).

③ People v. Baldi, 54 N. Y. 2d 137, 147 (1981).

④ Henry v. Poole, 409 F. 3d 48, 69 (2005).

⑤ People v. Benevento, 91 N. Y. 2d 708 (1998).

使有些错误可能会影响判决的结果，但是庭审从整体上看是严肃有序的，那么就不会构成无效辩护"。①

当无效辩护标准发展到"合理且有效"时，律师辩护及有效辩护归属于宪法第六条修正案已经是几乎明确的事实。② 在斯特里克兰案中，撰写该案判决意见的奥康纳大法官直接主张"宪法第六条修正案保护有效辩护是为了提高辩护质量，而不仅仅是为了保障被告人获得公正审判"。在本案中持反对意见的大法官马歇尔也同意，"'获得有效辩护权'就是对'获得辩护权'的细化，对前者的违反就是对后者的违反"。③ 巴尔迪标准也是结合律师具体的辩护策略，通过个案分析方式来判断律师的辩护是否有意义。

在前述罗姆佩拉案中，律师已经进行了比较充分的调查，被告及其亲友的回答也让律师有足够理由相信，继续调查这些资料也不会获得任何有价值的信息。但是，法院强调死刑案件的辩护律师的调查必须是全面的，要对所有可能渠道的信息进行调查。因此，法院以律师审查不够充分为由判定辩护无效。

在"闹剧"标准中，法官有较大裁量权，对于什么是"闹剧"，什么是"对正义的嘲讽"都是过于主观的问题。这一标准实际上并没有为法官和律师提供可以明确参考的标准。通常法官主张用"个案审查"来审核案件是否构成无效辩护。④

到了"合理且有效"标准阶段，法官开始思考是否应该采用客观标准，使衡量律师辩护质量的标准更加具体。否则"新的标准只不过把原来的问题换成了什么是约定俗成，什么是合理的这样的问题"。⑤ 为此美国法院就"个案审查法"和"清单审查法"展开了辩论。"清单审查法"是指通过一些明确、具体、可反复使用的指标来衡量律师的辩护是否有效。有些法官开始借鉴美国律协的执业规则来判断律师的辩护是否达到谨慎合理的要求，并依据这些执业规则来判断律师的辩护是否有效。⑥ 但是有些法官则坚持"个案审查法"，他们认为，

---

① Diggs v. Welch, 148 F. 2d 667 (1945).

② 吴宏耀、周媛媛：《美国死刑案件的无效辩护标准》，中国政法大学出版社 2014 年版，第 64 页。

③ Strickland v. Washington, 466 U. S. 668 (1984).

④ 吴宏耀、周媛媛：《美国死刑案件的无效辩护标准》，中国政法大学出版社 2014 年版，第 54 页。

⑤ Bazelon D L. Realities of Gideon and Argersinger, The, Geo. LJ, 1975, 64：811.

⑥ 这类案件有 Coles v. Peyton, 389 F. 2d 224, United States v. Decoster, 487 F. 2d 1202.

一方面从效力上来看，律协的文件从来都不是强制性的，因此律师没有达到律协规则的要求并不当然表明律师没有尽责；另一方面，不同案件都会使律师采取千变万化的辩护策略，因此没有哪种辩护策略是通行的。当一个案件中控方证据已经足够充分时，再好的律师也是束手无策。在斯特里克兰案中法官对这一问题也有回应，法官认为律协的文件确实有一定指导作用，律师辩护行为应该符合"主流的职业标准……但是它们（律协指引）不过是指导罢了"。①

进入 21 世纪以来，不少法官通过美国律协指引来审查律师辩护行为。在威金斯案中，法官就引用了《刑事正义标准》和《死刑案件中律师的指定与辩护表现指引》。在罗姆佩拉案中，联邦最高法院援引了美国律协的《死刑案件中律师的指定与辩护表现指引》。该指引要求辩护律师不仅需要调查当事人的背景资料，还需要了解控方将会适用的加重量刑的证据，律师虽然仔细询问了被告人及其亲友，但他并没有调查控方可能使用的加重证据，事后表明这些加重证据也涉及对被告人有利的很多证据。因此律师的辩护行为被证明有缺陷，进而造成了损害。

出现这种转变主要是基于两方面考虑。第一，法官不再拘泥于"尊重律师自主"，转向对"整个律师行业的尊重"。在以往判例中，法官认为过多审查律师辩护行为是对律师的"干涉"。在新近判例中，法官认识到如果审查律师行为对于判断有效辩护是必需的，可以把这一干涉权交给律协，即把律协指引作为审查律师行为的依据。第二，客观上来讲，律协指引已经变得更加具体和全面，更可适用。以《死刑案件中律师的指定与辩护表现指引》为例，该指引出台于 1989 年并在 2003 年进行了一次大规模修订，修订后该指引由四部分组成。② 修订后的指引不仅对死刑案件辩护团队和相应配套资源做出了详细规定，还对死刑案件不同阶段律师辩护的具体标准做出了规定。

(三) 域外经验对我国的启示

如前所述，有效辩护最核心的两个问题在于：无效辩护的救济和有效辩护的标准。其中，对于无效辩护的救济问题集中于我国是否应当引入美国无效辩护之诉，而关于有效辩护的标准则需要回答法院能在多大程度上审查律师的具体辩护行为。

---

① Strickland v. Washington, 466 U. S. 668 (1984).

② 吴宏耀、石家慧：《死刑案件中辩护律师的指定与辩护表现指引规则与评注（2003年2月修订版）》，中国政法大学出版社 2016 年版，第 1 页。

1. 美国经验的启示

近些年，随着一些与死刑有关的冤假错案被曝光并得到平反，我国社会大众和法律从业者对死刑辩护有了前所未有的关注。与此同时，国家进一步落实"尊重并保护人权"理念，民众的权利意识日益提高，律师的权利也进一步得到扩大和落实。主张在我国引入无效辩护之诉的呼声越来越高。① 更有激进者认为，对中国刑事辩护确立无效辩护之诉不仅可行，而且十分必要。② 但是，结合我国立法现状、诉讼模式以及司法环境，在死刑案件中先行推广无效辩护之诉并不可取。原因在于：

其一，诉讼结构不匹配。

美国的刑事诉讼模式是典型的当事人主义。在当事人主义诉讼模式下，犯罪嫌疑人是否会被定罪、被告人会获得何种量刑，很大程度上取决于辩护人的表现。当事人主义下的诉讼模式本身并不要求辩护律师是完美的。③ 无效辩护之诉就是为了确保律师在刑事诉讼中尽可能忠实地履行自己的义务，是对当事人主义下律师行为的一种监督和补救。

与此相对，在职权主义模式中，由国家机关（控方和法官）主导诉讼进行，很难因为律师个人的失职而否认整个庭审结果的公正。因此，仅当律师辩护不尽责时，并不必然导致案件公正性受损。这是大陆法系国家没有建立与美国类似的无效辩护之诉的原因。我国一直在增加庭审中的对抗成分，但刑事诉讼模式本质上还是职权主义。因此，无效辩护之诉与我国诉讼模式还无法匹配。

此外，美国的无效辩护之诉建立在第六条宪法修正案基础上，这一修正案保护的是个人获得律师辩护的权利。当律师的辩护行为无效，这实际上是对当事人宪法权利的侵犯。依据美国宪法惯例，当宪法权利受到侵害时，当事人应当有权获得救济。无效辩护之诉是嫌疑人对低质量辩护违反其宪法权利的救济。我国宪法规定"被告人有权获得辩护"，但就此主张宪法权利被侵犯还缺乏依据。

其二，缺乏制度基础。

---

① 吴常青、王彪：《论我国死刑案件无效辩护制度构建》，载《西部法学评论》2012年第2期。

② 申飞飞：《美国无效辩护制度及其启示》，载《环球法律评论》2011年第5期。

③ Bright S B., Counsel for the Poor: The Death Sentence Not for the Worst Crime but for the Worst Lawyer, The Yale Law Journal, 1994, 103(7), pp. 1835-1883.

回顾美国有效辩护发展史，可以发现无效辩护之诉的确立和司法制度的完善是同步发展的。建立无效辩护之诉的前提是在国内法上已经规定了为获得公正审判所需的各种权利。只有在程序上满足了公正审判要求，才能进一步确定律师辩护是否满足公正审判要求。如果现存法律尚未确定完备的辩护制度，就难以讨论在实践操作上辩护权利是否"实际且有效"。

首先，我国辩护制度在现实层面还存在审前程序缺乏诉讼化的构造、律师有权利却无救济等问题。审前程序的不完善极大限制了辩护的庭审效果。具体而言，审判过程中的每一项诉求必须有对应的证据来予以证明，而整个审判过程中所提出的证据又都是在审前阶段收集到的。如果审前诸如保释权、律师调查权之类的权利不能得到真正实现，律师在庭审阶段肯定没有足够能力去制衡控方。无论在庭审过程中怎样增加对抗成分，由于律师从审前阶段便已经处于弱势地位，有效辩护也不可能实现。审前制度塑造了审判制度，这从英国诉讼模式的产生历史也能看出来。在 18 世纪，如果英格兰政府能够直面警察在打击犯罪时所获得的极其有限支持的问题，并果断投入精力和资源，在审前阶段解决刑事调查和指控的问题，那么律师就不会加入刑事审判的过程中，英国的法官也不会从 17 世纪积极主动的角色转变为后来消极被动的角色，英国也不一定会建立目前这种对抗制的诉讼模式。①

其次，一些刑事诉讼的基本权利或者原则尚未实现。有些权利或原则是确保刑事辩护最关键的因素。以沉默权为例，根据我国《刑事诉讼法》的规定被告人有如实回答的义务并不享有沉默权。由于被告人作为最了解案件事实的人同时还不享有沉默权，侦查人员为了尽快查明案件事实，必然会先将被告人作为案件突破口，这在一定程度上会促使刑讯逼供产生，从而导致案情客观性的缺失，进而影响律师有效辩护的开展。

最后，缺乏认定有效辩护标准的统一规范。如前所述，法官审查律师辩护质量的背后，是律协指引的完善。虽然我国山东、河南、贵州等地律协在 2010 年开始制定死刑案件的辩护指引，对死刑案件的辩护思路、会见、阅卷、调查取证以及执业风险等方面都给出了意见，对改善死刑辩护起到了作用。但目前无论是从法律法规还是律协规范都还找不到一个在全国有普遍效力的辩护指南。

其三，我国已存在类似机制。

---

① ［美］兰博约：《对抗式刑事审判起源》，王志强译，复旦大学出版社 2010 年版，第 5 页。

如前所述，美国无效辩护之诉发挥作用的关键在于通过把当事人的利益和律师的利益同向化，促使律师尽职尽责辩护，从而保证具体案件结果的公正。我国现有法律体系已确立了追究律师不尽责辩护的机制，被告人因律师不尽责辩护而获得救济也能在现有程序找到依据。与其单纯引进新制度来解决老问题，不如立足于本土资源，探索优化司法配置的新模式。

我国追究律师不尽责辩护的机制体现在以下几方面。首先，根据《律师法》规定，律协有权"制定行业规范和惩戒规则""受理对律师的投诉或者举报""对律师、律师事务所实施奖励和惩戒"。同时，人民法院有权受理因律师代理合同而产生的纠纷。这些规定不仅仅适用于当事人自行聘请的律师，法律援助律师也应当遵守上述规定。① 其次，在实践操作层面，全国律协和各地律协也都有创新之举来保障律师惩戒机制的运行。自 2013 年司法部和全国律协联合发布《全国律协关于进一步加强和改进律师行业惩戒工作的意见》以来，中国律协每月会在其官方网站公布律师协会维权惩戒工作报告，其中主要涉及的便是代理不尽责、虚假承诺、利益冲突等问题。全国律协也在 2017 年发布了年度十大典型惩戒案例，代理不尽责便是律师被处罚的主要原因。各地律协也结合互联网技术完善了律师惩戒工作。②

其次，无效辩护的被告人能从现有诉讼程序寻找到救济渠道。我国《刑事诉讼法（2018 年修正）》第 238 条规定，对于在一审时造成"剥夺或者限制了当事人的法定诉讼权利以及其他违反法律规定的诉讼程序，可能影响公正审判的"案件，"二审法院应当裁定撤销原判，发回重审"。毫无疑问，辩护人不尽责的辩护可以解释为"限制了当事人的法定权利"或"违反了诉讼程序"，即被告以辩护权被侵害为由主张二审法院发回重审有法律依据，而且二审法院可以依职权主动做出此种裁定。此外，《刑事诉讼法》第 253 条规定，当"有新的证据证明原判决、裁定认定的事实确有错误，可能影响定罪量刑的"，"违反法律规定的诉讼程序，可能影响公正审判的"，法院可以按照审判监督程序对这些案件进行重审。只要被告人能证明之前的审判程序违反了法律的规定，即律师的行为存在缺陷，并同时证明这种缺陷能够影响"公正审判"——律师行为的缺陷带来损害，那么原审被告人即有权按照审判监督程序获得案件再审的

---

① 详见司法部和"两高一部"联合出台的《关于刑事诉讼法律援助工作的规定》，http：//www.spp.gov.cn/flfg/gfwj/201302/t20130218_55820.shtml。

② 余东明：《律师惩戒"三难"——确解》，载《法制日报》2018 年 3 月 13 日，第 012 版。

机会。这里规定的审判监督程序提起标准和美国无效辩护之诉提起标准有异曲同工之处。对"违反法定程序"和"限制法定权利"的解释也能在司法实践中找到依据。在北京某中级人民法院审理的二审案件中，经审理查明，一审中法律援助指派律师并没有在接受指派后向被告人确认代理事项，也没有在开庭前会见当事人。二审法院认为，律师流于形式的辩护，"严重浪费了司法资源"。二审法院裁定发回重审，并提出司法建议书，建议相关部门对该律师采取措施。

2. 欧洲经验的启示

有效辩护作为一项刑事基本准则，其价值不仅体现在构建某一具体诉讼程序上。无效辩护之诉只是一项用来实现有效辩护的诉讼制度，对在我国建立该项诉讼制度的否定，并不意味着对有效辩护理念的否定。欧洲的有效辩护衡量标准，因为在司法逻辑、理论基础和适用广泛上的优势，更值得我国借鉴和参考。

其一，相似的改革路径。

欧洲有效辩护的"三角模式"主张有效辩护的实现就像一个有机体，只有各个相互共生的权利得到平衡，辩护才可能实际有效。实现辩护的有效性，主要是通过其他诉讼制度而不拘泥于辩护权本身。欧洲很长时间以来将辩护权理解为一种"结构性"的权利，而不只是个人权利。例如，在19世纪被告人出庭的制度改革被看作是致力于控辩平等的刑事诉讼改革的自然且意义重大的结果。① 在这个意义上看，被告人的参与和辩护职能紧密地联系在一起，但改革更多是受到刑事诉讼制度结构的制约。

欧洲完善辩护制度的路径与我国当前的司法改革路径契合度较高。在我国诉讼制度的"四梁八柱"已基本搭建起来的情况下，未来的改革更多是在坚持基本制度不变的情况下进行查漏补缺。对于完善辩护制度而言，就是通过实现与辩护权相关的其他权利来达到这一目标。例如，在中国律师做无罪辩护成功的案件，大部分都是用律师通过调查取证获得的其他证据来证实当事人无罪、被冤枉，而不是简单提出合理怀疑就让法官按照"疑罪从无"判决被告人无罪。

---

① ［瑞］萨拉·J.萨默斯：《公正审判：欧洲刑事诉讼传统与欧洲人权法院》，朱奎彬、谢进杰译，中国政法大学出版社2012年版，第75、88页。

法官也指出，"最高人民法院不核准的死刑案件，78%都是由于证据问题不核准的"。① 律师实现辩护目的，实际上依靠的是取证权。

其二，相通的理论基础。

人权保障的全球化和区域化进程推动了欧洲各国刑事司法理念和制度的融合。首先是获得公正审判、无罪推定、存疑有利于被告等原则写入《欧洲人权条约》。欧盟还通过一系列条约，尤其在《里斯本条约》中，提出在欧盟范围内实现刑事司法合作甚至一体化的构想。这些公约对最低限度的刑事程序权利做出要求，协调各成员国之间的刑事司法制度达成一致。前述有效辩护的"三角模式"，其人权分析框架以《欧洲人权公约》第6条为基础，而该条款内容都能在《公民权利和政治权利国际公约》第14条中找到对应出处。我国已经签署了《公民权利和政治权利国际公约》，并在积极准备批准该公约。②

此外，从诉讼结构上来讲，我国的刑事诉讼还是以职权主义为主。有效辩护的"三角模式"研究对象本身就包括职权主义的大陆法系国家。"三角模式"的研究思路可能更适合于我国的诉讼结构。同时，"三角模式"理论也包含从当事人主义中所抽象出来的有效辩护所必需的成分。这对于一直在尝试增加庭审对抗性的我国来说也具有参考性。

三、实现我国死刑案件有效辩护的措施

中国《刑事诉讼法》的修改和律协为提高律师辩护质量所做出的一系列努力说明，中国辩护制度改革方向与有效辩护理念的目标一致。为实现有效辩护，确保死刑案件被告人获得高质量的法律帮助，我国未来刑事司法改革可从以下三个方面着手。

(一) 确立以被告人为中心的辩护理念

如前所述，过分坚持律师独立辩护的论调，当被告人和律师的主张发生冲突时，法官必然会产生"辩方观点自相矛盾"的印象，这不利于辩方主张被法庭采纳。从法律制度上看，律师的"独立地位"也不应该是绝对的。例如律师

---

① 李贵方、张燕生：《死刑案件的有效辩护》，中国政法大学出版社2017年版，第160、172页。

② 陈光中：《〈中华人民共和国刑事诉讼法〉修改条文释义与点评》，人民法院出版社2012年版，第4页。

在行使上诉权、申请回避的权利、申请非法证据排除的权利时都必须获得被告人同意。

有效辩护应当以"被告人为中心"。这种辩护理念的正当性在于：律师参与诉讼，在权限上是基于当事人委托或国家指派，在宗旨上是为了加强被告人应对指控的能力（由此确保公正审判），就职业伦理而言有忠于被告人利益的义务。"所谓合理胜任的律师就是为委托人谋取最大化的利益。"①律师应当在整个诉讼程序中积极履行各项诉讼权利，与被告人进行及时有效的沟通。

(二)全面开展值班律师制度

值班律师制度是指由值班律师作为制度运行的主体，为需要法律帮助的人免费且无任何附加条件地提供法律服务的一项法律保障救济制度。②从2014年官方文件首次明确提出建立值班律师制度以来，值班律师制度在全国迅速铺展开来。截至2016年10月，法律援助工作站已在全国2000多个看守所建立起来。③ 依照2018年修订的《刑事诉讼法》和相关工作制度，值班律师的主要职责包括：对适用认罪认罚制度而没有律师的被告人提供辩护、对未决羁押人提供法律帮助及监督侦查机关。

值班律师制度与刑事指定辩护制度一同构成我国刑事法律援助系统。④ 值班律师制度和指定辩护制度是共生互补的关系。第一，援助对象上互补。指定辩护的援助对象是特定的五类人。⑤ 而值班律师制度的援助对象是适用于认罪认罚制度的犯罪嫌疑人、被告人。第二，援助案件类型上互补。根据《刑事诉讼法》以及两高三部《关于适用认罪认罚从宽制度的指导意见》的规定，认罪认罚制度原则上"所有刑事案件都可以适用"，而指定辩护所适用的是可能被判处死刑或者无期徒刑的案件。第三，援助时间上互补。律师有权自侦查机关第一次讯问被告人起介入案件，但在实践中由于侦查机关的拖延以及指定律师所必需的步骤和时间，犯罪嫌疑人极少能在第一时间获得律师帮助。值班律师主

---

① People v. Ortiz, 76 N. Y. 2d 652.

② 赵鹏：《我国值班律师制度的构建》，吉林大学出版社2012年版，第2页。

③ 魏哲哲：《全国社区服刑人员突破70万人》，载《人民日报》2017年1月16日，第011版。

④ 顾永忠、李逍遥：《论我国值班律师的应然定位》，载《湖南科技大学学报（社会科学版）》2017年第4期。

⑤ 参见《中华人民共和国刑事诉讼法（2018年）》第34条。

要是在看守所为未决羁押人提供法律咨询，他们可以随时会见被羁押人且会见手续简化。

值班律师制度有助于有效辩护的实现主要体现为值班律师制度有助于实现案件分流，从而提高辩护覆盖率和质量。① 此外，值班律师通过对侦查机关进行监督，增加了审前程序中控辩双方的平等性。根据《关于开展法律援助值班律师工作的意见》的规定，值班律师除了应当为适格的当事人直接提供辩护外，还有对刑讯逼供、非法取证情形提出申诉、控告的职责，即值班律师有一定的监督侦查机关的职能。② 2018 年以后，《关于开展法律援助值班律师工作的意见》已经失效，新修订的《刑事诉讼法》和随后发布的《法律援助值班律师工作办法》均不包含前述意见中值班律师"对刑讯逼供、非法取证情形提出申诉、控告的职责"的表述。此外，根据《刑事诉讼法》和《关于开展法律援助值班律师工作的意见》的规定，值班律师在侦查阶段即可为犯罪嫌疑人提供法律咨询，这在一定程度上防止了侦查权的滥用，保障了犯罪嫌疑人的人权。同时，这增添了审前控辩双方的平等性，为其他律师在庭审阶段制衡控方力量打下了坚实的基础。因为，"审前制度塑造了审判制度"。③

(三) 在死刑案件中适用相对独立的量刑程序

近几次《刑法》修订的一个思路是通过减少适用死刑的罪名来限制死刑适用。但从实践来看，罪名减少还是压缩不了适用死刑人员的数字，④ 因为废除死刑的那些罪名往往是实践上极少用到的几个罪名。在少杀慎杀的路径选择上，还应该考虑到《刑事诉讼法》的修订思路和死刑政策改革，通过司法程序来限制死刑适用。⑤

早在 2005 年，最高院提出了构建"相对独立的量刑程序"的构想，⑥ 但是直到 2010 年出台的《关于规范量刑程序若干问题的意见(试行)》才首次正式把

---

① 参见《法律援助值班律师工作办法》关于值班律师工作职责的表述。

② 姚莉：《认罪认罚程序中值班律师的角色与功能》，载《法商研究》2017 年第 6 期。

③ [美]兰博约：《对抗式刑事审判起源》，王志强译，复旦大学出版社 2010 年版，第 5 页。

④ 李贵方、张燕生：《死刑案件的有效辩护》，中国政法大学出版社 2017 年版，第 238 页。

⑤ 赵秉志：《死刑改革新思考》，载《环球法律评论》2014 年第 1 期。

⑥ 参见《人民法院第二个五年改革纲要(2004—2008)》，http://www.cnki.com.cn/Article/CJFDTotal-FYGB200512002.htm，2018 年 3 月 12 日最后访问。

"相对独立的量刑程序"规定下来。该意见只是建议法院可以在一些特定类型的案件中采用这一程序，这些特定案件并不包括死刑案件。此外，2018年新修改的《刑事诉讼法》也没规定相对独立的量刑程序。在死刑案件中适用相对独立的量刑程序不仅有助于限制死刑适用，而且对死刑案件的有效辩护也有重大意义。

在定罪量刑一体化的程序中，庭审更关注定罪事项，造成辩方对量刑决策参与不充分。"在大多数被告人做出有罪供述的情况下，无罪辩护并不存在太大的空间，有关被告人是否构成犯罪的争议也没有人们想象的那么大。"①独立量刑程序有助于律师在量刑环节参与，提高辩护的针对性和说服力。

此外，目前我国死刑量刑中存在"普通死缓""死缓限制减刑""死刑立即执行"三个幅度，对此量刑提出有针对性的辩护意见，包括被告人受虐反馈经历、精神或心智、悔罪态度、在看守所表现、未来改造可能性等，确有必要。这一辩护的宗旨和策略，关键在于论证判决被告人死刑但没有"立即执行必要"、其还有"教化可能性"，与定罪环节不一样，也不同于其他刑事案件的量刑考虑。

---

① 陈瑞华：《刑事诉讼的前沿问题》，中国人民大学出版社2013年第348页。

印度的 39-A 项目以及与死刑相关的 5 年工作
Nishant Gokhale and Lubhyathi Rangarajan*

尼襄·郭克莱尔、鲁巴提·兰格拉吉

丁鹏　译

摘要：印度的 39-A 项目以《印度宪法》第 39-A 条款命名，致力于推进所有人的平等司法保护与免费法律援助。该项目可以溯源到 2013 年开始的"死刑研究项目"，旨在记录印度被判死刑之囚犯的经济社会状况，了解他们参与刑事司法体系的各种经历。项目随后因应服务对象及制度变革的需要，开展了精神健康、量刑、证据鉴定、判决要素等方面的研究，提供法律援助服务和策略性诉讼支持，积极参与公共议题倡导，在刑事司法改革的总体框架下推动死刑司法制度的完善。

关键词：死刑　印度　研究　诉讼　倡导

在印度的刑事司法体系中穿行，并非易事。人们与这个体系打交道，受到经济能力、社会身份的局限。这些社会身份包括属于历史上的特权种姓、宗教少数和不同部族。对于那些没有社会或经济资本的人而言，其进入刑事司法的结果就是无法获取高质量的法律代理以对抗强大却又时常混乱的国家机器。有不少公民社会团体在为沦为犯罪受害人的弱势群体服务，但少有人为那些来自弱势群体的囚犯服务。"39-A 项目"(Project 39-A)处理这个问题的进路分为几个要点，其力求通过可持续的方式开展研究、提供法律代理以及塑造对囚犯议题的认识。项目的诸多工作得以完成，离不开国家法律大学(德里)的坚定支持。这使得项目占据了独特位置，在刑事司法改革中打造出适合自己的理论研究和田野实践中的领导地位。

39-A 项目可以溯源到 2013 年开始的"死刑研究项目"。项目的发展是一个

---

* 作者是 39-A 项目(亦称死刑研究中心)创始人，工作于国家法律大学(德里)。

做加法的过程，其吸纳了国家法律大学（德里）在诸多死刑、刑事司法体系相关行动中的经验。项目起初只是探究死刑程序问题，而后扩展为关注印度刑事司法体系之不足的多学科研究及行动中心。这一发展过程是有机的，因为来自特定研究项目、诉讼案件或公共讨论反馈的收获会相互"授粉"，创生出项目采取的下一代话题。本文描述了 39-A 项目的演进，概括了其诸多纵向联合、诉讼、研究、公共倡导以及目前开展的激动人心的新项目活动。

一、印度死刑报告

设立 39-A 项目的初衷可以回溯到"死刑研究项目"。后者致力于记录印度被判死刑之囚犯的经济社会状况，了解他们与刑事司法体系的诸多面向如何互动。

在印度，对于死刑这种刑罚，许多人持有先入为主的看法，但没有研究或信息表明这些看法源于何处。现有研究仅仅分析了印度最高法院的判决，指出其适用死刑具有恣意性（arbitrariness）。至于生活在死刑判决影响下的人，包括死囚及其家属，怎么看待死刑，相关研究还付之阙如。"死刑研究项目"试图将他们的叙事纳入关于死刑的探讨。项目不是要打感情牌或就死刑惩罚的恰当与否发表看法。项目也明确排除了对死囚有罪或无辜的讨论。其只是力图提供关于死刑的关键信息，即来自死囚及其家属的看法，以丰富关于死刑的总体讨论。

"死刑研究项目"得以访谈了 385 名死囚中的 356 人。随之浮现出来的是刑事司法体系中死刑这种刑罚的独特性——死囚常常徘徊在生与死的晦暗区域数十年之久。这一等死阶段的丧钟声，由于刑事司法体系的其他结构问题，以及透露给死囚的有限信息，而更加残酷。在关于死刑的争论中，这一点鲜有提及。这些死囚叙述还揭示出刑事司法体系中更广泛的问题，比如不堪重负的司法体系，对边缘人群糟糕的法律代理，以及监狱系统长期缺乏资源。

面见死囚是一大挑战，监狱在设计之初就是不透明的机构。在高墙之内发生的事情，公众罕有得知。考虑到囚犯在种姓、宗教和阶层方面的群体特性，政策制定者、立法者和司法者极少有兴趣深入了解监狱相关议题。"死刑研究项目"致力于澄清关于监狱尤其是死囚的种种迷思。监狱在各邦而非中央政府管理之下，因此面见、访谈囚犯，要由每个邦发放许可才能进入当地的监狱。除了各邦政府的许可，入监面访还需要每个监狱的高级别官员批准。获得许可的过程尽管漫长，还是得到了国家法律服务局以及各邦、各地区的法律服务机构的大力协助。

因为记录存档很落后，估算印度自 1947 年成为共和国以来的定谳死囚数量和被处决者数量，是另一个挑战。相关数据来自地区和各邦的法律服务机构、高等法院以及依照信息公开法获取的资料。这些数据与来自监狱的数据比对核验。但是，存在白蚁蛀损档案的情况，相关信息也就无从获取。

为了把握调研信息的丰富内容，项目决定通过叙述形式记录交谈内容，而非通过问卷调查方式收集答案。访员应当清楚解释研究目的，并确保死囚及其家属明白，访员不会为案件提供法律帮助。

由于监狱管理规则禁止使用任何录音设备，访谈只能通过手写笔记存档。访员还得向监狱力争，不能有警卫或监内纠察员①在场，以免阻碍受访囚犯自由表达。访谈死囚家属则遇到另外一种挑战。他们大多面临着某种形式的边缘化处境。这意味着访员常常要寻访偏远农村或城镇外围地区。由于社会污名的影响，家属通常不愿讨论与死囚相关的细节，也不愿在有邻居在场的时候接受访谈。因此，面访家属大多要换到一个不同于住家的地方，或某个访员到场而较少引人注目的时段，以便家属能畅所欲言。有时候访谈也在大街上进行。访谈家属起初尝试过录音，但后来放弃了，因为考虑到人们在被录音时说话顾忌更多。

从死囚或其家属处搜集的社会、经济信息包括教育背景、工作经历、宗教和种姓身份等方面。访谈揭示出关于死刑的叙事，这些叙事常常为正式程序所忽略。

39-A 项目的工作主要是受到"死刑研究项目"的发现及经验的影响。后者帮助揭示出死刑实证数据中的可识别样式。在死刑实证数据的搜集中运用叙述形式，令其得以在必要的细腻程度为人所知。没有"死刑研究项目"，人们如今关于死刑的论争就不会具备这么丰富的纹理。

二、诉　　讼

随着"死刑研究项目"的田野工作走向深入，死囚们纷纷请求提供法律帮

---

① 监内纠察员（convict officer），一种印度特色的监狱管理制度，由服刑人员（convict）担任纠察员或监督员职位（officer），该职位依照《印度刑法典》属于公务人员性质。另可参见 Amarendra Mohanty, Narayan Hazary, Indian Prison Systems, New Delhi: Ashish Pub. House, 1990, pp. 70-71. ——译者注

助，许多处于刑事司法末尾阶段的案件都需要介入。死囚及其家属找到我们，请求帮忙代理在最高法院的案件，因为我们离最高法院比较近。

在论及死刑诉讼案件之前，解释一下印度的刑事程序会有所帮助。印度的刑事审判分为定罪和量刑两步。在美国，某个案件在检控之初可能就被检方诉求要处以死刑；印度与此不同，只有确定有罪之后，才会考虑是否要判处死刑。这一点很重要，因为这样才能确保有充足时间整理与量刑相关的所有事实。整个刑事司法体系具有典型的等级之分：地区法院处理一审，高等法院和最高法院处理上诉。通常而言，高等法院应当审核所有判处死刑的案件。向最高法院上诉并不是一项权利，只是在死刑案件中成为通例做法。在最高法院阶段，死刑上诉被驳回后，死囚可以通过复议申诉予以救济，请求公开法庭的听审。此后，基于限定的几种理由，还可以向最高法院提出补救性的申诉。在审判庭量刑之后的任何阶段，死囚都可以寻求各邦总督①或印度总统的宽赦。总督与总统的宽赦决定不受司法管辖，但其决定所依据的事由属于司法审查范围。

有两件大事加速了机构受理死囚诉讼案件的进程，并组建了诉讼代理团队。其一，印度最高法院 2014 年关于 Mohd. Arif v. Registrar 案②的判决。本案中，5 名法官组成的审判庭认定，即便死囚的复议申诉被驳回，其仍然可以在最高法院获得言辞听审。这意味着，在刑事诉讼末尾阶段，许多死囚仍有机会到最高法院为自己的案件再次辩护。这也要求，从死囚或法院档案室那里获取卷宗，准备好提起复议的事由，以及联系可以为这些案件提供辩护的律师等。这些都是 39-A 项目的核心工作，当时由国家法律大学的 1 位老师和机构的 3 位法务律师③负责。在机构法务律师的协助下，许多有经验的律师为这些案件

---

① 　总督(state governor)是印度地方各邦(state)的名义元首(constitutional head)。印度共和国包括 29 个邦和 2 个联邦属地。根据《印度宪法》，地方议会选举后，总督通常会邀请在议会中拥有多数议席的政党组成地方政府，或由数个政党组成联合政府，并从中委任一名首席部长(chief minister)。地方总督在法条上(*de jure*)为各邦元首，实际上(*de facto*)由首席部长掌控行政权。所有行政权都使用总督的名义。——译者注

② 　*Supreme Court of India.* [(2014) 9 SCC 737]

③ 　法务律师(staff attorney)在本文语境下类似英国的事务律师(solicitor)。一般而言，法务律师是指在公司、政府单位、学术机构或非营利组织全职工作的律师，或者在律师事务所从事法条研究、文书处理等分工的律师。在律师事务所内，法务律师主要与合伙律师(associates，partner)相区别。法务律师的分工可能出于资历(浅)，也可能出于兴趣。法务律师的工作与出庭律师(barrister)或合伙律师的工作并无高下之别。——译者注

提供了无偿志愿服务。2014年9月，我们代理了6起在最高法院再次辩护的案件，其中大多案件在2018年才进入听审程序。

其二，2014年7月，迅速胜选之后，印度总统①拒绝了许多死囚的宽赦请求。《印度宪法》规定死囚可以向印度总统请求宽赦，包括赦免、修改或减轻量刑等形式。2014年印度总统拒绝了这些请求，意味着死囚仅剩的渠道是诉请更高司法部门审查拒绝宽赦的理由。这进而需要协调获取印度各地死囚的文书，以及协助有经验的律师将这些案件诉至各地的高等法院。此外，还要取得内政部建议总统拒绝宽赦的保密记录，审查其建议中是否考虑了所有与宽赦相关的因素，并且排除了外部无关因素的干扰。

从"死刑研究项目"及后续诉讼案件的经验来看，死刑案件中的律师很少在上诉法庭质疑定罪的主要证据。换言之，律师缺少对定罪证据的批判审查。因此，机构决定在量刑证据之外，还要审查死囚案件的定罪证据，以使案件依赖的主要材料都受到更加谨慎的司法审查。考虑到辩护律师们极少到监狱会见当事人，因此机构决定让法务律师经常去印度各地会见死囚及其家属，以便理解他们对于案件的看法，定期告诉他们案件的新进展，并收集可用于减轻量刑的材料。

此外，该机构为案件开展法律研究，起草申诉状，以及发展新的呈给法庭的辩护理由。在此过程中，机构积累了自己在刑事法和死刑量刑相关领域的专业性。依照通常做法，重大案件会由法院认定的经验丰富的"资深辩护律师"提供辩护。机构也联络了不少资深辩护律师，为高等法院和印度最高法院的死刑案件提供辩护。资深辩护律师一般收费高昂，但他们为本机构转介的死刑案件提供辩护，全部出于志愿服务。该机构在下列死刑案件相关指引的发布中均起到重大作用，包括：发布死刑保护令，关注有精神健康问题的死囚，为死囚发展更加严格的程序保障等。然而，在2015年，机构不得不应对一项重大挑战，直面为死囚提供代理的艰难事实。

雅库布·梅蒙（Yakub Memon），因1993年孟买大爆炸案②被定罪，拟于

① 类似前述各邦总督与第一部长的关系，印度总统（president）只是名义上的国家元首，总理是政府首脑及最高实权者，程序上由总统任免。2014年胜选后的总理是印度人民党的莫迪。——译者注

② 1993年3月12日，发生在印度孟买的有组织爆炸案件，"D-组织"使用12枚汽车（及摩托车）炸弹在孟买多地进行袭击。袭击共造成257人死亡，1400人受伤。雅库布·梅蒙被指控为本次爆炸实施了财务支持、人员训练以及购买车辆等罪行，判以绞刑处死。——译者注

2015 年 7 月 30 日早上 6：30 受刑处决。梅蒙的案件不像通常的死刑案件。他受过高等教育，出身富裕家庭，直到最后时刻都聘请了自己的辩护律师。在印度最高法院驳回申诉的那天傍晚，梅蒙的聘任律师们退出了辩护，因为他们没有接到继续辩护的指令。从傍晚到深夜，梅蒙等候处决的消息点燃了舆情，人们上街游行，诉求两极分化，一派要求停止执行，另一派要求开始行刑。在梅蒙最后的听审中，没有代理律师了。于是 39-A 项目和其他几位坚定的律师召集了一个受人尊重的资深律师团队，提请最高法院注意，在梅蒙案中还有一些问题尚未解决，比如他还有权就宽赦之驳回提起申诉，他的精神健康状态有待考虑，以及他作为定谳之死囚享有的特别程序保障等。印度最高法院为此举行了史无前例的公开听审，在午夜开始听取本案的申诉，直到凌晨 4 点半裁决。法院未被说服，驳回了申诉，梅蒙被如期处死。

公众对于本案的意见反弹十分剧烈。诸多全国性的新闻媒体将梅蒙刻画为一个魔鬼，并宣称那些为他辩护的人都是同伙，也有罪。紧随案后的意见反弹固然没有直接影响国家法律大学（德里），但也让我们意识到死刑辩护工作的风险。人们对于国家法律大学应该扮演的角色有不同意见，不过大学仍然坚定立场，致力于为定谳死囚提供法律代理。在机构内部，梅蒙案让我们认识到，死刑这头怪兽，只有通过长期方案，才有可能制服。因此，在印度死刑这难以捉摸的领域穿行，我们的研究必须立足广泛而极其谨慎，还要为多种不同情景预设方案。

机构将自身重新界定为"死刑研究中心"，致力于处理更多死刑案件，在更多样的领域开展研究。这将是印度第一家专门就死刑相关议题开展此类工作的机构。机构招募了新职员，包括诉讼律师、研究人员以及行政人员和技术助理。在诉讼领域，机构要做好准备，通过联络合适的专家、培训职员，应对正在出现的新问题。其中包括使用有缺陷的科学证据、不恰当的量刑实践、不适任的法律代理等，机构必须警惕此类问题。在有些案件中，法院依据有问题的DNA 鉴定得出了有罪判决，或不恰当地认定了某个囚犯的精神健康状态。因此，机构努力积累其在这些领域的专业性，相关渠道包括联络专家，聘请法医鉴定、精神健康方面的专业人士，他们能更好地阐明呈堂证据。

机构采取了一些新举措，包括运用法律规定的旨在预防死刑错误适用的"减刑调查"。该调查探究法院可能会认定与量刑相关的诸多情形，供法院据以将死刑减为终身监禁。在美国仍然保留死刑的部分地区，其法律要求必须适用减刑；印度没有这种做法。减刑调查通常涉及与死囚家属细致而持续的交流，因为与死囚会见大多仅限于律师。机构聘任了首个减刑调查员，其有社工背景，熟悉精神健康议题和刑事司法体系，可以更深入考察减刑的相关情形。这些情形有助于揭示死囚及其家庭的诸多问题，包括精神健康、经济社会条件等。

本机构采取新策略并获得了成功，这些消息广为传播，更多被判死刑的囚犯，以及一些代理定谳死囚的律师都来寻求机构的帮助。其主要挑战不只在于说服法官接受这些新方法，对证据和量刑因素予以更细致的考察；还在于向资深辩护律师说明这些方法有用，他们时常对在法庭采取新的辩护理由持疑虑态度。尽管如此，可以比较有信心地说，采取新的诉讼策略和技术带来了显著收益，亦即获得了积极的司法结果。截至目前，机构总共代理了 108 起诉讼中的 98 位死囚。在一些案件中，囚犯的死刑判决被司法审查减为终身监禁，在另外一些案件中，囚犯被改判为完全无罪，或者就可判死刑的指控改判无罪。

诉讼工作带来的启发，进一步转化为对策略性诉讼干预的规划，以及奠定了 39-A 项目的基本理念。机构在诉讼方面的最新工作是"公正审判伙伴"项目，其将地区法律援助律师与受过最新技术领域严格训练的律师、社工组成团队，由后者为前者的工作提供支持，以为贫困囚犯提供最佳服务。

三、从死刑研究中心到 39-A 项目

我们在最高法院的诉讼经验表明，死刑案件中的呈堂证据有缺陷，其从逮捕甚至更早的时候就存在，却对最终量刑毫无影响。在一个又一个案例中，我们遇到有缺陷或未经查实的证据，本应由审判庭考量的精神健康问题，被错误理解的法医鉴定结论，以及其他诸多程序上的错误。这一点清楚表明，我们必须将工作领域扩展到一审法院的刑事司法改革，否则即便在最高法院诉讼也只能解决当下的问题。不恰当的司法判决，糟糕的律师辩护，以及无效的调查，都将是常态。如果不是经过多方协调努力、司法机构自下而上、与整个司法体系一起运转，我们只能让死刑引起关注，成为一个公共议题，而无法达成更多。我们的团队继续在最高法院诉讼，但那里只能实现有限的目标。

因此，39-A 项目以《印度宪法》第 39-A 条款命名，致力于推进所有人的平等司法保护与免费法律援助。我们相信，这体现出我们进一步发展的宗旨，亦即与政府一起进行刑事司法体系改革，从初审法庭开始，而不仅仅限于最高法院。

机构使命还在于继续开展广泛的实地调查，以刑事司法体系中的囚犯、家属、监狱职员和其他利益相关人为基础进行研究。这也是为了转型为跨学科研

究模式，亦即将法学与人类学、民族志、社会工作以及精神病学合并起来。这些研究汲取了死刑研究项目和诉讼案件的经验，但其本身都是独立自主的项目，通常由各领域的专家管理，由学生志愿者协助。考虑到研究项目的广泛领域，以下用数字标号列出：

第一，精神健康研究项目起源于我们深入理解死囚及其家属精神健康的需求。39-A 项目与印度首个"国家精神健康与神经科学研究中心"合作，以求明白无误地将死囚精神健康问题引入公众视野。精神健康研究项目也是实地调研项目，访员会与社工、精神病医师一起，使用经过批准的精神健康评估工具，访谈了 100 多位死囚及其家属。2017 年《精神健康护理法案》的颁布带来了影响，39-A 项目希望借此倡导法案中护理、治疗囚犯精神问题的专门条款。长远来看，精神健康研究项目还致力于探索精神健康与刑法的交叉地带，诸如：探究被告人接受审判的能力，司法部门应该如何评估当事人的精神健康，以及确保在司法程序的恰当阶段进行诊断。

第二，量刑研究项目起源于死刑研究项目的一项关键发现，亦即在过去 15 年间，95% 的死刑量刑经过数年的上诉程序都被最高法院推翻了。这些死囚在定谳之后苦熬 5~20 年，结果他们的量刑被减轻了，甚或定罪被推翻了。除了刑事司法体系明显的迟延问题，这也表明，对证据的司法审查和量刑框架存在更大的问题。为深入研究该问题，39-A 项目获准查阅 3 个邦的高等法院的死刑案件卷宗。研究即将发表的报告揭示了法官在定罪—无罪、减轻—加重量刑之间摇摆的方式。本研究十分关键，原因之一正在于其发现，死刑适用是专断的、高度主观的。研究运用来自鲜活案例的实录证据，向我们表明了这一专断裁判所采取的形式。

第三，法官越来越倾向于只依据对证据的鉴定结论来判断有罪与否。司法部门极少质疑法医鉴定实验室的报告，尤其是在性侵案件中，定罪的压力非常大。法官倾向于高度评价科学鉴定结论，认为其是精确而客观的。但是，法官不会考虑证据的保管链①，证据被污损的可能，以及鉴定机构使用的设备。在刑事审判中，这些都是未知概念，而辩护律师倾向于避免质疑法医鉴定结论的可靠性。为驳斥这种看法，39-A 项目对印度的 7 家司法鉴定实验室开展了为

---

① 保管链（Chain of Custody），在法律背景下，保管链是按时间顺序编排的一套文书，记录了实体或电子证据的保管、控制、传输、分析和处理过程。证据保管链在刑事案件中尤为重要。该概念也适用于民事诉讼乃至更广泛的运动员药物检测或供应链管理——以提高食品安全的可追溯性，或确保木材源自可持续发展的森林。——译者注

期一年的研究，以理解其运作机制、管理体系、设备和储存条件、证据收集和传输方法、机构配备人员的资质等。39-A 项目还致力于将研究发现，尤其是关于 DNA 鉴定方面的发现，用于培训下级法院和上诉法院的法官。在美国，"无辜者项目"已经形成了一套有效方案，通过多年后重新鉴定 DNA 推翻了有罪判决。在印度，如果更多人了解法医鉴定机构及其依照各项标准储存、收集证据的方式，也有可能做到这一点。

第四，"判决要素"研究项目，是在曾任印度最高法院法官中间开展的关于死刑态度的观点研究。该研究既不倡导废除死刑，也不主张保留死刑，而是探询法官们的死刑立场的根基，及其对程序败坏的刑事司法体系的看法。该研究项目与牛津大学、雷丁大学合作，通过半结构访谈进行。经研究发现，尽管大多数法官认为应该保留死刑，他们也普遍同意刑事司法体系未能坚守司法审查的高标准。39-A 项目计划将研究扩展到立法者和政策制定者，据此建立死刑观念调查的数据库。这种对专业人员的半结构访谈方法也能揭示其对某一复杂议题的思考。

第五，法律援助研究项目与地方政府设立的法律援助机构合作开展，以研究囚犯获得法律服务的质量。该研究借助于马哈拉施特拉邦的公正审判伙伴项目完成。当地目前有 30 名律师伙伴服务于地区法庭。一名社工被派到监狱评估囚犯的需求。这些律师和社工的任务是协助地区法律服务局为受审囚犯提供有质量的法律服务。其项目旨在加深对法律援助运作机制的理解，这个服务体系目前极其缺乏财政资源和训练有素的律师。这个伙伴项目的重点也在于地方能力建设，加强地区法庭的运作能力。地区法庭缺少人手，基础设施十分不足，值得引起更多公共关注。伙伴项目提供的数据也会影响后续的法律援助项目设计，包括能力建设和研究等方面。

四、公共议题

提升公众对死刑和刑事司法的意识，构成了 39-A 项目工作的实质部分。法学研究和法律制度常常与一般大众相隔绝，大多由专长于该领域的人在评估和研习。但是，死刑的独特之处在于，其激发起公众强烈的、两极分化的反应。这进而导致急促草率的立法——法律起草质量堪忧，只为了应付汹汹民意。

在印度，过去十年间，死刑越来越被认为是威慑性暴力和危害国家安全犯罪(恐怖主义犯罪)的唯一手段。正因为此，39-A 项目意识到，有必要关注公共讨论议题，驳斥一边倒的支持死刑的决策。

在这场使命感召（cause driven）的社会运动中，有诸多不同的利益相关者，每个人都有不同的诉求。其中一方是立法者和政策制定者，他们需要明确、清晰的数据以形成关于某个议题的通盘考虑。这类信息有时来自简单的问题，诸如目前有多少定谳死囚？过去 30 年处决了多少人，这些人因何罪名被处决？定谳死囚等候处决的时间有多长？

39-A 项目成功回答了这些问题，出于多个原因：其一，死刑研究项目最初的研究问题即包含了这些实证命题；其二，项目的实地调研没有受到地理限制，不是只在 1~2 个监狱进行。死刑研究项目的结果清楚表明，死囚来自较低的经济社会背景，没有良好的法律代理。数据的这种普适和简明特性，令立法者感到要负起责任来，并且最终制定政策回应这些时势问题。

在运动中另外一个重要的利益相关方是公众，其理想形态是一个包括不同年龄、性别和宗教的群体。死刑议题，粗暴严厉，易于表达为道德或宗教上的话题。这使得死刑话题成为高度私人化、个别化的交谈，其可能带有先入为主的偏见，而又受到不良的外部影响。

在项目研究呈现的故事中，有囚犯遭的罪，也有他们在监狱等候处死的体验，以及关于宽恕、悔罪和家属的主题。这些故事提供了一个更加震撼人心的公众据以思考死刑的框架。这些主题让公众产生兴趣，而非仅仅满足他们的猎奇心理。起初，39-A 项目在全国各地的法学院举办讲座，向学生讲述项目经验，也宣讲法学院支持这类研究的道义责任。显而易见，这种交流让学生、老师都着迷。而后，我们进一步接触到不同学科之院系，因为没有理由将非法律人，乃至所有可能被判处死刑的人，排除在理解死刑的交流之外。这一扩展的理由还在于揆诸现实，犯罪受害人及其故事已经被主流媒体一再讲述，而被告人却从未被了解过。因此，39-A 项目明确其在议题设置上毫不僭越的立场，亦即确保论辩各方都被听到和尊重，很有意义。

机构努力协调通过社交媒体呈现项目成果，包括使用推特、脸书和发起播客电台。不论年龄、地域，这些平台广为使用。39-A 项目在这些媒体上受到法律共同体的欢迎，包括法科学生、研究人员和执业律师。

不过，我们的一个挑战在于，如何在初审阶段得到关注。死刑话题激起人们的兴趣，主要是在囚犯即将被处决的时候。如同在普通的监狱、刑事司法领域，死刑议题碰到的挑战也是人们的漠不关心。由于话题本身的争议性，以及倡导改革的财政资源有限，这个议题总是会被公共讨论冷落。为了形成更健康的关于犯罪和刑事司法的公共态度，这些都是有待克服的障碍。

五、挑战与风险

39-A 项目开展了研究、诉讼以及公共讨论，在每个领域都致力于探索刑事司法的新面向。死刑研究项目及其发现，奠定了其他部分据以建构的基础。在司法人员面对死刑的态度方面，以及年度死刑统计数据方面，39-A 项目发布了突破性的研究成果。项目正在深入研究死囚的精神健康问题，以及地区法院如何适用最高法院发布的死刑裁判标准。此外，该项目研究领域还包括法医鉴定、羁押场所使用酷刑的调查问题、贫困案件被告人的法律援助质量监督体系等，这些都是可能对印度刑事司法改革影响巨大的议题。

对于印度的律师或法律研究人员来说，死刑不是个容易处理的话题。其与无法预计的政治议程纠缠在一起，总是变来变去。也无法确定，何种犯罪将引发举国关注，迫使政府回应。对死囚和现有案件的处理还可能带来严重的反弹。这会令诸多长期的策略和资源都如同虚掷。在保留死刑的国家，死刑总是争议很大的议题，不太可能存在支持废除死刑的主流民意。这种失衡，导致对于个人或机构来说，死刑相关工作都是贫乏而困难的。

每个研究项目或数据收集工作都要面临自己独特的挑战，诸如首先得获准进入监狱、面访死囚。而后，维持在监狱内与各方的关系也很重要，以确保死囚和项目都不会受到伤害。在诉讼中，不论是何种罪名，找到合适的志愿律师代理案件，常常是个难题。出于维护自己的名声或者偏见，律师们可能回绝那些恶名昭著的案件。作为一个机构，39-A 项目也因为其工作议题常常站在政府议程的对立面，也因此面临迫近的审查的威胁。

但是，由于目前根深蒂固的行政和财务上的制衡，这种工作只有在政府下属的大学才有可能进行。据此，39-A 项目得到了体制的保护，也得以与多个政府职能部门建立联络，非营利机构或私营慈善机构是不可能做到这一点。在机构设立的过程中，还需要矢志不渝的教职人员以及行政人员为之提供全力支持。大学行政上的变化也可能影响 39-A 项目的工作成效、与合作伙伴的联络及其日常管理。作为政府下属大学的一部分，这种附属研究中心难免有些"命如纸薄"，一起争议案件就可能导致人们对机构工作的态度突然转变。

六、结　　论

自 39-A 项目启动 5 年来，在死刑诉讼和研究领域取得了长足进展。其原因在于，这些项目要素之间相辅相成，识别出刑事司法体系的发展趋势。此外，国家法律大学（德里）也提供了密切的行政支持。没有这些支持，项目不可能就诸多不同议题开展如此大规模的工作。机构正在成长，不断发现需要迅速回应的需求，并涉足刑事法其他领域。39-A 项目将其前身机构的成果发扬光大，令死刑成为一个议题，据此采取新的倡导行动，推动司法、立法和行政部门做出更多知情决策。

下编

死刑适用的实证研究

集资诈骗典型案例与非暴力犯罪死刑废止

杨诏斌 *

摘要：废止非暴力犯罪死刑是全面废止死刑的有效切入点。以《刑法修正案(八)》和《刑法修正案(九)》批量废止非暴力犯罪死刑为标志，我国刑法死刑废止已进入立法实践层面。我们应当承认，引起社会广泛关注的典型案例对相应非暴力犯罪废止死刑起了巨大的推动作用。例如，"吴英案"与"曾成杰案"对集资诈骗罪废止死刑功不可没。通过对典型案例中民众、理论界、司法部门和立法机关各方态度进行分析，可以得出：在非暴力犯罪范畴中，民意往往对死刑废止起推动作用而非阻碍作用；理论研究有利于引导民意向废止死刑方向转变；司法部门对民意和理论界观点的尊重也有利于废止非暴力犯罪死刑；立法机关最终废止相应非暴力犯罪的死刑是建立在各方博弈结果的基础上。

关键词：非暴力犯罪死刑废止 典型案例 集资诈骗罪

对于死刑存废持不同观点的人，往往对非暴力犯罪死刑的态度是一致的，即逐步限制、废止非暴力犯罪的死刑。《刑法修正案(八)》和《刑法修正案(九)》曾批量地两次废止了 22 种犯罪的死刑，除组织卖淫罪、强迫卖淫罪和阻碍执行军事职务罪等几个犯罪涉及非致命暴力，其他犯罪均为非暴力犯罪。实践证明，批量废止非暴力犯罪死刑，并不会引起治安恶化，也不会引起民众的强烈反对，对于减少死刑罪名、控制死刑实际执行人数也都有明显效果。因此，废止非暴力犯罪死刑是全面废止死刑的有效切入点。

尽管非暴力犯罪被废止后并没有产生不良影响，但具体某一非暴力犯罪死刑罪名的废止过程并不是那么顺利。不少拟废止死刑的非暴力犯罪，在相关草

---

* 杨诏斌，武汉大学法学院法学博士研究生。

案出台时都遭到了反对。① 例如在十二届全国人大常委会第十一次会议初次审议《刑法修正案(九)》草案时，部分人大常委会委员就建议认真研究减少死刑罪名原则，他们认为走私核材料罪、战时造谣惑众罪等不应取消死刑。而集资诈骗罪的死刑规定更是原计划在 2011 年《刑法修正案(八)》中就将其废止，但是没有成功，最后还是在 2014 年《刑法修正案(九)》中才成功被废止。这一过程的反复值得探究。而通过分析，典型案例对集资诈骗罪的最终废止起了巨大的推动作用。

一、《刑法修正案(八)》未能废止的集资诈骗罪死刑

集资诈骗罪设置死刑，肇始于 1995 年全国人大常委会通过的《关于惩治破坏金融秩序犯罪的决定》。根据该决定，以非法占有为目的使用诈骗方法非法集资，数额特别巨大或者有其他特别严重情节的，处十年以上有期徒刑、无期徒刑或者死刑并处没收财产。该单行刑法的规定被 1997 年刑法吸收，并对死刑适用条件进行了限制，将集资诈骗罪死刑的适用条件由"数额特别巨大或者有其他特别严重情节"择一的条件修改为"数额特别巨大并且给国家和人民利益造成特别重大损失"的复合条件，提高了适用死刑的门槛。也就是说，在《刑法修正案(八)》启动一批非暴力犯罪死刑废止进程之前，集资诈骗罪一直设有死刑，只是提高了死刑适用门槛。

2010 年 8 月，《刑法修正案(八)草案》提交全国人大常委会审议，与此前历次刑法修正不同，该草案首次提出废止部分罪名的死刑，这标志着废除死刑进入立法实践层面，也被理论界认同为由此"从此踏上废止死刑的征途"②。集资诈骗罪死刑的存废争议已久，而在《刑法修正案(八)》草案讨论的过程中，专家就曾提出考虑废止该罪的死刑。③ 而在 2011 年 2 月全国人大常委会正式通过的《刑法修正案(八)》里，废止了票据诈骗罪、金融凭证诈骗罪和信用证

---

① 《一些常委委员建议认真研究减少死刑罪名原则：走私核材料罪等不应取消死刑》，载中国人大网：http://www.npc.gov.cn/npc/cwhhy/12jcwh/2014-12/17/content_1889148.htm，2018 年 8 月 28 日最后访问。

② 高铭暄、苏惠渔等：《从此踏上废止死刑的征途——〈刑法修正案(八)草案〉死刑问题三人谈》，载《法学》2010 年第 9 期。

③ 参见冯韩美皓：《集资诈骗罪死刑废止的宪法学反思》，载《天津法学》2016 年第 1 期。

诈骗罪的死刑，在金融诈骗罪领域唯独保留了集资诈骗罪死刑①，这也标志着在《刑法修正案（八）》全面废止金融犯罪死刑的失败。

为何四个金融诈骗类犯罪死刑中唯独保留了集资诈骗罪的死刑，这或许不能用"民意"一言以蔽之。因为没有迹象显示民众有保留集资诈骗罪死刑的强烈要求。而来自司法部门的解释或许可以说明一些原因。在 2001 年最高人民法院印发《全国法院审理金融犯罪案件工作座谈会纪要》里就明确提出，"刑法对危害特别严重的金融诈骗犯罪规定了死刑。人民法院应当运用这一法律武器，有力地打击金融诈骗犯罪。对于罪行极其严重，依法该判死刑的犯罪分子，一定要坚决判处死刑"。这是司法部门对因集资诈骗罪被判处死刑的基本态度。虽然该通知也规定了"金融诈骗犯罪的数额特别巨大不是判处死刑的唯一标准，只有诈骗数额特别巨大并且给国家和人民利益造成特别重大损失的犯罪分子，才能依法选择适用死刑"。但对于什么是"给国家和人民利益造成特别重大损失"并没有明确其含义。所以在实践中，多将"给国家和人民利益造成特别重大损失"这一条件虚置，把"诈骗数额特别巨大"及"不能退赔数额巨大"认定为"造成重大经济损失"，进而等同为"给国家和人民利益造成特别重大损失"，以对相关的被告人适用死刑。

除了"坚决判死"的司法态度，值得注意的是，集资诈骗罪的涉众型以及由此带来的维稳压力，也是决策层和立法机关不敢"轻易"废止集资诈骗罪死刑的重要原因。在前述会谈纪要中就提到"金融犯罪严重破坏社会主义市场经济秩序，扰乱金融管理秩序，危害国家信用制度，侵害公私财产权益，造成国家金融资产大量流失，有的地方还由此引发了局部性的金融风波和群体性事件，直接影响了社会稳定"。

二、《刑法修正案（八）》出台前后的吴英案

在《刑法修正案（八）》首次废止部分犯罪死刑并保留集资诈骗罪死刑的前后几年，持续数年的吴英案将有关集资诈骗罪的舆情也逐渐引爆。该案自案发就引发社会关注，并以持续时间长、审判次数多、审判结果变化大的特点著称于世。吴英案作为典型案例，集中反映了各方对于集资诈骗罪的合理性与适用问题的观念冲突。而集资诈骗罪死刑的适用和存废问题，更是该案所反映的焦点问题。

---

① 此外在危害金融监管秩序罪领域保留了伪造货币罪的死刑。

(一)吴英案数次审判的基本情况

1. 一审基本情况①

在吴英案一审中,金华市人民检察院指控,2005 年 5 月至 2007 年 2 月,被告人吴英以非法占有为目的,以个人或企业名义,采用高额利息为诱饵,以注册公司、投资、借款、资金周转等为名,从林某平等 11 人处非法集资,所得款项用于偿还本金、支付高息、购买房产、汽车及个人挥霍等,集资诈骗达人民币 38985.5 万元。被告人吴英及其辩护人对公诉机关指控的犯罪事实中有关其向本案被害人借钱数额和未归还的数额无异议。但认为其主观上无非法占有的故意,借的钱也是用于公司的经营活动,并未用于个人挥霍,因此认为其行为不构成集资诈骗罪。综合控辩双方争议的焦点,问题的主要焦点在于:第一,被告人吴英主观上是否具有非法占有目的,其行为是否构成犯罪的问题;第二,被告人吴英的行为是否构成集资诈骗罪的问题。

一审法院认为,被告人吴英"本身无经济基础,无力偿还巨额高息集资款""虚构事实,隐瞒真相,骗取巨额资金""随意处置集资款""巨额集资无账目""造成巨额资金无法追回",明知没有归还能力,仍虚构借款用途,以高息为诱饵,大肆向社会公众集资,并对取得的集资款恶意处分和挥霍,造成巨额资金不能返还,足以认定其主观上具有非法占有的故意。最终该院根据认定的上述事实和相关法律规定,以集资诈骗罪,判处被告人吴英死刑,剥夺政治权利终身,并处没收个人全部财产;对被告人吴英违法所得予以追缴,返还给被害人。

2. 二审基本情况②

一审被判死刑之后,被告人吴英上诉,称其没有非法占有的目的,并且主观上也没有诈骗故意,所借资金大部分用于经营,没有肆意挥霍;客观上也没有实施欺诈行为,没有用虚假宣传欺骗债权人;本案债权人不属社会公众,自己也不是向社会非法集资;本色集团合法注册,非为犯罪成立,也不是以犯罪为主要活动,本案是单位借款行为,而非个人行为,要求宣告无罪。吴英的二审辩护人以相同的理由为其辩护,要求宣告吴英无罪。同时又称,吴英即使构

---

① 参见浙江省金华市中级人民法院〔2009〕浙金刑二初字第 1 号刑事判决书。
② 参见浙江省高级人民法院〔2010〕浙刑二终字第 27 号刑事裁定书。

成犯罪，也不属犯罪情节特别恶劣，社会危害性极其严重，一审量刑显属不当；吴英检举揭发他人犯罪的行为，构成重大立功。吴英在本院二审开庭审理中又称自己的行为已构成非法吸收公众存款罪。控方出庭检察员认为，被告人吴英集资诈骗的犯罪事实清楚，证据确实充分；吴英使用诈骗的方法面向社会公众非法集资，有非法占为己有的主观故意和随意处置、挥霍集资款的行为，其行为构成集资诈骗罪，且系个人犯罪，原判定罪准确、量刑适当；上诉理由和辩护人的辩护意见均不能成立，建议驳回上诉、维持原判。二审开庭审理后，被告人吴英又提出书面申请，要求撤回上诉。

二审法院认为，被告人吴英以非法占有为目的、采用虚构事实、隐瞒真相、向社会公众做虚假宣传等诈骗方法非法集资，其行为已构成集资诈骗罪。吴英在二审庭审中辩称其仅构成非法吸收公众存款罪，二审辩护人提出吴英的行为不构成犯罪及要求改判无罪的理由，均与查明的事实及相关法律规定不符，不予采纳。吴英集资诈骗数额特别巨大，并给国家和人民利益造成了特别重大损失，犯罪情节特别严重，应依法予以严惩。同时认为本色集团及所属各公司实质上是吴英非法集资的工具，认定吴英为个人犯罪。此外，对于吴英所谓检举揭发他人犯罪，法院认为系其为了获取非法利益而向他人行贿，依法不构成重大立功。二审辩护人要求对吴英从轻改判的理由亦不能成立，不予采纳。出庭检察员的意见成立，应予采纳。最终决定驳回上诉，维持原判死刑立即执行的判决。

3. 再审基本情况①

在二审浙江省高级人民法院作出维持死刑立即执行的判决后，该院将对被告人吴英的死刑判决由依法报请最高人民法院核准。最高人民法院经复核后认为，一审判决、二审裁定认定的事实清楚，证据确实、充分，定性准确，审判程序合法，惟量刑不当，依照《最高人民法院关于复核死刑案件若干问题的规定》第4条的规定，不核准并且撤销二审维持吴英死刑立即执行的裁定，并发回浙江省高级人民法院重新审判。②

浙江省高级人民法院据此对吴英案依法重新审理。在重审过程中，被告人吴英提出本案系单位犯罪，认定其行为系集资诈骗罪有误，并要求重新审查一审证据和本案的全部诉讼程序。其辩护人提出，吴英主观上没有非法占有的目

① 参见浙江省高级人民法院〔2012〕浙刑二重字第1号刑事判决书。
② 参见最高人民法院〔2012〕刑二复43120172号刑事裁定书。

的，客观上没有使用诈骗手段非法集资，借款人为特定对象，不符合面向社会不特定公众的要件，吴英的行为不构成集资诈骗罪；吴英借款行为以公司名义进行，且用于公司经营，吴英的借款行为属于公司行为，而非吴英的个人行为；即使吴英构成犯罪，应考虑本案受害人也存在一定过错，吴英有重大立功表现等从轻或减轻的量刑情节，因此要求对吴英在无期徒刑以下量刑。

再审法院认为，吴英主观上具有非法占有的目的，集资过程中使用了诈骗手段，非法集资对象为不特定公众。吴英大量集资均以其个人名义进行，大量资金进入的是其个人账户，用途也由其一人随意决定，原判认定本案为吴英个人犯罪正确。本案的全部审判程序符合法律规定，并经最高人民法院复核确认，不存在程序违法现象。吴英所谓检举揭发他人犯罪，均系其为了获取非法利益而向他人行贿，依法不构成立功。因此对吴英的辩解及其辩护人相关的辩护意见不予采纳。

同时，再审法院认为鉴于吴英归案后如实供述所犯罪行，并主动供述其贿赂多名公务人员的事实，其中已查证属实并追究刑事责任的有 3 人，综合考虑，对吴英判处死刑，可不立即执行。对吴英及其辩护人相关改判的要求予以采纳。认定原判定罪正确，审判程序合法。惟量刑不当，应予变更。撤销一审判决量刑部分，维持其余部分，改判吴英为死缓。至此，吴英死里逃生。

(二) 司法部门对吴英案死刑的观点归纳

虽然吴英案最终改判死缓暂免于一死，但从总体上看，司法部门对集资诈骗罪死刑的态度集中体现于吴英案就是"罪大恶极，应当判处死刑立即执行"。当然，这种观点随着改判，是有变化的。综合分析历次判决，司法部门对吴英被判死刑的理由，归结起来就是：构成集资诈骗，且集资诈骗数额特别巨大，并给国家和人民利益造成了特别重大损失，同时不构成立功。而这里的"特别重大损失"实际上就是指"特别重大经济损失"，这样一来，"集资诈骗数额特别巨大"和"并给国家和人民利益造成了特别重大损失"这两个需要同时具备的限制条件，实际上就只成为一个条件，况且这个数额在本案中尚存有争议。因此，吴英被判死刑的概率大大提高。

此外，即使考虑到改判死缓的情形，也应当注意，虽然死缓即不死，但是本身也是死刑的一种执行方式，或者说本身就是死刑。由此可见，即便是吴英被改判死缓，也可以看出司法部门对于吴英这种集资诈骗案件的观点是支持"死刑"的。

而通过分析可以看出，司法部门的这一态度，可以等同于民间理解的"欠债还命"。因为在吴英案中，不存在一些集资诈骗案件中伴随的群体性事件和导致社会不稳定等因素，因此，可以认为是单纯经济因素。而以单纯的经济因素判处集资诈骗罪被告人死刑，也就等同于"欠债还命"，这与民意"杀人抵命、欠债还钱"明显冲突，显然不能认为民意支持此类犯罪死刑。

(三) 理论界对吴英案死刑的质疑

在吴英案维持死刑立即执行的二审裁定姗姗到来后，舆情引爆，在民意测度困难的情形下，理论界的观点可以清晰地获取和归纳。理论界可以说是一面倒地反对吴英适用死刑立即执行，理由大致可以归结为以下几个方面：

其一，集资诈骗罪适用死刑理由不充分。虽然法律中对集资诈骗罪规定了最高刑罚死刑，但是从法理上看，对集资诈骗罪适用死刑会导致"人不如钱"的局面，不符合报应目的。同时，从实践上看，集资诈骗罪死刑并没有阻止集资诈骗案件的频频爆发，应当从深层次思考此类案件发生的原因，该罪适用死刑也不符合预防目的。因此，集资诈骗罪适用死刑法理依据不足，即便法律有规定死刑，对其适用也应该慎之又慎。[①]

其二，对集资诈骗罪适用死刑不符合刑法保护的平衡性。即使在构成集资诈骗罪的情形下，也应当考虑到，集资诈骗案件的发生既与金融体制不完善有关，同时也与参与集资的被害人过错有关。参与集资者谋求高收益本身就应该承担一定的风险，而对集资者适用死刑明显不符合风险分担的原则。可以说，集资诈骗罪的死刑既是对金融体制中国家与个人刑法保护的不平衡，也是对犯罪人和被害人刑法保护的不平衡。[②]

其三，死刑的适用应当以严格的司法认定为前提，而在集资诈骗罪的司法认定方面存在很多的漏洞。首先是对"吸收公众存款的"的认定。由前述判决可以看出，一审法院判决认定的直接受害人仅为 11 人，这显然不应该构成"公众"这一要件。而二审法院认为吴英除了本人出面向社会公众筹资，还委托一些人向社会公众集资，其中林某平、杨某陵、杨某昂、杨某江 4 人的集资对象就有 120 多人，受害人涉及浙江多地，因此认为吴英显属向不特定的社会公众非法集资，有公众性。二审法院间接认定吴英集资具有"公众性"，显然

---

① 参见张绍谦：《论吴英罪不当死》，载《法学》2012 年第 3 期。
② 参见薛进展：《从吴英集资诈骗案看刑法保护的平衡性》，载《法学》2012 年第 3 期。

不当。理论界认为应当以直接提供借款的人为标准计算受害人。① 而这一问题也不仅仅是该案所独具。此外，在"非法占有目的"的认定方面，也存在很多问题。（如2010年最高人民法院《关于审理非法集资刑事案件具体应用法律若干问题的解释》认定的"具有非法占有目的"的七种情形很大程度上只是一种推定，完全可以为事实所证反。同时也存在以"还不了款"的客观结果等同"非法占有"的主观目的的情形。②

从吴英案的三次审判情况和理论界的争鸣，不难看出，从大的方面而言，集资诈骗罪死刑本身具有不合理性，既不符合预防目的，也不符合报应目的；从功利主义角度看，刑罚与犯罪不具有对等性；而从个案的死刑适用来看，集资诈骗罪本身存在司法认定的恣意性，侧面反映出对其配置死刑的不合理性。可以看出，吴英案这一典型案例，集中揭示了集资诈骗罪配置死刑与适用死刑的不合理性，这为之后集资诈骗罪死刑废止埋下了伏笔。

三、保留集资诈骗罪死刑期间的曾成杰案

相比吴英的死里逃生，在《刑法修正案（八）》出台后至《刑法修正案（九）》出台前（即保留集资诈骗罪死刑期间）被判处死刑立即执行并最终被"秘密执行"的曾成杰就没有那么幸运了。如果说，吴英案在判决书纸面上可以反映出集资诈骗罪死刑的不合理性，那么曾成杰案则是在判决书内外都充分反映了集资诈骗罪死刑的残酷性与非人道性。

作为湘西系列集资诈骗案的首犯，曾成杰于2008年12月18日被逮捕。在逮捕近三年后，湖南省长沙市中级人民法院于2011年5月20日以〔2010〕长中刑二初字第0029号刑事判决，认定被告人曾成杰犯集资诈骗罪，判处死刑，剥夺政治权利终身，并处没收个人全部财产。宣判后，曾成杰提出上诉。湖南省高级人民法院经依法开庭审理，于2011年12月26日以〔2011〕湘高法刑二终字第60号刑事判决，驳回曾成杰的上诉，维持原审对曾成杰的判决，并依法报请最高人民法院的核准。

最高人民法院认为，被告人曾成杰以非法占有为目的，以高额利息为诱饵，使用诈骗方法面向社会公众非法集资，其行为已构成集资诈骗罪。在集资

---

① 参见叶良芳：《从吴英案看集资诈骗罪的司法认定》，载《法学》2012年第3期。

② 参见侯婉颖：《集资诈骗罪中非法占有目的的司法偏执》，载《法学》2012年第3期。

诈骗共同犯罪中，曾成杰起组织、指挥作用，系罪行最为严重的主犯。曾成杰集资诈骗数额特别巨大，造成集资户大量财产损失，既严重破坏国家金融管理秩序，又严重侵犯公民财产权，并且严重影响当地社会稳定，罪行极其严重，应依法惩处，因此核准了湖南省高级人民法院以集资诈骗罪判处被告人曾成杰的死刑立即执行的判决。①

各级法院判决并由最高人民法院核准曾成杰的死刑，理由归结起来是"集资诈骗数额特别巨大"，"既严重破坏国家金融管理秩序，又严重侵犯公民财产权，并且严重影响当地社会稳定"，因此认定其罪行极其严重。

由于笔者家邻近案发地点，同时也是集资诈骗案高发区，所以曾专程到湘西吉首和龙山等地了解湘西系列集资诈骗案的情况，并试图了解民众对集资诈骗罪适用死刑的看法，同时探求曾成杰被判处死刑的依据及其合理性。结合访谈和判决书，笔者了解到，因曾成杰案和其他集资诈骗案，湘西就曾多次爆发大规模群体性事件，大批参与集资的群众涌上街头，打砸湘西州和吉首市党政机关，大批公安武警(包括大量从其他地区前来增援维稳的力量)等维稳人员遭袭。② 而这一系列上述群体事件的发生，成为日后法院将曾成杰判处死刑的重要依据"严重影响当地社会稳定"的具体反映。

然而，据了解当地民众冲击政府机关，主要是对政府善后处理方案表示不满，而非对曾成杰的"滔天仇恨"，并且参与集资的人员，多表示要钱而不是要曾成杰的命，并无要曾成杰抵命的要求。此外，在最高人民法院关于曾成杰案刑事裁定书中提及的"集资户自焚事件"，③ 据访谈和收集媒体信息，该自焚者在曾成杰公司集资的钱只有 8000 多元，在另一家公司的则为 10 多万元，自焚与曾成杰案无必然关联。④

由此可见，相较于吴英案，曾成杰案除了关联不明的"自焚事件"外，其不同之处就在于引发或者说可能引发了"群体性事件"，因此两人的命运天差地别，而构成集资诈骗罪本身的"非法占有目的"等要件，似乎已经不重要了。而舆情也自然会将两案联系在一起，同为数额巨大的集资诈骗案件，为什么曾成杰就一定要死，单独"群体性事件"这一理由也未必充分。而最高人民法院

① 参见最高人民法院〔2012〕刑二复 43282497 号刑事裁定书。

② 参见《他为湘西集资案承担最重责任》，http://news.ifeng.com/opinion/gundong/detail_2013_07/18/27655536_0.shtml，2018 年 8 月 28 日最后访问。

③ 集资户吴某英见集资款兑付无望，在湘西自治州人民政府旁的人行道上用汽油当众自焚造成七级伤残。

④ 参见《曾成杰案未平》，载《中国企业报》2013 年 7 月 16 日，第 001 版。

对于曾成杰被判处死刑的记者提问的回答中，重申了该案"犯罪数额特别巨大、受骗人数众多""给国家和人民利益造成特别重大损失""还严重影响当地社会稳定"，在罪行和危害方面都比吴英案严重，最后得出结论"罪行极其严重，依法应当核准死刑"。① 虽然是对公众质疑的一种解释，但显然说服力不够。

然而，真正体现曾成杰案死刑残忍性的不在于判决，而在于执行过程的不人道性。2013 年 7 月 12 日，长沙市中级人民法院对湘西系列集资诈骗案主犯曾成杰执行死刑，但并未通知家人。消息爆出后，引发舆论强烈轰动。长沙中院接连作出"无法律规定""验明正身时告知"等错误回应，更引发强烈不满。② 此案就此更加引发人们对程序正义和死刑合理性的考量。此案余波未平，多名律师在曾成杰死后仍愿意为其代理申诉。③

而面对舆论压力，从长沙中院到最高人民法院都先后多次出来解释。曾成杰案集中反映了集资诈骗罪死刑的不合理性，同时也反映了死刑作为终级裁判的残酷性和不人道性。由此可见，死刑，尤其是对集资诈骗罪这种非暴力犯罪死刑的判决与执行是很有疑问的，同时也是不合民意的。

四、《刑法修正案（九）》最终废止的集资诈骗罪死刑

2015 年 8 月 29 日，第十二届全国人大常委会第十六次会议表决通过《刑法修正案（九）》。金融犯罪中仅存的集资诈骗罪和伪造货币罪死刑均被废止。由此实现了我国刑法首次在某一领域完全废止死刑，具有里程碑的意义。④

而联想到集资诈骗罪死刑废止前两三年一死一生的曾成杰与吴英，不禁让人唏嘘。无论是侥幸未死的吴英，还是被"秘密处死"的曾成杰，都不同程度地推动了集资诈骗罪死刑的废除，免除了其他民营企业家因集资而可能被判处死刑的后顾之忧。废止相应犯罪死刑的沉重代价，既属于他们个人，也属于这个社会。

---

① 参见《最高法：曾成杰案罪与害都比吴英案严重》，载《新华每日电讯》2013 年 11 月 26 日，第 004 版。

② 参见《用曾成杰案重审司法正义》，载《新华每日电讯》2013 年 7 月 15 日，第 003 版。

③ 参见《曾成杰案余波》，载《华夏时报》2013 年 7 月 25 日，第 007 版。

④ 参见刘宪权：《我国金融犯罪刑事立法的逻辑与规律》，载《政治与法律》2017 年第 4 期。

　　而通过分析这两个典型案例本身的判决过程及其舆论风向、社会影响和理论争鸣，不难看出，典型案例可以集中反映非暴力犯罪的不合理性与不人道性；相较于理论界"全面废止死刑"的呼声，民众更易于接受废除非暴力犯罪死刑，理论界应当以自己的研究顺应和引导民意，循序渐进地废止死刑，而不是以精英自居与民意对抗，在废除死刑的道路上，民意与理论界并不必然矛盾；司法部门也应当尊重民意和理论界的意见，谨慎适用死刑，严格适用条件，对具体罪名适用死刑的合理性应该做出相应的判断，而不是法律上有规定就可以拿来用。而最终是否废止一个罪的死刑，需要立法机关在通盘考虑的基础上，充分重视个案价值，对人民群众在典型案例中集中反映的意见加以分析，以真正把握民意。

贪污受贿罪死刑适用标准研究

陈妍茹*

摘要：《刑法修正案(九)》及其相关司法解释对贪污受贿罪适用死刑的标准进行了较大的修改和完善，但仍然存在适用条件缺乏针对性、层次不清晰、内容过于笼统等问题。文章首先考察了我国贪污受贿罪死刑标准立法模式的变迁，认为继续完善当前我国贪污受贿罪的死刑标准非常必要。通过分析《刑法修正案(九)》施行后部分贪污受贿罪案件中死刑的适用情况，提出进一步规范死刑立即执行、死刑缓期二年执行以及终身监禁的适用标准，以促进其死刑适用的公正与均衡。

关键词： 贪污 受贿罪 死刑 适用标准 犯罪数额 量刑情节

随着我国近年来反腐败斗争力度的持续加强，贪污贿赂案件的犯罪人数和犯罪数量不断刷新并挑战着社会公众的认知，如何严厉打击日益严重的腐败犯罪已经成为全社会关注的热点。对于惩治并遏制腐败犯罪而言，不断完善刑法的相关法律规范是题中之义，而对于如何有效惩处那些性质最严重的贪污受贿犯罪，能否适用死刑以及如何适用死刑则成为其中最具争议的议题。

由表1可见，近年来，我国法院每年审结的贪污贿赂案在刑事案件中的比例在2%左右，每年被判处5年以上有期徒刑至死刑的罪犯人数从2014年的111658人降至2016年的97816人。如果按照贪污贿赂案占比2%来估算，每年因贪污贿赂犯罪而被判处5年以上直至死刑的人数则是一个不容忽视的数量①。面对贪污贿赂犯罪案件数量大、涉案人数多这样的情况，如何在国际社

---

* 陈妍茹，法学博士，北京科技大学讲师。

① 以2016年为例，全国法院刑事案件结案1115873件，贪污贿赂犯罪案件32063件，被判处5年以上至死刑的有97816人。如果按照贪污贿赂犯罪2.8%的比例估算，则因贪污贿赂犯罪被判处5年以上至死刑的人数约为2738人。

会废除死刑的大趋势下，妥善设置并适用这一非暴力犯罪的死刑，不仅关系着我国当前反腐败斗争的立场、国际反腐败犯罪间的司法合作以及民众对于反腐败的态度和评价，更牵涉我国刑法中刑罚结构及其执行方式、死刑制度改革等方面，这是一个十分复杂并且极其严肃的问题。

表1　　　　　我国法院近年审理贪腐案件统计表(单位：件)①

时间(年)		收案	结案	被判处有期徒刑5年至死刑(人)
2014	刑事案件	1040457	1023017	111658
	贪污贿赂犯罪	27543	25583	
2015	刑事案件	1126748	1099205	115464
	贪污贿赂犯罪	28846	19493	
2016	刑事案件	1101191	1115873	97816
	贪污贿赂犯罪	24011	32063	

2015年《刑法修正案(九)》(以下简称"《刑修(九)》")对贪污受贿犯罪适用死刑的相关规范进行了较大的修改，2016年"两高"发布的《关于办理贪污贿赂刑事案件适用法律若干问题的解释》(以下简称《贪污贿赂解释》)就相关内容进一步作出了补充和细化，这使得我国贪污受贿罪的死刑适用标准在整体上有了很大的进步，但仍然存在着一些有待完善的问题。仅就本文所探讨的贪污受贿罪死刑适用的标准而言，一方面，理论界对于司法解释的部分内容还普遍存在一些争议；另一方面，实践中对诸如如何区分并准确适用死刑立即执行、死刑缓期二年执行(以下简称"死缓")和终身监禁等问题依然缺乏清晰的认识。因此，从理论上进一步明晰贪污受贿犯罪的死刑适用标准以保障实践中的正确运用，是贪污受贿罪整体上量刑均衡的需要，也是每一个个案获得公正判决的前提。

一、贪污受贿罪死刑标准之立法嬗变

我国贪污受贿罪的罪状模式在立法上经历了一个"从定量到定性转变为定

_____

① 表1数据来自《中国法律年鉴》。根据表中的数字，按照2%的比例来估算，每年因贪污贿赂犯罪被判处5年以上重刑的人数在2000多人左右。

量、又转变为概括数额+其他情节、最后又似乎转变为定性+定量"的复杂变化过程,其死刑的刑罚模式也在"绝对确定死刑与相对确定死刑"之间反复。刑法及其相关法律规范对贪污、受贿罪的罪状模式是一个不断探索和完善的过程,其死刑适用标准也是每次立法变迁中的焦点。

表2　　　　　　　　　　贪污受贿罪死刑标准的立法嬗变表

序号	时间	名称	贪污罪	受贿罪	罪状模式	刑罚模式
1	1952年	中央人民政府委员会《中华人民共和国惩治贪污条例》	第3条:犯贪污罪者,依其情节轻重,按下列规定,分别惩治:一、个人贪污的数额,在人民币1亿元以上者①,判处10年以上有期徒刑或无期徒刑;其情节特别严重者判处死刑。贪污所得财物,应予追缴;其罪行特别严重者,并得没收其财产之一部或全部。		定量	绝对确定死刑
2	1979年	《刑法》	第155条:国家工作人员利用职务上的便利,贪污公共财物的,处5年以下有期徒刑或者拘役;数额巨大、情节严重的,处5年以上有期徒刑;情节特别严重的,处无期徒刑或者死刑。	第185条:致使国家或者公民利益遭受严重损失的,处5年以上有期徒刑。(受贿罪无死刑,最高刑为有期徒刑)	定性	相对确定死刑

---

① 1955年我国进行了币制改革,明确规定自1955年3月1日起在全国范围内发行新人民币,新旧人民币兑换比率为1:10000。此处的1亿元大体相当于1万元。

续表

序号	时间	名称	贪污罪	受贿罪	罪状模式	刑罚模式
3	1982 年	全国人大常委会《关于严惩严重破坏经济的罪犯的决定》(废止)		国家工作人员索取、收受贿赂的,比照刑法第155条贪污罪论处;情节特别严重的,处无期徒刑或者死刑。	定性	相对确定死刑
4	1988 年	全国人民代表大会常务委员会《关于惩治贪污罪、受贿罪的补充规定》(废止)	第2条:二、对犯贪污罪的,根据情节轻重,分别依照下列规定处罚:个人贪污数额在5万元以上的,处10年以上有期徒刑或者无期徒刑,可以并处没收财产;情节特别严重的,处死刑,并处没收财产。	第5条:对犯受贿罪的,根据受贿所得数额及情节,依照本规定第2条的规定处罚;受贿数额在1万元以上,使国家利益或者集体利益遭受重大损失的,处无期徒刑或者死刑,并处没收财产。	定量	绝对(贪污)+相对(受贿)
5	1997 年	《刑法》	第383条:个人贪污数额在10万元以上的,处10年以上有期徒刑或者无期徒刑,可以并处没收财产;情节特别严重的,处死刑,并处没收财产。	第386条:对犯受贿罪的,根据受贿所得数额及情节,依照本法第383条的规定处罚。索贿的从重处罚。	定量	绝对确定死刑
6	2011 年	《刑法修正案(八)》	对于审判的时候已满75周岁的贪污贿赂犯罪被告人不适用死刑,除非以特别残忍的手段致人死亡。	对于审判的时候已满75周岁的贿赂犯罪被告人不适用死刑,除非以特别残忍的手段致人死亡。		

续表

序号	时间	名称	贪污罪	受贿罪	罪状模式	刑罚模式
7	2015 年	《刑法修正案（九）》	第 383 条：1. 贪污数额特别巨大，并使国家和人民利益遭受特别重大损失的，处无期徒刑或者死刑，并处没收财产。2. 在提起公诉前如实供述自己罪行、真诚悔罪、积极退赃，避免、减少损害结果的发生，可以从轻处罚。3. 被判处死刑缓期执行的，人民法院根据犯罪情节等情况可以同时决定在其死刑缓期执行 2 年期满依法减为无期徒刑后，终身监禁，不得减刑、假释。	第 386 条：对犯受贿罪的，根据受贿所得数额及情节，依照本法第 383 条的规定处罚。索贿的从重处罚。	概括数额＋其他情节	相对确定死刑
8	2016	两高《关于办理贪污贿赂刑事案件适用法律若干问题的解释》	第 3 条：贪污或者受贿数额在 300 万元以上的，应当认定为刑法第 383 条第 1 款规定的"数额特别巨大"，依法判处 10 年以上有期徒刑、无期徒刑或者死刑，并处罚金或者没收财产。贪污数额在 150 万元以上不满 300 万元，具有本解释第 1 条第 2 款规定的情形之一的，应当认定为刑法第 383 条第 1 款规定的"其他特别严重情节"，依法判处 10 年以上有期徒刑、无期徒刑或者死刑，并处罚金或者没收财产。	第 4 条：贪污、受贿数额特别巨大，犯罪情节特别严重、社会影响特别恶劣、给国家和人民利益造成特别重大损失的，可以判处死刑。符合前款规定的情形，但具有自首，立功，如实供述自己罪行、真诚悔罪、积极退赃，或者避免、减少损害结果的发生等情节，不是必须立即执行的，可以判处死刑缓期 2 年执行。	定量＋定性	

(一) 起步探索期

从表2可见，我国立法对贪污贿赂犯罪的死刑标准是从1952年《惩治贪污条例》开始起步，在逐步探索中直至1979年《刑法》的出台才渐渐形成。1952年的《惩治贪污条例》首次以固定数额的方式设置量刑标准，具有简洁明了、可操作性强的优点，不过同时也存在难以适应后来社会快速发展变化的弊端，其所确立的绝对确定死刑标准具有过于僵化、灵活性欠缺的问题。1979年《刑法》对这些问题做出了回应，转而采用主观化的、定性的立法模式，以"情节特别严重"这种主观性较强的方式设置贪污罪的死刑标准，并采用了相对确定的死刑给予裁判者在无期徒刑和死刑之间选择的余地。然而由于缺乏明确配套的认定"情节特别严重"和适用不同刑种的细则，埋下了司法擅断、罪刑失衡的隐患。值得注意的是，该法对贪污罪和受贿罪分别设置了不同的定罪量刑标准，受贿罪并未配置死刑，最高刑仅为有期徒刑。因而，这种模式为我们进一步思考两罪是否需要统一罪刑标准提供了先例和思路。

(二) 发展稳定期

由于我国20世纪80年代至90年代期间经济形势的巨大转变，经济犯罪大量出现，贪污贿赂犯罪也逐步上升，为有效应对这一情况，我国相继出台了专门针对贪污贿赂犯罪的立法，至1997年《刑法》颁布实施后，贪污贿赂犯罪的死刑标准进入了稳定期。1982年《关于严惩严重破坏经济的罪犯的决定》秉持定性和相对确定死刑的立法模式，但改变了受贿罪单独设置刑罚标准的模式，针对情节特别严重的受贿犯罪适用贪污罪的规定。1988年《关于惩治贪污罪贿赂罪的补充规定》(以下简称《补充规定》)摒弃了定性模式，转变为定量模式，对贪污、受贿罪分别设置了固定犯罪数额的死刑标准，贪污罪采用绝对确定死刑，受贿罪则采用相对确定死刑。1997年《刑法》基本沿袭《补充规定》的立法模式，但统一了贪污罪与受贿罪的死刑适用标准，并将适用死刑的固定数额统一提高到10万元。

1997年《刑法》施行了近20年，其所确立的"定量式"+"绝对确定死刑"的立法模式对司法实践中的量刑产生了深刻的影响，"唯数额中心论"的观念在实践中根深蒂固，裁判者普遍忽视其他情节对于量刑的作用。然而，随着我国社会经济的快速发展，"10万元"这一固化的数额标准与实践中犯罪数额间的差距日益增大；而该法对"情节特别严重"这一数额之外的量刑标准无配套的认定细则，这种概括、抽象式的法律规范显然无法在量刑中给予所有法官明确的、具有可操作性的指示，因而贪污受贿罪的死刑适用出现量刑严重失衡也就在所难免。

(三) 完善升级期

随着我国近年来从严治党和反腐败力度的加大，贪污贿赂犯罪的修改完善也借着刑法修正的契机被提上了日程。2015 年《刑修(九)》针对原《刑法》贪污贿赂罪实施多年来遭遇的各种问题，做出了较大的修改和完善，意在设置一种立法定性+司法定量的立法模式，即"概括数额+其他情节"的二元标准。这与1979 年《刑法》及 1988 年《补充规定》有类似之处，其总体性质上属于定性的罪状模式，区别在于《刑修(九)》着重提升了"其他情节"的地位和作用，使其可以脱离犯罪数额而单独使用。由此，贪污受贿罪的死刑标准修改为"贪污、受贿数额特别巨大，并使国家和人民利益遭受特别重大损失"，并采用相对确定死刑，无期徒刑和死刑是最严重的贪污受贿罪可选择刑种。《刑修(九)》的变化有利于缓解"唯数额中心"的局面，裁判者也拥有了更为广泛的刑罚裁量空间，有利于实现我国控制并限制死刑的刑事政策。

2016 年，"两高"颁布《贪贿犯罪解释》对《刑修(九)》的相关规定进行补充和细化，明确了适用死刑的具体犯罪数额。但是，《贪贿犯罪解释》的相关内容似乎与《刑修(九)》的立法原意有所背离，使《刑修(九)》意在设立的定性模式再次转回到定量的老路上，使其所构建的"数额加情节"的二元化标准并未得到彻底的贯彻。《贪贿犯罪解释》所设置的适用死刑的"300 万元"的数额标准仍然属于定量模式，而"其他情节"的适用首先要受犯罪数额的限制，情节丧失了其原本预期应具有的独立适用性，变成了固定犯罪数额之外的补充性、选择性的适用标准。当犯罪数额达到特别巨大即"300 万元"以上时，贪污受贿罪可以判处死刑，但仅当"其他情节"满足《贪污贿赂解释》中规定的六种或九种情形但数额未达到"300 万元"的标准时，将不能确定是否可以适用死刑。

不同时期的立法模式反映了刑法规制在惩治贪腐犯罪理念和方法上的探索和尝试，伴随着立法在定性与定量、绝对确定与相对确定死刑等方面的选择和取舍；我们对最严重贪腐犯罪的刑法规制思路也必将不断清晰，而当前我们面临的问题也仍然是继续探寻那条最有效、最具威慑力和预防功能的路径。

二、贪污受贿罪死刑适用现状的考察

本文选取了 2015 年至今的 9 个贪污、受贿罪的案例，分别对应死刑立即执行、终身监禁和死缓三种类型的判决。我国终身监禁和死缓不是独立的刑种，死缓只是死刑的一种刑罚执行方式，而终身监禁则是《刑修（九）》专门为贪污受贿罪设置的刑罚执行方式，两者与死刑关联紧密，却又存在"生与死"的天壤之别，三种不同类型的判决是否公平、公正，对于犯罪人而言具有非常重要的意义。本文试图通过对样本案例中三种判决适用标准的分析，来探讨贪污受贿罪的死刑适用现状。

（一）死刑立即执行的适用现状分析

根据《贪污贿赂解释》的规定，判处死刑立即执行要求数额、情节、社会影响以及造成的损失这四个方面的要件，但国家对于四要件是否需要全部齐备并未明确说明①。同时，依据死刑立即执行降格为死缓的条件来分析，可以适用死缓的从宽情节包括两种情形，第一种是自首、立功这两种在《刑法》总则中明确规定的法定从宽情节；第二种是"如实供述罪行、真诚悔罪、积极退赃或者避免、减少损害结果的发生"四种酌定从宽情节（也称"特别宽宥情节"）②。但是，对于法定从宽情节与酌定从宽情节需要全部齐备还是只具备其中一种，或是只具备法定或酌定中的任何一个情节即可适用死缓，都缺少明确的规定。因此，《贪污贿赂解释》的立法空白在理论和司法实践中引发了各种争议。

张某生案是我党自十八大以来唯一因贪腐犯罪被一审判处死刑立即执行的案例，因而是我们研究贪污受贿犯罪死刑标准的重要案例。③ 根据该案一审法

---

① 四要件即《贪污贿赂解释》第 4 条所规定的贪污、受贿数额特别巨大，犯罪情节特别严重、社会影响特别恶劣以及给国家和人民利益造成特别重大损失。

② 可适用死缓的条件参见《贪污贿赂解释》第 4 条，即具有自首，立功，如实供述自己罪行、真诚悔罪、积极退赃，或者避免、减少损害结果的发生等情节。

③ 除张某生之外，原内蒙古自治区政协原副主席赵某平也在 2017 年被判处死刑立即执行，但赵某平判处死刑的罪名是故意杀人罪，其所犯受贿罪被判处 15 年有期徒刑，因而该案不能作为本文分析腐败犯罪死刑标准的案例。

院的答记者问①以及相关专家的解读②可以发现，法院判处张某生死刑立即执行的标准是以《贪污贿赂解释》所确立的"四个要件"全部齐备、缺一不可为基础的，犯罪数额与情节同时对量刑起到了重要的作用。但是，对于该案是否具有适用死缓的法定从宽情节以及特别宽宥情节，法院在答记者问和专家解读中都似乎刻意回避了这一问题。如果把《贪污贿赂解释》所规定的适用死刑的"四个要件"看作量刑中要做的"加法"、把降格适用死缓或终身监禁看成是量刑中要做的"减法"，由于"减法"行为涉及被告人生与死的重大问题，其所具有的非常重要的意义则不言而喻。量刑则理应在对案件中全部的加、减项进行认定之后，在排除没有适用"减法"余地的情况下，才能最后得出适用死刑立即执行的判决，这是不容回避也不能省略的关键环节。所以，张某生案中，法院的死刑立即执行判决是否客观地排除了适用其他刑罚方法的可能值得质疑。

(二) 终身监禁的适用现状

《刑修(九)》首次针对贪污受贿犯罪规定了终身监禁③，但《贪污贿赂解释》对如何"根据犯罪情节等情况"决定适用终身监禁并未做出进一步的明确规定。

终身监禁"不得减刑、假释"的规定意味着被告人要把"牢底坐穿"，因而与可以减刑、假释的死缓相比，它的惩罚性更为严厉，很多人直言这种终身刑比死刑立即执行更让被告人绝望、性质更为严酷。自《刑修(九)》增设终身监

---

① 《临汾中院负责人就张某生案一审宣判答记者问》，https：//www.chinacourt.org/article/detail/2018/03/id/3251035.shtml，2020年8月30日最后访问。

② 周斌、马超：《权威专家解读张某生案一审判决》，载《法制日报》2018年3月28日。张某生被判处死刑立即执行的理由主要包括：1.犯罪数额"特别巨大"。张某生受贿金额为10.4亿元，其中单起犯罪数额在亿元以上的有2起，数额千万元以上的有8起。2.犯罪情节特别严重。具有法定从重处罚的索贿情节，数额高达8868万余元；另有犯罪持续时间长、犯罪次数多、巨额(3.5亿元)赃款尚未退缴等酌定从重情节。3.社会影响特别恶劣。张某生犯罪金额之大、敛财行为之疯狂、持续时间之长且在十八大之后仍然顶风作案，在全国造成了极为恶劣的社会影响。4.给国家和人民利益造成了特别重大的损失。张某生具有利用职权插手煤炭资源整合、煤矿收购兼并、煤矿复产验收、工程承揽等经济领域，为他人在项目审批等事项上提供帮助，长期与不法商人相互勾结，为不法商人及所属企业充当保护伞，严重影响了当地经济的健康发展。

③ 参见《刑法》第383条。

禁后，笔者收集到的被判处终身监禁的包括白某培①、魏某远②、于某义③三个案例，下文则以这三个案例为样本展开分析。

表3 终身监禁案件简况表

一审判决时间	姓名	原职务	罪名	数额（亿元）	从严情节	从宽情节
2016.10	白某培	全国人大环境与资源保护委员会原副主任委员、中共云南省委原书记(省部级)	受贿罪、巨额财产来源不明罪	2.5	受贿数额特别巨大，犯罪情节特别严重，社会影响特别恶劣，给国家和人民利益造成特别重大损失，应当判处死刑	到案后，如实供述自己罪行，主动交代办案机关尚未掌握的大部分受贿犯罪事实；认罪悔罪，赃款赃物已全部追缴
2016.10	魏某远	国家能源局煤炭司原副司长	受贿罪，巨额财产来源不明罪	2.1	受贿数额特别巨大，犯罪情节特别严重，社会影响特别恶劣，给国家和人民利益造成特别重大损失	到案后，如实供述自己罪行，主动交代办案机关尚未掌握的大部分受贿犯罪事实；认罪悔罪，赃款赃物已全部追缴

---

① 央视新闻：《云南省委原书记白恩培受贿、巨额财产来源不明案一审宣判》，https：//weibo.com/ttarticle/p/show? id=2309404028617142196314，2020 年 8 月 30 日最后访问。

② 刘子阳：《国家能源局煤炭司原副司长魏鹏远受贿、巨额财产来源不明案一审宣判》，载《法制日报》2016 年 10 月 17 日。

③ 王巍：《受贿超 3 亿创纪录 龙煤集团分公司副总被判死缓》，https：//news.qq.com/a/20161022/013383.htm，2020 年 8 月 30 日最后访问。

续表

一审判决时间	姓名	原职务	罪名	数额（亿元）	从严情节	从宽情节
2016.10.	于某义	黑龙江龙煤矿业控股集团有限责任公司（简称龙煤集团）物资供应分公司原副总经理（副厅级）	受贿罪	3.06	受贿金额特别巨大，犯罪情节特别严重，社会影响特别恶劣，给国家和人民利益造成特别重大损失	归案后主动交代大部分犯罪事实，检举揭发他人犯罪线索，具有坦白、立功表现，同时基本退缴涉案财物

综合表 3 的内容，被告人被判处终身监禁的主要依据包括：其一，三人犯罪金额均在 2 亿元以上，构成犯罪数额特别巨大。其二，三人均存在利用职务之便，长时期、多频次的贪污受贿行为，致使国家和人民利益遭受了特别重大的损失。其犯罪行为中诸如卖官鬻爵、私商勾结、贱卖国家矿藏资源等犯罪情节的社会影响极其恶劣，也给国家和相关的国有企业造成了特别重大的损失。其三，三个案例都具有若干从宽量刑的情节。从宽情节主要表现为如实供述、认罪悔罪、基本退缴全部涉案财物，以及交代本人尚未查处或检举揭发他人的犯罪线索。

但是，从上述案例的相关资料来看，审理法院并没有明确阐述是依照什么标准适用了终身监禁而放弃适用死缓，没有具体明确的理由告知被告人以及社会公众法院究竟是根据"哪些情节"认定只能适用终身监禁的。上述三个判决除了犯罪数额较其他判处死缓的案件而言特别巨大之外，并没有表明被告人具有较强的人身危险性或社会危险性等不宜再接触社会、必须终身囚禁的特别之处，法院如果判处其死缓也并无明确理由可以质疑判决。法院适用终身监禁缺乏具有说服力的理由和证据，这不得不使判决的公信力打了折扣，也让我们质疑"数额中心论"是否仍然发挥着重要的作用。

（三）死缓的适用现状

死缓并非独立的刑种，只是死刑的一种执行方式，但相较于死刑立即执行来说，被判处死缓是绝大多数犯罪人所期望的结果，因为死缓就意味着向死而生。

表 4 死缓案件①简况表

判决时间	姓名	原职务	判决确定的罪名	主刑	犯罪数额(元)	从严情节	从宽情节
2015年8月(二审判决)	张某业	淄博矿业集团有限责任公司原副总经理	贪污罪、受贿罪	贪污罪死缓;受贿罪15年	贪污2900万;受贿570万	贪污数额特别巨大且拒不认罪,主观恶性较深、社会危害性极大	贪污赃款已全部追回,未给国家造成损失
2015年5月(复核裁定)	王某南	枣庄矿业(集团)有限责任公司总经理、党委副书记、董事	贪污罪、受贿罪	贪污罪死缓;受贿罪11年	贪污3000万;受贿388.9万	犯罪情节特别严重	坦白;犯罪所得均已追缴
2015年3月(复核裁定)	彭某剑	双流县人民法院办公室主任	贪污罪、受贿罪	贪污罪死缓;受贿罪10.6年	贪污3000万;受贿39.2万		如实供述;积极退出大部分赃款;认罪、悔罪态度较好
2017年5月	武某顺	天津市政协副主席、公安局原局长	贪污罪、受贿罪、挪用公款等6罪	贪污罪死刑;受贿罪无期	贪污3.42亿;受贿8440万;挪用1.01亿		如实供述罪行;主动交代了办案机关尚未掌握的部分受贿事实;认罪悔罪;积极退赃;有提供线索得以侦破其他案件的立功表现

① 受中国裁判文书网死刑文书公开的限制,本文能收集到的案例非常有限,表格部分内容来源于公开的网络资料。

续表

判决时间	姓名	原职务	判决确定的罪名	主刑	犯罪数额（元）	从严情节	从宽情节
2016年1月	朱某国	广东省政协主席	受贿罪、巨额财产来源不明罪	受贿罪死缓；巨额罪8年	贪污1.41亿；受贿9104万		认罪悔罪

从表 4 可见，上述死缓案件主要体现出下列特点：其一，贪污或受贿数额均在 3000 万元以上，甚至高达数亿元。其二，量刑中普遍注重从宽情节的适用，适用最常见的情节包括如实供述、认罪悔罪、赃款已追缴或积极退赃等。其三，量刑中不重视对从严情节的考察和认定，显现出宽严失据的问题。其四，判决书对犯罪数额之外的"其他情节"缺少具体且具有说服力的论证，大多以"主观恶性较深""社会危害性极大"概以论之，但被告人的哪个具体犯罪行为表明其具有这种特点并无详细交代。其五，判决书论证的焦点集中在贪污、受贿犯罪行为、方法、时间、地点、手段、工具等证明犯罪客观方面和犯罪主体要件上，普遍忽视对犯罪主观方面要件包括犯罪人的主观故意、犯罪动机、犯罪目的等的阐述和论证。

（四）死刑标准适用现状的综合分析

虽然上述样本案例在数量和涉及范围上都十分有限，且不能全面反映司法实践中贪污受贿罪适用死刑标准的情况，但是"窥一斑而知全豹"，不能否认的是，这些案例的代表性和影响范围是非常广泛的，在某种程度上能够揭示当前我国贪污受贿罪在适用死刑及其相关刑罚方法中存在的一些问题，具体来说：

第一，死刑立即执行并非备而不用。贪污受贿罪的死刑适用为顺应我国"严格限制和减少死刑适用"的政策要求，自十八大以来已经鲜少对贪腐犯罪判处死刑立即执行，因而大多数人普遍认为，贪腐犯罪会走先暂停执行死刑立即执行、然后最终废除死刑的道路。正如有学者认为："立法虽然没有废除，但通过司法减少死刑立即执行的适用，死刑实际上已经成为一个备而不用的刑罚。"①但是，张某生案一审宣判的死刑立即执行判决使这种设想暂时落空了，它无疑给这类最严重的贪腐罪犯敲响了死刑的警钟，这也意味着国家对贪腐犯罪并不会停止适用死刑立即执行，未来废除死刑的道路还将是曲折而又漫长的。纵观张某生案，其原职务并非落马官员中最高的(仅是副厅级)，其受贿行为所造成的社会恶劣影响、给国家和人民造成的损失相较于一些"大老虎"而言，也并非最严重的，究其主要原因，还在于犯罪数额特别巨大，该数额超越了此前大多数案件并且犯罪后巨额赃款尚未被追缴。可见，犯罪数额仍然是死刑量刑中的关键要素。

第二，适用终身监禁和死缓的标准缺乏明确的区分，致使量刑存在较大的模糊性和不确定性。前文已经指出，现行法律依据并未明确区分适用终身监禁和死缓的不同标准，给裁判者留下了较大的自由裁量空间。对比判处终身监禁与判处死缓的样本案例，可以发现，虽然判处终身监禁的三人其犯罪数额均已过亿元，似乎是犯罪数额起到了决定性原因，但若仅就犯罪数额来看，武某顺、朱某国的犯罪数额同样过亿元，却并未判处终身监禁。② 就犯罪客观方面来说，被判处终身监禁三人的原职务、犯罪时间、犯罪手段、犯罪所造成的社会影响、给国家和人民造成的损失等"情节"与判处死缓的一些案件也无特别明显的差异。就犯罪人而言，也没有发现特别论述被判处终身监禁的三人在人身危险性、主观恶性等方面极其严重，具有不能减刑、假释只能终身监禁的突出理由，反而可以看到被判处终身监禁的三人均有"认罪、悔罪"等特别宽宥情节。

第三，《贪污贿赂解释》所设立的数额起点与司法实践中实际适用死刑的犯罪数额之间差距过大。《贪污贿赂解释》将适用死刑的概括数额起点设定为300万元。然而从上述案例来看，所有案件犯罪数额均在千万元以上。2016年以来因贪腐犯罪被判处无期徒刑的案件，其犯罪数额也大多与"300万元"数额

---

① 孙国祥：《受贿罪量刑中的宽严失据问题——基于2010年省部级高官受贿案件的研析》，载《法学》2011年第8期。

② 2016年10月，山西省人大常委会原副主任金某铭受贿数额为1.24亿元被判处无期徒刑；2016年9月，广东省委原常委、广州市委袁书记万某良受贿1.11亿元也被判处无期徒刑。

相距甚远。① 可见，司法解释单纯对犯罪数额起点的提高，依然无法有效解决原《刑法》中因适用死刑犯罪数额的起点过低所导致的"犯罪数额越大，行为人所获得的量刑利益越大"的问题。② 随着现实中屡屡刷出新高的令人触目惊心的贪腐犯罪数额与适用死刑犯罪数额起点的巨大落差，难免会造成社会公众对适用死刑犯罪数额方面的认知困惑，很多人会误以为只有贪污受贿到达数千万元以上才会被判处死刑。正如有人所指出的："数额的不断提高容易释放一种错误的信号，让人们误以为国家对于打击贪腐犯罪的力度在逐渐放松，这与从严惩治贪污腐败犯罪的刑事政策是相悖的。"③

第四，量刑中存在宽严失据的情况。上述案例普遍存在的问题是从宽情节的适用比例明显高于从严情节，体现出司法者在量刑中较为片面地只注重从宽情节的认定和适用，而忽略对从严情节的认定和适用。所有样本案例无一例外地都对从宽情节进行了认定和适用；而对于索贿、累犯等从严、从重情节以及《贪污贿赂解释》所规定的"弹性情节"如犯罪前是否受过党纪、行政处分、是否利用职务之便提拔、调整他人职务的等从严情节，大多数判决书并未给予充分的认定或适用。贪污受贿犯罪这种量刑上的宽松相对其他犯罪行为而言显然是有失公平的。

三、贪污受贿罪死刑适用标准的规范化思考

刑法上的规制是我国治理贪腐犯罪的重要手段，死刑及其相关刑罚执行方法的适用则是其中的焦点，而基于对贪污受贿罪适用死刑及其相关刑罚执行方法适用现状的考察，可以发现我们仍有很多需要进一步完善的空间。据此，本文针对死刑立即执行、死缓、终身监禁三类不同类型的刑罚执行方法，分别提出进一步完善的思路，以期促进量刑的均衡与合理。

---

① 《2016"打虎"盘点：落马大老虎被判无期的最多！》，载《法制晚报》2016 年 12 月 22 日。

② 1997 年《刑法》贪污受贿罪的规定中备受诟病的就是数额达 10 万元以上时，量刑差距逐步缩小，在犯罪数额相差数倍的时候，却仍然只能在同一个量刑幅度内判决。

③ 张奥：《贪污贿赂犯罪数额与情节问题研究》，郑州大学 2018 年硕士学位论文，第 30 页。

(一) 死刑立即执行适用标准的规范化

由表 5 可见,《刑法》中贪污受贿罪适用死刑的要求是数额特别巨大并使国家和人民利益遭受特别重大损失,从文义解释的角度来说,此处的"并"意味着两个条件缺一不可。《刑法》在规定"两要件"同时也可以适用于无期徒刑,但如何选择适用却未设置相应的区分或选择标准,笼统、模糊的刑法规范伴随的问题是自由裁量空间过大,量刑不均衡普遍存在。《贪污贿赂解释》明确将"数额特别巨大"确定为 300 万元以上,将"使国家和人民利益遭受特别重大损失"细化为"犯罪情节特别严重、社会影响特别恶劣、给国家和人民利益造成特别重大损失"三个要素,由此将"两要件"细化为"四要件"。《贪污贿赂解释》列举出了"其他特别严重情节"的具体情形,贪污罪包括贪污救灾款物等六种情形,受贿罪包括多次索贿等八种情形①,使司法认定具有了具体的参考标准,可操作性得到显著增强。

表 5 贪污受贿罪法定刑适用要件对比表

法律依据	法定刑(主刑)	适用要件			具体标准
《刑法》第 383 条②、第 386 条	10 年以上有期徒刑或者无期徒刑	数额特别巨大			
		其他特别严重情节			
	无期徒刑或者死刑	数额特别巨大	并使国家和人民利益遭受特别重大损失		

① 参见《贪污贿赂解释》第 1 条。

② 参见《刑法》第 383 条:"对犯贪污罪的,根据情节轻重,分别依照下列规定处罚:(一)贪污数额较大或者有其他较重情节的,处三年以下有期徒刑或者拘役,并处罚金。(二)贪污数额巨大或者有其他严重情节的,处三年以上十年以下有期徒刑,并处罚金或者没收财产。(三)贪污数额特别巨大或者有其他特别严重情节的,处十年以上有期徒刑或者无期徒刑,并处罚金或者没收财产;数额特别巨大,并使国家和人民利益遭受特别重大损失的,处无期徒刑或者死刑,并处没收财产。"

续表

法律依据	法定刑（主刑）	适用要件					具体标准	
《贪污贿赂解释》第4条①	死刑	数额特别巨大	犯罪情节特别严重	社会影响特别恶劣	给国家和人民利益造成特别重大损失	300万元以上②	150万~300万元+贪污6种情节、受贿8种情节③

但是，《贪污贿赂解释》仍然存在着一些需要完善的问题。例如，《贪污贿赂解释》规定，数额在150万元以上不满300万元并具有"其他特别严重情节"的，可以判处10年以上有期徒刑、无期徒刑或者死刑④。显然，该条与《刑法》中"贪污数额特别巨大或者有其他特别严重情节的，处10年以上有期徒刑

① 参见《贪污贿赂解释》第4条："贪污、受贿数额特别巨大，犯罪情节特别严重、社会影响特别恶劣、给国家和人民利益造成特别重大损失的，可以判处死刑。符合前款规定的情形，但具有自首，立功，如实供述自己罪行、真诚悔罪、积极退赃，或者避免、减少损害结果的发生等情节，不是必须立即执行的，可以判处死刑缓期二年执行。符合第一款规定情形的，根据犯罪情节等情况可以判处死刑缓期二年执行，同时裁判决定在其死刑缓期执行二年期满依法减为无期徒刑后，终身监禁，不得减刑、假释。"

② 参见《贪污贿赂解释》第3条："贪污或者受贿数额在三百万元以上的，应当认定为刑法第三百八十三条第一款规定的'数额特别巨大'，依法判处十年以上有期徒刑、无期徒刑或者死刑，并处罚金或者没收财产。贪污数额在一百五十万元以上不满三百万元，具有本解释第一条第二款规定的情形之一的，应当认定为刑法第三百八十三条第一款规定的'其他特别严重情节'，依法判处十年以上有期徒刑、无期徒刑或者死刑，并处罚金或者没收财产。受贿数额在一百五十万元以上不满三百万元，具有本解释第一条第三款规定的情形之一的，应当认定为刑法第三百八十三条第一款规定的'其他特别严重情节'，依法判处十年以上有期徒刑、无期徒刑或者死刑，并处罚金或者没收财产。"

③ 贪污罪的6种情节为：(1)贪污救灾、抢险、防汛、优抚、扶贫、移民、救济、防疫、社会捐助等特定款物的。此条为贪污罪特有。(2)曾因贪污、受贿、挪用公款受过党纪、行政处分的。(3)曾因故意犯罪受过刑事追究的。(4)赃款赃物用于非法活动的。(5)拒不交待赃款赃物去向或者拒不配合追缴工作，致使无法追缴的。(6)造成恶劣影响或者其他严重后果的。受贿罪的8种情节除上述后5种情节外，还包括：(1)多次索贿的。(2)为他人谋取不正当利益，致使公共财产、国家和人民利益遭受损失的。(3)为他人谋取职务提拔、调整的。

④ 参见《贪污贿赂解释》第3条。

或者无期徒刑"的规定在法定刑的范围上存在明显的差异，在这种情况下适用死刑，必然与适用死刑的数额即"300万以上"存在冲突。而解释者的意思似乎是将此处"150万~300万元"的数额视为"其他情节特别严重"的一个情形，使其可以适用死刑，突破适用死刑300万元的标准。然而，当出现这种数额未达到死刑适用标准的情况时，是否可以突破标准适用死刑，如何具体适用，解释都没有明确说明。因此，有必要继续完善现有法律规范，以确保死刑及其相关的死缓、终身监禁等在量刑上的公正与均衡。具体而言，本文认为有以下方面需要完善：

第一，区分贪污罪和受贿罪的死刑标准。在立法变迁中，贪污罪与受贿罪曾经是分别设置罪刑标准的，这表明两罪虽然都是腐败犯罪，但在本质上还是有所差异的，而忽视其差异对其适用相同的罪刑标准并不尽合理。"贪污犯罪主要是侵犯财产的犯罪（不属于对国家法益的犯罪），贿赂犯罪则是侵害职务行为的不可收买性的犯罪（属于对国家法益的犯罪），切不可将贿赂犯罪作为财产犯罪理解和认定。"①由于贪污罪的社会危害性主要在于行为人对公共财产的侵犯，罪刑标准更应关注行为人的犯罪数额和犯罪行为造成的实际损失；而受贿罪的实质则主要在于行为人侵害了职务的廉洁性，其罪刑标准的重点不应在于犯罪数额，而应更注重考察行为人的具体犯罪行为和犯罪情节。"对犯受贿罪的人适用刑罚，应当重点考虑的，不是受贿的数额，而是受贿行为对社会的危害程度，即受贿人是在什么情况下收受贿赂的，是长期多次收受贿赂还是偶然收受贿赂的，收受贿赂之后，是如何为他人谋取利益的，有没有违背职务要求的行为等。"②所以，有必要区分贪污罪和受贿罪的死刑标准，贪污罪的死刑标准围绕犯罪数额和犯罪导致的损失进行设置，而受贿罪的死刑标准则主要围绕犯罪行为、手段、情节等设置，降低犯罪数额对定罪量刑的影响力度。

由表6可见，近年来贿赂案的数量总体而言一直高于贪污案，且贿赂案中的大案、要案的比例也高于贪污案。所以，从提高诉讼效率、节约司法资源的角度考虑，也有必要区分贪污罪和贿赂犯罪，适当向贿赂犯罪倾斜更多的司法资源，集中有限的司法资源查办贿赂犯罪案件当中的大案、要案，这样有助于从整体上提高惩治腐败犯罪的效果。

---

① 张明楷：《刑法学》，法律出版社2016年版，第1181页。
② 张智辉：《论贿赂犯罪的刑罚适用》，载《中国刑事法杂志》2018年第4期。

表6　　　　　　　　检察机关立案侦查职务犯罪案件统计表①

时间(年)	案件类别	受案(件)	立案		其中	
			件数	人数	大案(件)	要案(件)
2014	贪污案	18519	9424	15546	7076	439
	贿赂案	26166	19523	21889	17270	2814
2015	贪污案	21475	9596	15820	7308	579
	贿赂案	31445	19402	21427	17453	3145
2016	贪污案	18222	8374	13729		418
	贿赂案	26832	15967	17847		2178

第二，区分适用死刑立即执行与其他刑罚方法以及刑种所对应的犯罪数额标准。犯罪数额由于直观性、客观性和适用上的简便性等突出特点，在贪污受贿罪的量刑中一直是一个非常重要的用于衡量犯罪性质轻重的要素，在实践中其也普遍比其他要素更受司法者的重视。但是《贪污贿赂解释》中统一要求"数额特别巨大"的规定，② 没有明确区别适用死刑与无期徒刑所对应的数额标准，使得犯罪数额这一原本应当最具客观性的要素也变得模糊和不确定。犹如均码号的衣服虽然绝大多数人都可以穿，但显然并不是每个人都会穿得既合身又舒服。因此，为贪污受贿罪适用的不同刑种以及死缓、终身监禁和死刑立即执行设置逐级递增、互相衔接、相互独立的犯罪数额标准非常必要，明晰不同刑罚所对应的层次分明的犯罪数额标准，是贯彻罪责刑相适应原则的需要，更是正确适用死刑立即执行与死缓、终身监禁的需要。

第三，区分适用死刑与其他刑罚及其刑罚执行方法的犯罪情节。在立法变迁中我们可以发现，以"犯罪数额为主、辅之以情节的方法"③的罪状模式导

① 表中数据来自《中国法律年鉴》。其中，受案是指本年新受理的案件；立案是指人民检察院对受理的案件进行初步调查后，认为存在职务犯罪事实，应当追究刑事责任，并决定作为刑事案件进行侦查的诉讼活动，是追究犯罪的开始；大案是指贪污贿赂数额在5万元以上；要案是指县处级以上干部犯罪案件。

② 参见《贪污贿赂解释》第3条："贪污或者受贿数额在三百万元以上的，应当认定为刑法第三百八十三条第一款规定的'数额特别巨大'，依法判处十年以上有期徒刑、无期徒刑或者死刑，并处罚金或者没收财产。"

③ 陈兴良：《贪污贿赂犯罪司法解释：刑法教义学的阐释》，载《法学》2016年第5期。

致了司法实践中"唯数额中心论"的根深蒂固，所以，应当坚决贯彻《刑修（九）》所确立的"数额+情节"二元化模式，降低犯罪数额的决定性作用，充分重视情节在量刑中的作用，使犯罪情节与犯罪数额具有同等的地位，成为定罪量刑的并列要件之一。《贪污贿赂解释》对严重程度依次升高的三种情节"较重情节、严重情节、特别严重情节"适用的是完全相同的情形，即贪污罪的六种情节和受贿罪的八种情节，唯一的区别是以不同的犯罪数额来区分程度的不同，而这种模式显然既不科学、也不合理。应根据犯罪情节严重性程度的不同，细化"较重、严重、特别严重情节"的具体内容，为适用不同的刑罚提供相应的量刑依据。以适用死刑所对应的"特别严重情节"为例，建议增设能认定其情节特别严重的具体要素，例如原任职务为省部级以上，社会身份为党员、人大代表或政协委员等，犯罪时间，犯罪次数、手段，社会影响范围，给国家和人民造成损失的范围或后果，行为人的主观恶性、人身危险性以及犯罪动机、目的等，只有具体量刑情节的具体和详尽才能为判决提供更具有说服力和公信力的支撑。

（二）死缓适用标准的规范化

由表7可见，《刑修（九）》与《贪污贿赂解释》对适用死刑的从宽量刑情节在适用时是否需要全部齐备没有明确说明，从文义解释来说，《刑修（九）》对"如实供述自己罪行、真诚悔罪、积极退赃"与"避免、减少损害结果的发生"之间使用了逗号，应当是将这两类情节视为并列情节，其中前者之间用的是顿号，三种情形为一个从宽情节中的三个小要素，应同时具备才构成一个完整的从宽情节。同样，从文义解释的角度分析《贪污贿赂解释》，"自首""立功""如实供述自己罪行、真诚悔罪、积极退赃""避免、减少损害结果的发生"四种情形之间使用了顿号，应属于并列的从宽情节，可以择一适用。

从对比表中可以发现，《贪污贿赂解释》中适用死缓的标准存在的问题主要包括：其一，《贪污贿赂解释》对从宽情节的细化突破了《刑法》总则的约束。《贪污贿赂解释》的从宽力度明显大于《刑法》第67条对自首从宽处罚的规定①，只要有如实供述或者避免、减少损害结果发生中的一种情形，就可认为

---

① 根据《刑法》第67条的规定，犯罪分子有自首情节的，可以从轻或减轻处罚，其中对于犯罪情节比较轻的可以免除处罚；如果犯罪分子没有自首情节，但是在到案后可以如实供述自己所犯罪行的可以从轻处罚，如果如实供述同时避免严重结果发生的才可以减轻处罚。

表7 贪污受贿罪死刑及相关刑罚量刑情节对比表

法律依据	法定刑（主刑）	要 件				从宽情节	从重情节
《刑法》第383条、第386条	无期徒刑或者死刑	数额特别巨大	并使国家和人民利益遭受特别重大损失			在提起公诉前如实供述自己罪行、真诚悔罪、积极退赃，避免、减少损害结果的发生，可以从轻处罚	索贿、累犯
《贪污贿赂解释》第4条	死刑	数额特别巨大	犯罪情节特别严重	社会影响特别恶劣	给国家和人民利益造成特别重大损失		
	死缓					自首	
						立功	
						如实供述自己罪行、真诚悔罪、积极退赃	
						避免、减少损害结果的发生	
	终身监禁						根据犯罪情节等

具有从宽情节。作为司法解释，《贪污贿赂解释》应受《刑法》的约束，这种突破性的解释造成了贪污贿赂犯罪与其他犯罪在量刑标准中的不统一，也有违刑法的公平原则。其二，自首与如实供述自己罪行的重复评价。《刑法》当中的普通自首和准自首都已经包含了"如实供述自己罪行"的意思①，而《贪污贿赂解释》将自首与如实供述作为并列的从宽情节，具有对同一事实重复评价的可

---

① 普通自首是指犯罪后自动投案，向公安、司法机关或其他有关机关如实供述自己的罪行的行为。准自首是指行为人被采取强制措施或正在服刑的罪犯的自首，它仅指"如实供述"。

能。其三，特别宽宥条款还有待细化。《贪污贿赂解释》中特别宽宥条款的各个情节的认定还缺乏具体的内容，造成实践中很多判决对于从宽情节的认定严重不规范、不统一的问题。例如，法院究竟是怎样判断行为人已经真诚悔罪？是靠犯罪人本人的口头阐述还是实际行动认定的？案件中的退赃行为是行为人本人所为还是家属代为？犯罪人到底避免或减少了多少损害结果的发生？大多数判决并未对这些从宽情节做详尽的认定和阐释，笼统、模糊的叙述是最常见的模式，这无疑使其说服力和可信度遭受质疑。

因此，特别宽宥条款的进一步规范应着眼于：第一，明确四种情节相互之间的选择适用关系。明确自首、立功、悔罪并退赃(鉴于自首与如实供述可能存在的重复评价问题，建议删除如实供述)、避免或减少损害结果的发生四种情节具备其一即可适用特别从宽条款，从死刑立即执行降格为死缓。第二，删去如实供述自己的罪行，避免情节的重复评价。第三，明确从宽情节的具体内容。不同的从宽情节其性质互有差异，只有明确其具体内涵，才有助于准确认定。例如，"真诚悔罪"属于主观情节，法官应注重考察的是行为人所表达的或实施的能够体现其内心真实悔罪的语言或行动，不能仅凭悔罪书或行为人简单的表示悔过的态度就认定该情节的成立；而"退赃"、避免或减少损害"则属于客观性情节，应当进行限制性解释，例如明确规定行为人退赃或止损的具体数额或比例，只有当数额达到要求后才能认定该情节的成立。

(三)终身监禁适用标准的规范化

终身监禁是刑法针对情节特别严重的贪污、受贿罪所设置的特殊刑罚方法，并非一个独立的刑种。正如有学者指出，"《刑法修正案(九)》对终身监禁型死缓的引入，提升了死缓制度的层次性。死缓制度的内部由此呈现出从普通死缓过渡到限制减刑的死缓再到终身监禁型死缓的轻重程度不同的衔接。而由于限制减刑的死缓不能够适用于贪污受贿犯罪，所以，就贪污受贿犯罪的死刑适用阶梯而言，则呈现出从普通死缓到终身监禁型死缓再到死刑立即执行的轻重程度不同的衔接"。[①]

---

① 王志祥：《终身监禁制度的法律定位与溯及力》，载《吉林大学社会科学学报》2018年第2期。

《刑法》对终身监禁的规定极其简单，裁判者并没有一个具体的、具有可操作性的标准来适用，实践中的几则案例完全可以说是"摸着石头过河"式的操作，而这对于司法裁判来说是非常不可取的模式。因为终身监禁不仅意味着被告人的终身囚禁，也意味着国家巨大的司法资源的耗费，所以是否适用终身监禁必须十分谨慎。

本文认为，应当通过最高人民法院的司法解释明确终身监禁的适用条件，以促进终身监禁适用的公平、公正，进而在整体上促使贪污、受贿犯罪的死刑及相关刑罚方法的适用标准呈现出清晰的层次性和阶梯状，真正地发挥不同刑罚方法所预期的功效。有学者指出，"应当适用于不符合判处死刑立即执行的条件、判处普通死缓又不能体现罪责刑相适应原则的犯有重特大贪污受贿罪的犯罪分子"。① 本文赞同这一观点，适用终身监禁应着眼于犯罪人具有极其严重的主观恶性和人身危险性这两个要素方面。就主观恶性而言，它是体现犯罪人对其行为性质和影响等所持的心理态度，是支配其之所以实施犯罪行为的内在动因，主观恶性极其严重且拒不悔罪、认罪的犯罪人，才有必要终身监禁。主观恶性的认定应结合犯罪事实、犯罪后的表现等方面进行综合判断，包括犯罪实施中犯罪的时间、次数及手段等，如是否长期、多次索贿、是否威胁或利诱行贿人等；犯罪后的态度和表现，如是否拒不交代赃款去向、是否认罪等；犯罪前行为人的一贯表现及品行，如是否属于累犯、是否具有前科、是否长期预谋犯罪等进行综合认定。就人身危险性而言，它是体现犯罪人具有再次犯罪可能性强弱的情况，这可以从犯罪行为的严重性及其程度、犯罪原因、犯罪人在犯罪后的表现、犯罪人的一贯表现等方面进行分析。当犯罪人犯有数罪、具有利用贪腐犯罪的违法所得从事其他严重违法犯罪行为等情况时，都表明其人身危险性高于其他的罪犯。以赵某平案为例，赵某平在贪腐犯罪之外还犯有故意杀人，非法持有枪支、弹药，非法储存爆炸物等其他严重的违法犯罪行为，而故意杀人、持枪犯罪等行径就明确表明赵某平具有极其严重的人身危险性和主观恶性。所以，以犯罪人同时具有极其严重的主观恶性和人身危险性为标准适用终身监禁，更有助于发挥终身监禁作为终身刑的刑罚效果和价值。

---

① 王志祥：《终身监禁制度的法律定位与溯及力》，载《吉林大学社会科学学报》2018年第2期。

附：同行评阅反馈*

"少杀慎杀"是中国当下在死刑方面的重要刑事政策，逐步从立法上减少死刑罪名是落实这一政策的重要方式，而对于暂时还没有取消死刑的罪名来说，通过立法不断限缩死刑的适用范围就成为至关重要的努力方向。

贪污受贿罪虽然在立法上还保留有死刑，但近年来无论立法还是司法都朝着限制死刑的方向发展。不过，我国对贪污受贿罪适用死刑的标准仍然存在适用条件缺乏针对性、内容过于笼统、死刑立即执行与死刑缓期执行及终身监禁之间的界限不明等问题，这使得法官因缺乏坚实的制度支撑而有可能在面对某些案件时导致其难以坚持严格控制死刑适用的立场。

本文从探讨我国贪污受贿罪死刑标准的立法变迁切入，通过典型案例分析对《刑法修正案(九)》施行后贪污受贿罪案件中死刑的适用情况进行了归纳和总结，提出了进一步完善贪污受贿罪死刑适用标准的一些有益构想。无论是立法变迁的梳理，还是最新司法适用的跟踪，以及对贪污受贿罪死刑适用标准的完善建议，都有学术价值。一篇论文能同时在这几个方面有所贡献，可以说写作是比较成功的。

---

* 评阅人：刘仁文，中国社会科学院法学研究所研究员、博士生导师、刑法研究室主任。

故意杀人罪死刑裁量的规律探寻

——基于最高人民法院死刑复核案例的研究

范天梦 *

摘要： 目前中国死刑政策是保留死刑，即不废除死刑，但应严格控制和慎用死刑，逐步减少死刑。故意杀人罪的死刑控制与限制无疑对刑罚轻缓化与中国人权保障具有重要促进作用。本文借助最新的相关典型案例，探讨了司法审判实践中故意杀人罪死刑裁量的规律，以增强死刑的均衡适用，为进一步贯彻发扬宽严相济刑事政策指导奠定基础。践行宽严相济刑事政策，尤其是在死刑适用中，对罪行极其严重的犯罪分子，也要平等落实"从宽"原则，然而目前司法审判实践对政策把握还有不足，故意杀人罪中"从宽"情节的裁量实践与政策精神还有差距。

关键词： 故意杀人罪　死刑裁量规律　宽严相济刑事政策

作为自然犯，故意杀人罪是刑法中最严重的罪行之一，受"杀人偿命"传统观念的影响，其在死刑适用中也占有相当重要的地位。在当今全面推进依法治国、全面深化改革以及践行宽严相济的刑事政策的背景下，探寻故意杀人罪死刑裁量的规律是非常必要的，以期最大限度地限制死刑适用，推进人权保障以及刑罚轻缓化的国际发展进程。本文拟对最高人民法院发布的刑事复核案例进行研究，以探寻故意杀人罪在实践中的死刑适用规律，以最大限度增强故意杀人案件死刑裁量的可预测性。

《刑法修正案(九)》将《刑法》第 50 条第 1 款修改为："判处死刑缓期执行的，在死刑缓期执行期间，如果没有故意犯罪，二年期满以后，减为无期徒刑；如果确有重大立功表现，二年期满以后，减为二十五年有期徒刑；如果故意犯罪，情节恶劣的，报请最高人民法院核准后执行死刑；对于故意犯罪未执

---

* 范天梦，法学硕士，青岛市崂山区人民法院法官助理。

行死刑的,死刑缓期执行的期间重新计算,并报最高人民法院备案。"据此规定,尽管在我国《刑法》中死刑立即执行与死刑缓期执行都属死刑刑种,然在司法实践中,死刑缓期执行除因故意犯罪情节恶劣需报请最高人民法院核准执行死刑立即执行以外,死刑最终都会易科为无期徒刑甚至是有期徒刑,而上述例外情况则属于下一个故意犯罪所讨论的定罪量刑范畴,故本文将死刑与死刑缓期执行分开讨论,暂将死刑缓期执行归于非死范畴。

一、故意杀人罪的死刑复核案例素材

本文运用的案例均为2017年最高人民法院发布的刑事复核案例,笔者挑选了比较典型的10例,详情如下:

(一)李某成故意杀人案(杀2人,自首)

案情简述:被告人与其前妻因复婚、孩子的抚养探视问题多次发生争吵。后被告人再次因探视权问题与前妻罗某和罗某的妹妹发生争吵撕扯,被告人持刀先后朝两人胸腹部、背部、面部等处连刺数下,致二人心脏破裂急性大出血死亡。李某成逃离现场,后到公安机关投案。

宁夏回族自治区固原市中级人民法院认为:被告人持刀在公共场所捅刺前妻及欲阻止其的妻妹要害部位数下,致二人死亡,犯罪手段特别残忍,情节特别恶劣,后果和罪行极其严重,应依法惩处。虽然李某成犯罪以后自动投案,如实供述自己的罪行,系自首,但是依法不足以对其从轻处罚。

判决结果:死刑立即执行。

(二)林某故意杀人、盗窃案(杀1人,累犯)

案情简述:被告人林某与被害人罗某乃婚外情关系,其间,林某向罗某借钱未还,罗某多次向林某讨要未果。后二人再次因钱款问题发生争执,争执中,被告人林某捂堵罗某的口部,并卡扼罗某的颈部,致其机械性窒息死亡。而后,林某窃取罗某的金项链、金耳环、金手链(价值共计4996.98元)及白色苹果4s手机、现金120元后逃离现场。

浙江省杭州市中级人民法院认为:林某因被害人向其催讨欠款发生争执,将被害人杀害,后又窃取被害人财物,犯罪情节恶劣,手段残忍,罪行极其严重,应依法惩处。林某曾因犯罪被判处刑罚,在刑罚执行完毕之后又犯罪,主观恶性深,人身危险性大。对于林某所犯数罪,应依法并罚。

判决结果：死刑立即执行。

(三) 王某故意杀人、盗窃案(杀 1 人, 预谋杀人, 毁尸灭迹)

案情简述：王某因工作不顺心而迁怒于同事刘某, 图谋报复。某日王某购买了铁锹、榔头等作案工具, 并在一山坡上挖坑意欲掩埋尸体。次日, 王某持榔头朝熟睡中的刘某头部猛砸数下, 双脚踩压横在刘某后颈部的榔头柄, 致刘某因颅脑损伤合并机械性窒息死亡。事后王某用刘某的手机给自己和他人拨打电话、发送短信息, 制造刘某外出的假象后, 其又用编织袋裹住尸体头部, 用绳子捆绑尸体, 将尸体及刘某的被褥等生活用品放入汽车后备箱, 拿走尸体上的现金 4400 元及手表(价值 10782. 50 元)后将尸体及生活用品连同作案工具等抛入蓄水池旁的坑中掩埋。在返途中, 抛弃手表于河中, 雇铲车填平掩埋尸体的土坑时, 王某又将刘某的手机砸坏一并填埋。

新疆维吾尔自治区巴音郭楞蒙古自治州中级人民法院认为：王某不能正确处理同事之间的矛盾, 为泄愤蓄意杀人, 致人死亡后埋尸灭迹, 犯罪手段残忍, 犯罪情节特别严重, 罪行极其严重, 应依法严惩。对其所犯盗窃罪, 亦应依法惩处。

判决结果：死刑立即执行。

(四) 艾合买提·沙某西故意杀人案(杀 1 人, 手段残忍)

案情简述：被告人艾合买提·沙某西酒后来到徐某家, 二人发生争执。厮打过程中, 艾合买提·沙某西拿凳子、石头等击打徐某的头部, 用簸箕手柄戳徐某的双眼, 又持水果刀切割其颈部, 致徐某颈部动静脉及气管离断、急性失血性休克死亡。艾合买提·沙某西被当场抓获。

最高人民法院认为：被告人艾合买提·沙某西使用刀子切割他人颈部, 故意非法剥夺他人生命, 其行为已构成故意杀人罪。艾合买提·沙某西滥杀无辜, 犯罪手段残忍, 罪行极其严重, 应依法惩处;核准新疆维吾尔自治区高级人民法院维持第一审判决。

判决结果：死刑立即执行。

(五) 黄某明故意杀人案(杀 1 人, 偶犯)

案情简述：被告人黄某明与被害人邱某因生意往来熟识后, 二人关系密切。某日, 二人在被告家中发生纠纷, 黄某明持一玻璃烟灰缸数次猛击邱某的头部, 后又用双手卡压邱某的颈部致其死亡。后黄某明用枕巾擦拭作案现场痕迹并用该枕巾包裹好带血手套逃离现场。次日黄某明到某地将带血的手套和作案时所穿衣物进行了焚烧。

四川省自贡市中级人民法院认为：被告人黄某明的行为，构成故意杀人罪，且犯罪情节恶劣，应予严惩。本案黄某明虽是激情杀人，且认罪态度好，是初犯，但其杀害邱某的情节恶劣，不足以从轻处罚。

判决结果：死刑缓期执行，并限制减刑。

(六)褚某宝故意杀人案(杀1人，偶犯，自首)

案情简述：被告人褚某宝在其家中因琐事与被害人张某发生争吵，遂掐住张某的颈部，直至张某死亡。次日上午，褚某宝向所住社区有关负责人投案，并向侦查机关如实供述了犯罪事实。经鉴定，张某系遭扼颈致机械性窒息而死亡。

江苏省南京市中级人民法院(一审)认为被告人褚某宝故意掐扼被害人颈部，致人死亡，其行为已经构成故意杀人罪。被告人褚某宝主动投案后并如实供述犯罪事实，系自首，依法可以从轻或者减轻处罚。江苏省高级人民法院(二审)维持原判。

判决结果：无期徒刑。

(七)欧某雷等故意杀人案(累犯，被告与被害人家属达成和解)

案情简述：被害人程某甲与被告欧某雷的女友张某在麻将馆发生争执，被害人打了张某一耳光，张某遂打电话叫来男友欧某雷，被告人与被害人争执中欧某雷持剪刀连续捅刺程某甲，随后逃离。程某甲经送医院救治无效死亡。经鉴定，被害人程某甲系被锐器作用致多脏器破裂，最终因失血性休克而死亡。

福建省龙岩市中级人民法院(一审)认为：被告人欧某雷持剪刀连续捅刺被害人程某甲致其死亡，其行为已构成故意杀人罪，判处死刑。

福建省高级人民法院(二审)认为：上诉人欧某雷持剪刀连续捅刺被害人颈部、胸腹部及腰背部等处，在被害人倒地后还用脚踢其头部，作案手段特别残忍，情节恶劣，后果严重，罪行极其严重。欧某雷曾因犯故意伤害罪致人重伤、死亡被判处重刑，刑满释放仅两年多又实施故意杀人犯罪，主观恶性深，人身危险性极大，本应予以严惩。鉴于其归案后认罪态度好，具有坦白情节，二审期间，其亲属积极代为赔偿被害方经济损失，取得被害方亲属的谅解，对上诉人欧某雷判处死刑，可不立即执行，但根据其犯罪情节等情况，应限制减刑。

判决结果：死刑缓期执行，限制减刑。

(八)郭某军故意杀人案(间接故意，被害人过错)

案情简述：被告人郭某军发现其妻李某3与李某1发生婚外性行为后，即生报复李某1之念。同年次月，郭某军用李某3的手机卡给李某1发短信将其骗至会理县城关镇绿地广场，乘其不备，用木棒连续猛击李某1头部致其倒地后，逃离现场。次日，李某1经抢救无效死亡。

四川省凉山彝族自治州中级人民法院(一审)认为：被告人郭某军犯故意杀人罪，判处无期徒刑，剥夺政治权利终身。

四川省高级人民法院(二审)认为：郭某军用粗木棒连续猛击被害人李某1的头部等要害部位，且致被害人倒地后没有施救行为，对死亡后果持放任态度，虽属间接故意，仍符合故意杀人罪的构成要件，该上诉理由不能成立。关于郭某军上诉提出的被害人在案发起因上有过错的理由，原判决已予认定并在量刑中予以考量，其据此提出原判量刑过重并要求从轻处罚的理由不能成立；郭某军虽有赔偿被害人亲属经济损失的意愿但无实际行动，不能成为酌定从轻处罚的理由。驳回上诉，维持原判。

判决结果：无期徒刑。

(九)刘某故意杀人案(婚姻纠纷，犯罪未遂，自首)

案情简述：被告人刘某与被害人陈某协议离婚后多次找陈某复婚遭拒，遂生杀死陈某并自杀之念。某日，刘某携带钢筋棍翻窗进入陈某租住房内，再次要求复婚遭拒，便持钢筋棍在陈某腹部捅刺数下，陈某同宿舍同事周某欲劝阻，被刘某打伤离开房间。刘某持钢筋棍在陈某腹部、颈部捅刺数下，又拿一圆凳击打其头部，手掐、脚踩其颈部后，将陈某从三楼阳台扔下，恐陈某未死，又持铁锤在陈某头部击打后离开现场。陈某被送往医院经抢救后脱险。经鉴定，陈某损伤程度属重伤二级，周某为轻微伤。案发后刘某到公安机关投案。

陕西省商洛市中级人民法院认为：被告人刘某离婚后因请求复婚遭拒，持械剥夺他人生命，致人重伤，其行为构成故意杀人罪。犯罪手段残忍，情节恶劣，后果严重，主观恶性、社会危害性大，依法应予惩处。系犯罪未遂，有自首情节，依法可从轻处罚。

判决结果：死刑缓期执行。

(十) 于某故意伤害案(防卫过当, 被害人过错, 社会舆论)

案情简述: 被告人于某与其母苏某因商业贷款被长期催债, 某日赵某以欠款未还清为由纠集郭某、程某、严某等十余人先后到其公司催款, 杜某等人在公司天台上烧烤饮酒随后多人来到于某母子公司一楼接待室并对二人有侮辱言行。派出所民警接警后到达接待室, 询问情况后到院内进一步了解情况, 于某欲离开接待室被阻止, 并与杜某、郭某、程某、严某等人发生冲突, 于某持尖刀将杜某、程某、严某、郭某捅伤, 处警民警闻讯后返回接待室, 令于某交出尖刀, 将其控制。杜某、严某、郭某、程某被送往医院抢救。杜某因失血性休克于次日 2 时许死亡, 严某、郭某伤情构成重伤二级, 程某伤情构成轻伤二级。

山东省聊城市中级人民法院(一审)认为: 被告人于某面对众多讨债人的长时间纠缠, 不能正确处理冲突, 持尖刀捅刺多人, 致一人死亡、二人重伤、一人轻伤, 其行为构成故意伤害罪。于某捅刺被害人不存在正当防卫意义上的不法侵害前提, 其所犯故意伤害罪后果严重, 应当承担与其犯罪危害后果相当的法律责任。鉴于本案系由被害人一方纠集多人, 采取影响企业正常经营秩序、限制他人人身自由、侮辱谩骂他人等不当方式讨债引发, 被害人具有过错, 且于某归案后能如实供述自己的罪行, 可从轻处罚。依法以故意伤害罪判处被告人于某无期徒刑, 剥夺政治权利终身。

山东省高级人民法院(二审)认为, 上诉人于某持刀捅刺杜某等四人, 属于制止正在进行的不法侵害, 其行为具有防卫性质; 其防卫行为造成一人死亡、二人重伤、一人轻伤的严重后果, 明显超过必要限度造成重大损害, 构成故意伤害罪, 依法应负刑事责任。鉴于于某的行为属于防卫过当, 于某归案后能够如实供述主要罪行, 且被害方有以恶劣手段侮辱于某之母的严重过错等情节, 因此对于某依法应当减轻处罚。原判认定于某犯故意伤害罪正确, 审判程序合法, 但认定事实不全面, 部分刑事判项适用法律错误, 量刑过重, 依法应予改判。

判决结果: 有期徒刑五年。

二、故意杀人案例的死刑司法实践规律探寻

我国《刑法》关于数罪并罚的规定是对行为人所犯数罪分别定罪量刑后再进行并罚, 故而我们在此仅就故意杀人罪进行讨论分析, 而不涉及同一案件中

行为人所犯其他罪行，此为研究前提。

同时，刑法规定了死刑只适用于罪行极其严重的犯罪分子。所谓罪行极其严重，可以理解为犯罪性质极其严重、犯罪情节极其严重、犯罪后果极其严重以及犯罪分子人身危险性、行为的社会危害性极大等因素的有机统一。首先，故意杀人罪属于犯罪性质极其严重的罪行，刑法规定了故意杀人罪处死刑、无期徒刑或者10年以上有期徒刑；情节较轻的，处3年以上10年以下有期徒刑。既在故意杀人罪的语境下讨论死刑，已然满足了犯罪性质极其严重的死刑标准，在接下来的案例中不再赘述。其次，根据最高人民法院《在审理故意杀人、伤害及黑社会性质组织犯罪案件中切实贯彻宽严相济刑事政策》的相关解释，故意杀人造成1人死亡的为后果严重，造成2人以上死亡的为后果特别严重。故而基于犯罪行为的客观危害结果，故意杀人造成的死亡人数和结果可谓是死刑裁量的最重要的因素。另外，死刑只适用于最严重犯罪的最严重情节，故而犯罪情节在故意杀人罪中亦是死刑裁量的重要因素之一。再则，犯罪分子的人身危险性通常体现在其是否再犯以及一贯是否表现良好、犯罪后的态度是否真诚悔罪、积极弥补损失等情节中，也是从特殊预防的角度考虑是否应当裁量死刑的因素。最后，行为的社会危害性则表现在故意的内容是否直接故意，犯罪动机是否卑劣，犯罪的时间、地点是否公共场所，犯罪是否有预谋或有组织进行，死刑只适合主观恶性极大、社会危害性极大的犯罪行为。

以案例（一）为界，故意杀人造成2人死亡后果，即便被告人有自首的法定从轻情节亦不足以从轻对其从轻处罚。在另一个对百例死刑案件的分析中，共有5例案件产生了2人以上伤亡结果，无一例外都判处死刑立即执行。[1] 故而基本上可以得出一个结论：故意杀人罪致2人以上死亡后果的，在我国的司法实践中通常会被判处死刑立即执行。

案例（二）、（三）、（四）均造成了1人死亡的结果，然均具有法定或裁定从重处罚的情节：案例（二）被告人系累犯，依法应当从重处罚；案例（三）被告人预谋杀人且事后毁尸灭迹，说明其主观恶性极大，社会危害性极大；案例（四）被告人用凳子、石头等击打被害人头部，用簸箕手柄戳徐某的双眼，又持水果刀切割其颈部，犯罪手段极其残忍。由此看出，在造成1人死亡的犯罪后果中，一些法定或酌定的从重情节亦可导致死刑的司法判决。

案例（五）亦造成了1人死亡的结果，且情节恶劣。然被告人是激情犯罪，

---

[1] 张敏、王非：《故意杀人罪死刑适用标准实证研究——以百例死刑案件为视角》，载《广西政法管理干部学院学报》2008年第3期。

乃初犯、偶犯，且认罪态度良好，虽不足以从轻处罚，然而说明被告人人身危险性相对不大。《刑法》第48条规定："对于应当判处死刑的犯罪分子，如果不是必须立即执行的，可以判处死刑同时宣告缓期二年执行。"故此类故意杀人案件中相对典型，司法实践中判处死刑缓期二年执行，并限制减刑。

案例(六)相对案例(五)同是偶犯，然缺乏情节恶劣的标准，且被告人具有自首的法定从轻情节，故而被判处无期徒刑。

案例(七)被告人系累犯，一审判决死刑，二审期间积极赔偿并与被害人家属达成和解，故二审判决死刑缓期二年执行并限制减刑。由此说明，被告人积极赔偿与被害人家属的态度是司法审判中酌定量刑情节的重要因素，被告人与被害人家属能够达成和解有助于司法审判实践从轻量刑。

案例(八)被告人虽是故意杀人，乃间接故意，其主观恶性与直接故意存在差别，且被害人存在过错，没有被害人与被告人妻子先前的婚外性行为就不会有被告人的故意杀人行为。有此两点，司法审判实践中实在不宜判处死刑，故而判处无期徒刑。

案例(九)被告人因婚姻纠纷持械故意杀人，致人重伤，构成故意杀人罪，犯罪手段残忍，情节恶劣。然犯罪未遂，且有自首情节，故而从轻处罚，依法被判处死刑缓期执行。《刑法》第23条第2款规定："对于未遂犯，可以比照既遂犯从轻或者减轻处罚"；第67条规定："对于自首的犯罪分子，可以从轻或者减轻处罚。"然而法定从轻情节依然需要比照其他犯罪情节、犯罪手段等因素来综合考虑以确定是否应当从轻量刑。

案例(十)乃轰动全国的"辱母杀人案"，受防卫过当、被害人过错以及社会舆论等多重因素影响，案情相对复杂。本案一审判决于某故意伤害罪处无期徒刑，二审改判为五年有期徒刑。《刑法》第20条第2款规定："正当防卫明显超过必要限度造成重大损害的，应当负刑事责任，但是应当减轻或者免除处罚。"关于故意杀人与故意伤害、正当防卫与防卫过当如何认定的问题，本文暂不讨论。但防卫过当的认定以及社会影响力(民愤)无疑是司法审判实践中量刑的重要因素之一，不同的是，此案为民意与司法的良性互动。

综上所述，在司法审判实践中，除了《刑法》关于不适用死刑的强行规定，故意杀人罪是否判处死刑的影响因素主要包括：

(1)强化死刑适用的法定或酌定情节：累犯、犯罪手段和方法极其残忍、犯罪后果极其严重、犯罪时间和地点特殊(如公共场所犯罪)、犯罪动机卑劣(杀人灭口)、犯罪直接故意以及有预谋、有组织故意犯罪、社会影响极其恶劣等。

（2）弱化死刑适用的法定或酌定情节：犯罪未遂、自首、坦白、立功、限制行为能力、间接故意、初犯和偶犯、犯罪后真诚悔罪积极弥补损失以及被害人存在过错等。

三、我国司法关于故意杀人案例的裁判检视

尽管上述十个案例选自我国不同地区，不可否认，不同地域的法官判案存在一定偏差，但在全面依法治国和全面深化改革的中央精神统筹下各地区关于故意杀人这类传统案件裁判的价值标准正逐渐趋于统一。然而，受重刑主义和报应刑罚的传统思想的影响，我国司法审判实践在践行宽严相济的刑事政策的道路还任重道远。

1. 关于婚姻家庭、邻里纠纷等民间矛盾引发的故意杀人罪的司法裁判实践在量刑上考虑相对不足

最高人民法院印发《全国法院维护农村稳定刑事审判工作座谈会纪要》中指出："对故意杀人犯罪是否判处死刑，不仅要看是否造成了被害人死亡结果，还要综合考虑案件的全部情况。对于因婚姻家庭、邻里纠纷等民间矛盾激化引发的故意杀人犯罪，适用死刑一定要十分慎重，应当与发生在社会上的严重危害社会治安的其他故意杀人犯罪案件有所区别。"案例（一）、案例（六）、案例（九）均是婚姻家庭矛盾引发的纠纷。以案例（六）为标准，被告乃激情杀人致人死亡，且没有犯罪手段残忍等情节，属于一般的故意杀人案例，又是因家庭琐事引发的纠纷所致，人身危险性与社会危害性相对不大，故而不宜判处死刑立即执行，又兼具自首的法定从轻或减轻情节，故而最终得出无期徒刑的判决。由最终判决结果逆推可以得出如果没有自首情节，那么像这样的一般故意杀人案件很可能得出死刑缓期执行的判决结果。然而我国《刑法》规定了死刑只适合罪行极其严重的犯罪分子，死缓亦属死刑刑种。《最高人民法院关于贯彻宽严相济刑事政策的若干意见》中规定，宽严相济刑事政策中的从"严"，主要是指对于罪行十分严重、社会危害性极大，依法应当判处重刑或死刑的，要坚决判处重刑或死刑。而本案中，虽然客观危害上造成了死亡结果，然而行为人主观恶性不深、人身危险性与社会危害性相对不大，应当不属于罪行极其严重（1979 年《刑法》称"死刑只适用于罪大恶极的犯罪分子"），故而从法律条文上解释，本案行为人不应当判处死刑，包括不应当判处死刑缓期执行。由此可见，在目前的司法审判实践中，关于死刑的控制和限制实际上还是要落后于

当前刑法规定和刑事政策的。

此外，最高人民法院发布的指导案例 4 号①，案件适用说明：因恋爱、婚姻矛盾激化引发的故意杀人案件，被告人犯罪手段残忍，论罪应当判处死刑，但被告人具有坦白悔罪、积极赔偿等从轻处罚情节，同时被害人亲属要求严惩的，人民法院根据案件性质、犯罪情节、危害后果和被告人的主观恶性及人身危险性，可以依法判处被告人死刑，缓期二年执行，同时决定限制减刑，以有效化解社会矛盾，促进社会和谐。此指导案例在原本应当判处死刑立即执行的恶性案件中考虑到矛盾是由婚恋矛盾引发进而说明被告人的人身危险性不同于一般的影响社会治安的案件，充分发扬了宽严相济刑事政策的指导精神，有助于推动刑罚轻缓化的进步，以进一步限制死刑彰显中国人权保障的成果。

然而，"宽"与"严"要相辅相成，案例（一）与案例（九）尽管也是由婚姻矛盾所引发，然而案例（一）造成特别严重后果且发生在公众场所，要考虑社会影响和刑罚一般预防的功能，故而判处死刑立即执行是在情理之中；案例（九）以特别残忍手段致人重伤二级，尽管故意杀人未遂，又有自首从轻情节，然被告主观恶性深、社会影响恶劣，判处死刑缓期执行比较合理。只是不知在司法实践中，未遂与自首等从轻情节在量刑中是否可以叠加重复考虑。

2. 司法审判实践中关于故意杀人手段残忍的界定不清晰导致滥用嫌疑

陈兴良教授指出，手段残忍是司法实践中故意杀人罪死刑裁量的一个重要因素，并且独立于故意杀人罪的情节严重、情节恶劣以及后果严重等评价性用语。他认为犯罪手段残忍是指在杀人过程中，故意折磨被害人，致使被害人在临死前处于肉体与精神的双重痛苦状态。②

对某省三地中级人民法院 2011 年 5 月至 2013 年 5 月审结的 126 件因故意杀人罪判处死刑案件的分析表明，当地法院认为：在犯罪手段自变量中，肢解尸体、毁尸灭尸和掩埋尸体与死刑立即执行的关联度最高，分别是 100% 和 87.5%；数次打击休克性死亡与死刑立即执行的关联度是 57.9%，这三种行为方式应当是"犯罪手段极其残忍"。机械性窒息死亡与死缓未限制减刑的关联

---

① 2011 年 12 月 20 日由中华人民共和国最高人民法院网发布：http：//www. court. gov. cn/shenpan-xiangqing_4217. html。

② 陈兴良：《故意杀人罪的手段残忍及其死刑裁量——以刑事指导案例为对象的研究》，载《法学研究》2013 年第 4 期。

度是 41.5%，单次打击休克性死亡与死缓未限制减刑的关联度是 54.2%，这两种属于"犯罪手段残忍"。①

在本文分析的十个案例中，案例(一)被告人持刀捅刺被害人要害部位数次被评价为手段特别残忍；案例(二)被告人捂住被害人口部，并卡扼其颈部，致其机械性窒息死亡，被评价为手段残忍；案例(三)被告人持榔头朝熟睡中的被害人头部猛砸数下，双脚踩压横在被害人后颈部的榔头柄致被害人因颅脑损伤合并机械性窒息死亡，被评价为手段残忍；案例(四)(七)(九)均被评价为手段残忍。按照陈兴良教授的定义，司法机关对手段残忍认定可谓随意。

造成司法机关随意认定手段残忍的主要原因在于立法界定的缺漏，不仅手段残忍，还有诸如罪行严重、情节恶劣、主观恶性和人身危险性等死刑裁量的关键因素都至少需要司法解释给予明确的界定，以增强案件死刑判决的可预测性，加强司法审判实践的透明度以便人民群众予以监督。

此外，一项对 200 份故意杀人罪判决的分析表明，大部分案件判决书说明判决死刑的理由都包括"被告人手段残忍，后果严重，情节恶劣，主观恶性大，社会危害性大"等表述。但是，这些故意杀人案大多不具有刑法总则规定的从重量刑情节，如累犯、共同犯罪中的主犯、教唆不满 18 周岁的人犯罪等。相反，样本中大多数案件都具有法定或酌定从轻的情节，如认罪态度良好、归案后如实供述、自首、积极赔偿被害人家属损失并取得家属谅解等。②

3. 司法审判实践中自首情节在故意杀人罪中的量刑地位偏低

在故意杀人罪的死刑裁量中，通常都是以主客观相统一为基准，即不仅要考虑客观危害性，而且要考虑犯罪分子的主观恶性和人身危险性。自首通常作为犯罪分子的悔罪表现和人身危险性程度的体现，在量刑中应当与其他没有悔过表现的犯罪分子相区别。然而，现实的审判实践中，相对于客观危害结果，主观因素对故意杀人罪的死刑裁量影响比较小，通常是对其他情节进行补强发挥作用的。

最高人民法院《关于贯彻宽严相济刑事政策的若干意见》中规定，对于自

---

① 查国防：《死刑适用规范化实证研究——以 126 份故意杀人罪死刑判决书为样本》，载《江汉学术》2016 年第 1 期。

② 郭烁：《死刑案件证据适用实证研究——以 200 件故意杀人罪判决为例》，载《青海社会科学》2017 年第 6 期。

首的被告人，除了罪行极其严重、主观恶性极深、人身危险性极大，或者恶意地利用自首规避法律制裁者以外，一般均应当依法从宽处罚。据此，自首应当对死刑判决具有较大且较普遍的影响，除毫无悔过的自首外，应当以"自首免死"为原则。例如前引对百例死刑案件的分析，故意杀人案件被告人具有自首情节的共 14 个，全部都被判处死缓。①

在上述十个案例中，案例（一）（六）（九）具有自首情节，案例（一）中虽然致使二人死亡后果，鉴于是婚姻家庭矛盾引起的纠纷所致，且被告人具有自首情节，在刑罚轻缓化的趋势下，是否必须对被告人判处死刑立即执行值得商榷。案例（九）亦是婚姻家庭矛盾引起纠纷所致，同时具有犯罪未遂与自首法定从轻情节，最终判决是死刑缓期执行。故意杀人未遂本身在司法审判实践中就不足以判处死刑立即执行，本案中人们无疑会追问，自首情节在死刑裁量中到底占有多少地位，以及双重法定从轻情节是否会成比例地影响量刑。

在从重处罚情节与从轻处罚情节竞合的情形下，应当综合、全面、理性地考察故意杀人罪的所有情节，以确定罪行轻重决定死刑的裁量，以及是否必须适用死刑立即执行还是可以适用死刑缓期执行甚至更轻刑罚等。毫无疑问，当存在多重法定或酌定从轻处罚情节竞合时，按照宽严相济刑事政策，必须充分考虑每个从轻情节，以公正裁判促进社会和谐和对生命权的保护。

附：同行评阅反馈 *

评论者对于法律是门外汉，以下的论述纯为个人的想象，不成熟、不符合法理逻辑与实践的理解与推论在所难免，请多指正与包容。

依据 2010 年 4 月 14 日《人民法院报》（理论周刊第 6 版）所载的《贯彻宽严相济刑事政策专题之三：〈在审理故意杀人、伤害及黑社会性质组织犯罪中切实贯彻宽严相济刑事政策〉》一文的阐述，在故意杀人、伤害案件审判中实践宽严相济政策时应注意的几个重点，详见表1。

---

① 张敏、王非：《故意杀人罪死刑适用标准实证研究——以百例死刑案件为视角》，载《广西政法管理干部学院学报》2008 年第 3 期。

* 评阅人：沈幼荪，台北大学社会学系副教授。

表1　　　　　　　　审判中宽严相济的把握要点

类别	细　分	备　注
案件性质	严重危害社会治安、影响人民群众安全感的案件，如极端仇视国家和社会，以不特定人为行凶对象	严惩的重点，依法判处被告人重刑直至判处死刑
案件性质	民间矛盾激化引发的案件，如婚姻家庭、邻里纠纷等	除犯罪情节特别恶劣、犯罪后果特别严重、人身危险性极大的被告人外，一般不应当判处死刑。对于被害人在起因上存在过错，或者是被告人案发后积极赔偿，真诚悔罪，取得被害人或其家属谅解的，应依法从宽处罚。
犯罪情节	动机特别卑劣，如为了铲除政治对手而雇凶杀人	
犯罪情节	手段特别残忍，如采取放火、泼硫酸等方法把人活活烧死	
犯罪情节	后果严重，一人死亡	
犯罪情节	后果特别严重，二人以上死亡	
犯罪情节	对象是妇女、儿童等弱势群体	
犯罪情节	公共场所	
主观恶性	主观恶性深重 经过精心策划的、有长时间计划的	要从严惩处
主观恶性	主观恶性较小 激情犯罪，临时起意的犯罪，因被害人的过错行为引发的犯罪	可考虑适用较轻的刑罚
人身危险性	再犯可能较大；累犯中前罪系暴力犯罪，或者曾因暴力犯罪被判重刑后又犯故意杀人、故意伤害致人死亡的；平时横行乡里，寻衅滋事杀人、伤害致人死亡的。	要依法从重处罚

类别	细　分	备　注
人身危险性	再犯可能性较小； 被告人平时表现较好，激情犯罪，系初犯、偶犯的；被告人杀人或伤人后有抢救被害人行为。	应依法体现从宽精神
特殊主体	未成年人	要坚持"教育为主，惩罚为辅"的原则和"教育、感化、挽救"的方针进行处罚；应当从轻或减轻处罚。
	70周岁以上	已没有再犯罪的可能，在综合考虑其犯罪情节和主观恶性、人身危险性的基础上，一般也应酌情从宽处罚。
特定量刑	自首； 对亲属送被告人归案或协助抓获被告人的，也应视为自首。	除犯罪情节特别恶劣，犯罪后果特别严重的，一般不应考虑判处死刑立即执行。
	立功	可考虑不判处死刑立即执行，但如果犯罪情节特别恶劣，犯罪后果特别严重的，即使有立功情节，也可以不予从轻处罚。

第一，首先需区分两类不同性质的案件：(1)严重危害社会治安、严重影响人民群众安全感，如极端仇视国家和社会，以不特定人为行凶对象的案件；(2)因婚姻家庭、邻里纠纷等民间矛盾激化引发的案件。第(1)点为严惩的重点，依法判处被告人重刑直至判处死刑。第(2)点除犯罪情节特别恶劣、犯罪后果特别严重、人身危险性极大的被告人外，一般不应当判处死刑。案件的性质决定了"宽""严"的路线。对于第(1)点应从严，对于第(2)点可从宽。

第二，如上所述，是否从宽的另一条件为"犯罪情节"。情节恶劣的，又无其他法定或酌定从轻情节应当依法从重判处。如果犯罪情节一般，被告人真诚悔罪，或有立功、自首等法定从轻情节的，一般应考虑从宽处罚。犯罪情节又可细分为："犯罪动机""犯罪手段""犯罪对象""犯罪场所""犯罪后果"（更细致的区分及定义请参考表1）；而所谓"情节恶劣"，依照文中论述，似乎可指下列各细项中的任何一项：犯罪动机卑劣，或者犯罪手段残忍，或者犯罪后果严重，或者针对妇女、儿童等弱势群体作案等情节恶劣的。

第三，"宽""严"的另一标准为"主观恶性"（被告人的改造可能性）和"人身危险性"（被告人的再犯可能性）。主观恶性深的（经过精心策划的、有长时间计划的）要从严惩处；主观恶性较小的（激情犯罪，临时起意的犯罪，因被害人的过错行为引发的犯罪），可考虑适用较轻的刑罚。人身危险性大的（素行不良、有暴力犯罪前科者），要依法从重处罚；人身危险性小的，应依法体现从宽精神。另外，未成年人及老人也应特别考量从宽。

第四，被害人及被告人（及其家属）行为表现。"被害人在起因上存在过错"，被告人有"自首""立功""案发后积极赔偿，真诚悔罪，取得被害人或其家属谅解的"，除犯罪情节特别恶劣，犯罪后果特别严重的，应或可从宽。

评论者并非钻研法律或法理的专业人员，但如以上陈列与整理有些许正确性，以定量研究取向，我们似乎可建构一个解释（或预测）量刑的模型（请见表3）。表2是依据范天梦论文中的资讯整理后的成果，表2的上半段是"严"的指标，而下半段是"宽"的行为。如同范天梦论文中所述，表中的10个案例均符合宽严相济原则。从严的角度看，相较于3个非死刑的案例（6、8、10），7个死刑（立即与缓期执行）案例均以不同模式多重分布在表格上半部。而区分死刑立即执行与缓期执行的差异则反映在表格下半部从宽部分。除第1例被认定手段特别残忍、后果特别严重（2位女性受害者）外，其余均以不同的方式符合从宽条件。

将政策与资讯格式化后，除了验证了范天梦论文的论述，也让我注意到一个似乎值得多加思考的议题。依照表2的标记，案例7应该毫无疑义地被判处死刑立即执行（如同一审的判决），但因在二审的过程中积极赔偿并取得谅解，而依法变更为缓期执行。积极赔偿是意愿加上行动，意愿的部分或可理解为被告或其家属的"主观诚意"，但转为行动的可能性则多少基于被告或其家属的"客观经济条件"。如后者无法配合则无法符合从宽的标准。在此需要思考的是社会中客观经济条件差异（贫富差距）这一存在的现实是否会因此而渗入人人平等的司法审判？既有司法程序中应已有这方面的理解，这只是个人一粗浅感想，提供大家参考。

花一些时间整理，格式化宽严相济政策，无非是想建议范天梦的研究应只是一个开端，一个值得后续努力的方向或是可更积极的整理"中国裁判文书网"（http：//wenshu. court. gov. cn/index）和"人民检察院讯息公开网"（http：//www. ajxxgk. jcy. cn/html/zjxflws/）中关于裁判、裁决文书的丰富资料从事大样本更全面的（量化）分析。而通过这类的切入点，其他在政策中并无提及的可能影响量刑的因素，如地区、一审与二审、检与审的异同与相互关系等，也可纳入分析。

表2　　　　　　　　　　　实际案例列表

刑期	案例									
	1	2	3	4	5	6	7	8	9	10
	死刑	死刑	死刑	死刑	死缓限制减刑	无期	死缓限制减刑	无期	死缓	五年
犯罪情节										
特别恶劣	Y		Y							
恶劣		Y			Y		Y		Y	
手段特别残忍	Y						Y			
手段残忍		Y	Y	Y					Y	
后果特别严重	Y									
后果严重		Y	Y	Y			Y		Y?	Y
死亡人数	2	1	1	1	1	1	1	1	0	1
妇女、儿童	Y								Y	
公共场所	Y							Y		
罪行极其严重	Y	Y	Y	Y			Y			
主观恶性深		Y					Y		Y	
精心策划		Y								
人身危险性大		Y					Y			
累犯		Y					Y			
自首	Y					Y			Y	
积极赔偿							Y			

续表

	案 例								
真诚悔罪									
如实供述罪行	Y				Y	Y	Y		Y
取得谅解							Y		
被害人在起因上存在过错								Y	Y

表3   量刑标准模型

	案 例								
案件性质									
严重危害社会治安、影响人民群众安全感的案件									
民间矛盾激化引发的案件									
犯罪情节									
动机									
手段									
后果									
死亡人数									
对象									
妇女、儿童									
场所									
公共场所									
主观恶性									
精心策划									
人身危险性									
累犯									

	案　　例								
被告及受害者行为									
自首									
积极赔偿									
真诚悔罪									
取得谅解									
被害人在起因上存在过错									
其他因素									
地区									
一审判决									
检察官意见（建议刑期）									

民事赔偿情节在死刑裁量中的适用

——基于 61 份裁判文书的分析

刘亚男 *

摘要： G 省高级人民法院的 61 份死刑裁判文书显示，民事赔偿情节在死刑裁量中的适用较为混乱，突出表现在法院对民事赔偿情节的本质属性认识不清，对个案中适用民事赔偿情节的标准掌握不一，对民事赔偿情节与被害人家属谅解情节的关系理解混乱。为保障民事赔偿情节在死刑裁量中的公平、科学适用，不仅要充分明确民事赔偿情节的酌定从轻属性，避免出现将拒绝赔偿视为从重情节的错误做法，也要正确区分民事赔偿情节的具体内容与民事赔偿情节本身，避免把民事赔偿情节某个具体内容的缺失认定为民事赔偿整个情节的缺失，更要着重强调民事赔偿情节的独立地位，避免以被害人家属不谅解为由拒绝适用民事赔偿情节。

关键词： 民事赔偿　被害人家属谅解　死刑裁量

一、问题的提出

死刑是以剥夺犯罪人的生命为内容的刑罚，相对于自由刑或其他的刑罚手段，死刑具有明显的特殊性。中国作为一个尚未废除死刑的国家，面对着世界范围内废除死刑的潮流与压力，如何在保留死刑的情况下最大限度地保证死刑的公平适用理应成为我们长期关注的重要课题。

目前来看，限制死刑适用的手段主要分为立法和司法两大方面。一方面通

---

* 刘亚男，法学博士，北京工商大学讲师。本文曾发表于《东南法学》2020 年第 2 期，收入本书时有修订。

过立法删减适用死刑的罪名，另一方面通过司法严格把握死刑适用的标准。就立法手段而言，死刑罪名的数量虽历经刑法典的数次修改而大幅减少，但由于实践中绝大多数的死刑案件仍集中于少数几个罪名，而这几个罪名又难以在短时间内取消死刑的适用，所以通过立法减少死刑数量的效果十分有限。因此，通过司法手段限制死刑的适用并保障死刑适用的公平性就显得尤为重要，而其中"重视酌定量刑情节的作用，是司法中限制死刑的一条切实可行的道路"。①

在众多的酌定量刑情节中，民事赔偿是一个比较特殊的存在。一方面，在司法实践中，民事赔偿情节在限制死刑的适用中发挥了十分突出的作用，"具有民事赔偿情节的死刑案件，绝大部分没有适用死刑立即执行或者由死刑立即执行改判"②；另一方面，民事赔偿情节也是最具争议的酌定量刑情节，在死刑案件中适用民事赔偿情节往往被普通民众解读为"花钱买刑"或"花钱买命"，这又促使法院将民事赔偿情节与被害人家属谅解情节绑在一起，在一定程度上造成了民事赔偿情节适用上的混乱。鉴于民事赔偿与死刑适用的关系重大而脆弱，"如何处理好民事赔偿与死刑适用的关系是当前刑事审判工作中亟待解决的一大课题"③。厘清民事赔偿这一酌定量刑情节在死刑裁量中的适用标准，对于最大限度保障死刑适用的公平性并维护刑事司法的权威至关重要。

二、民事赔偿情节影响死刑裁量的实际状况

笔者以"死刑"为关键词，将裁判时间设定为"2014 年 1 月 1 日至 2017 年 12 月 31 日"，审理法院设定为"G 省高级人民法院"，案件类型设定为"刑事案件"，在中国裁判文书网上进行搜索，搜索到 G 省高级人民法院公布上网的、被告人被判处死刑(一审、二审或再审)的裁判文书共 613 个，其中，61 个案

---

① 高铭暄：《宽严相济刑事政策与酌定量刑情节的适用》，载《法学杂志》2007 年 1 期。

② 最高人民检察院公诉二厅课题组：《民事赔偿情节对死刑适用的影响》，载《国家检察官学院学报》2018 年第 1 期。

③ 方文军：《民事赔偿与死刑适用的平衡规则微探》，载《法律适用》2007 年第 2 期。

件的最终量刑结果受到了民事赔偿情节的影响。通过分析发现，民事赔偿情节在死刑裁量中存在以下几个突出特征。①

（一）民事赔偿情节是否适用与被害人家属是否谅解之间存在极大的相关性

在 61 个样本中，被告人积极赔偿并获得被害人家属谅解的有 15 个，被告人赔偿但未获得被害人家属谅解或未达成谅解协议的有 11 个。在 15 个获得了被害人家属谅解的案例中，法官在进行刑罚裁量时无一例外地将民事赔偿作为酌定从轻量刑情节予以适用；而在 11 个未获得被害人家属谅解的案例中，法官以被告人没有获得被害人家属谅解为由不适用民事赔偿作为酌定从轻量刑情节的有 8 个，占比 72.72%。通过裁判文书可以看出，在法官决定不适用民事赔偿情节的 8 个案例中，没有获得被害人家属谅解是法官决定不适用民事赔偿情节的唯一理由。可见实践中民事赔偿情节是否适用与被害人家属是否谅解之间存在极大的相关性。

（二）民事赔偿情节是否适用与民事赔偿作出于哪个诉讼阶段相关性不大

61 个样本中有 52 个样本的被告人在一审期间就对被害人家属进行了实际赔偿或表达了赔偿意愿，另有 7 个样本的被告人在二审期间或再审期间才对被害人家属进行了赔偿。但从实际的判决结果来看，被告人做出赔偿的诉讼阶段并不影响法院对民事赔偿情节的认定。例如庞某某故意杀人案中，被告人一审被判处了死刑立即执行，在二审期间，被告人积极动员家属赔偿了被害人家属的部分损失，二审法院认为这仍体现了被告人的悔罪意愿，因此将案件发回重审，最终被告人被改判为死刑，缓期二年执行。

---

① 在此需要特殊说明的是，实证研究结果的客观性和准确性依赖于样本的质量。虽然最高人民法院出台的规定要求各级人民法院作出的全部裁判文书原则上均应公布上网，但各省、市、地区人民法院在实际操作中不免根据自己对规定的理解对公布上网的裁判文书做出一定的筛选，该省高级人民法院也不例外。即便如此，公布在裁判文书网上的所有裁判文书依然是实证研究能够最为便捷地获取的一种一手材料，该省高级人民法院作为较高层级的裁判机构，经其筛选公布后的裁判文书依然具有官方性和极高的研究价值，故以此作为研究对象进行研究并不必然导致研究结果价值有明显减损。

（三）仅表达赔偿意愿而未实际赔偿的情况在某些个案中仍被认定构成民事赔偿

61 个样本中，被告人实际做出赔偿行为的有 47 个，仅表达出赔偿意愿而未实际做出赔偿行为的有 7 个。在这 7 个样本中，法官认为被告人表达赔偿意愿本身即可视为具有民事赔偿情节的有 2 个，占比 28.57%。从判决书中可以看出，法官之所以同意在被告人仅表达赔偿意愿而未实际赔偿的情况下适用民事赔偿情节，是因为法官认为赔偿意愿本身即反映了被告人的悔罪表现。而在其他的样本中，法官则不同意仅根据赔偿意愿即认定民事赔偿情节。

（四）民事赔偿情节与其他从轻量刑情节一起发挥着限制死刑立即执行的作用

61 个样本中，被告人一审被判处死刑立即执行的有 5 个，死缓的有 55 个，无期徒刑的有 1 个。在一审被判处死刑立即执行的 5 个被告人在二审中有 4 个被改判为死缓，有 1 个被改判为无期徒刑；在一审被判处死缓的 55 个被告人，有 3 个在二审被改判为无期徒刑；在一审被判处无期徒刑的 1 个被告人在二审因为新证据而被改判为死缓。在所有的样本中，有 53 个案件的被告人受到民事赔偿情节的影响而被从轻处罚，但在极个别案件中，法院或检察院将被告人未做出民事赔偿的情况作为从重处罚情节处理。

三、民事赔偿情节影响死刑裁量的实践问题分析

通过对 61 个样本进行对比分析可以发现，民事赔偿情节在被告人可能被判处死刑的案件中有非常高的适用率，充分显示了民事赔偿情节在死刑案件量刑中的重要地位。为了确保民事赔偿情节在死刑裁量中的公平、科学适用，有必要对样本中所体现出的突出特征进行进一步分析。

（一）实践中被害人家属不予谅解限制了民事赔偿情节在死刑案件中的适用

样本显示，在 8 个法官拒绝适用民事赔偿情节的样本中，法官给出的理由均为被害人家属不予谅解。由于从样本中可以获取的信息有限，尚不能就此判定被害人家属不予谅解是影响民事赔偿情节在死刑案件中适用的唯一因素，但至少可以说是重要的因素之一。

例如在王某某故意杀人案中，被告人被判处死刑，缓期二年执行。被告人家属在一审期间已经先行赔付被害人家属 50 万元，但二审法院认为"被害人亲属对上诉人的犯罪行为并未表示谅解，双方没有达成刑事和解协议，请求对上诉人予以从轻处罚的理由不能成立"。在案例中，虽然不能说被告人支付了 50 万元的赔偿款就能够弥补被害人家属因犯罪遭受的精神和物质上的全部损失，但 50 万元的赔偿额已经远远超过了该案附带民事诉讼的判赔额 65196.5 元，也远远超过了 G 省死刑案件刑事附带民事赔偿判决的赔偿数额的中间值。① 在此情况下，如果真如样本信息中所显示的那样，法官仅以被害人家属不予谅解为由拒绝在该案中适用民事赔偿情节，不仅阻碍了民事赔偿情节在限制死刑适用中的作用，增加了个案中死刑适用不公的危险性，而且在理论上也是极为错误的。

(二) 实践中法院对民事赔偿情节适用的标准把握不统一

且不论民事赔偿情节的适用是否应当以被害人家属谅解为前提，既然被害人家属是否谅解在实践中对民事赔偿情节的适用有极大影响，在这种情况下，法院在审理相似案件时至少应当坚持相同的标准，否则会对个案中死刑的适用公平问题带来极大的挑战。

样本中有两个案例是同一法院的同一合议庭审理的，而且案情也基本相同，但在是否适用民事赔偿情节方面却截然不同。这两个典型案例分别是刘某某故意杀人案和王某某故意杀人案，这两个案件均因感情纠纷引发，都有民事赔偿情节，但不同的是，在刘某某故意杀人案中，二审法院认为被告人家属能够积极代为赔偿被害人家属经济损失，虽然未能获得被害人家属谅解，但可对被告人酌情从轻处罚；但在王某某故意杀人案中，二审法院却认为，被告人母亲虽代为赔偿被害人家属的经济损失，但被害人家属始终无法谅解被告人，所以不足以对被告人从轻处罚。虽然最终两名被告人均被判处死缓，但法院在论证说理上的不一致，不仅给个案死刑适用的公平性造成了威胁，也给司法实践

---

① 笔者曾经对 G 省高级人民法院在 2014 年 1 月 1 日至 2015 年 8 月 31 日期间公布上网的 246 个被告人被判处死刑的裁判文书进行过分析，发现在 120 个公布有刑事附带民事判决赔偿数额的裁判文书中，法院判赔 5 万元以下的有 107 个，占 74.83%，其中判赔 3 万~5 万元的最多，有 72 个，占 50.35%；判赔 10 万元以上的占 15.38%。在判赔 10 万元以上的样本中，大多数被害人没有当场死亡，或为重伤，或送到医院中经抢救无效死亡，由此可见较大数额的判赔往往包含了被害人的医疗费用，而对于由犯罪行为导致直接死亡的被害人来说，法院的判赔数额往往固定在 5 万元以下。

带来了诸多不应有的疑惑。

(三) 个案中存在将被告人不赔偿视为从重量刑情节的问题

如上文所述，在 61 个样本中有 53 个案件的被告人受到民事赔偿情节的影响而被从轻处罚，但在极个别案件中，法院或检察院却将被告人未做出民事赔偿的情况作为从重处罚情节处理。如在李某某故意伤害案中，一审法院认为被害人犯罪后果严重，且没有对被害人做出赔偿，应当依法严惩；再如在林某某故意杀人案中，一审法院以故意杀人罪判处被告人死刑，缓期二年执行，随后检察院提出抗诉，以被告人没有对被害人家属做出赔偿为由，请求二审法院判处被告人死刑立即执行。这两个案例显示，民事赔偿情节本质属性上的认识偏差势必会造成实践中民事赔偿情节适用上的错误。

事实上，正确适用酌定量刑情节的前提是准确认识酌定量刑情节的性质，而民事赔偿从最初被纳入酌定量刑情节至今，在性质上始终属于从轻量刑情节，且已经成为"严格控制和慎重适用死刑政策、减少死刑案件数量的一条现实而有益的途径"①。因此可以肯定地说，法院或检察院将被告人未做出民事赔偿的情况作为从重处罚情节处理的做法违背了民事赔偿情节的本质属性，应当旗帜鲜明地予以纠正。

四、民事赔偿情节影响死刑裁量的应然之道

(一) 充分明确民事赔偿情节的酌定从轻属性，不得把拒绝赔偿视为从重情节

量刑情节是指在对犯罪人量刑时可能影响刑罚轻重的各种情况，是在犯罪成立的基础上决定刑罚轻重的依据。根据量刑情节对刑法规定的刑罚幅度所产生的轻重影响，可以将量刑情节分为从重情节、从轻情节与减轻情节。根据量刑情节是由法律明文规定还是由法官酌情确定，可以将量刑情节分为法定情节与酌定情节。② 根据我国刑法及其司法解释，民事赔偿情节属于酌定从轻量刑情节，对该根本性质的把握是正确适用民事赔偿情节的前提和基础。

---

① 赵秉志、彭新林：《论民事赔偿与死刑的限制适用》，载《中国法学》2010 年第 5 期。

② 高铭暄、马克昌主编：《刑法学》，北京大学出版社 2000 年版，第 267 页。

　　首先从刑法总则的基本理论上看，民事赔偿之所以能够对量刑产生影响是因为民事赔偿能够反映被告人的悔罪表现，以此为理由对被告人从轻处罚符合当前刑法理论所承认的矫正与社会复归的刑罚目的。① 从矫正主义刑罚观的立场出发，刑罚的轻重与犯罪人本身的人身危险性以及被教育改造以回归社会的难易程度有着直接的关系，而被告人犯罪后的行为与态度往往能直接反映被告人的人身危险性大小与被教育改造的难易程度。犯罪后积极对被害人及其家属进行民事赔偿的被告人一般更有认错悔罪的倾向，其人身危险性也较小，教育改造起来也相对容易，因此在量刑上也需要予以从宽考虑，以实现罚当其罪。另外，民事赔偿可以在一定程度上通过弥补犯罪造成的物质损害和心理创伤来修复被犯罪破坏了的社会关系，降低犯罪的社会危害性。② 正如有学者指出："国家在刑事司法中所扮演的角色绝不应是矛盾的激化者和悲剧的制造者，如果能用调解解决，就不要用暴力解决；能息事宁人，就不要去挑开伤疤；能皆大欢喜，就不要两败俱伤。"③虽然民事赔偿不可能从根本上修复犯罪所造成的危害，但至少在物质上确实对被害人或被害人家属产生了弥补的效果。因此，在刑罚裁量时考量民事赔偿情节"是贯彻罪责刑相适应和刑罚个别化原则的体现"。④

　　其次从最高法院的司法解释上看，早在1999年最高人民法院印发的《全国法院维护农村稳定刑事审判工作座谈会议纪要》中就已经达成了在"坑农害农"案件中"被告积极赔偿损失的可以考虑适当从轻处罚"的共识。2007年1月15日最高人民法院发布的《关于为构建社会主义和谐社会提供司法保障的若干意见》中规定："对于因婚姻家庭、邻里纠纷等民间矛盾激化引发的案件，因被害方的过错行为引发的案件，案发后真诚悔罪并积极赔偿被害人损失的案件，应慎用死刑立即执行。"2007年8月28日最高人民法院发布的《关于进一步加强刑事审判工作的决定》)也明确提出，"要贯彻执行'保留死刑，严格控制死刑'的刑事政策，对于具有法定从轻、减轻情节的，依法从轻或者减轻处罚，一般不判处死刑立即执行。对于因婚姻家庭、邻里纠纷等民间矛盾激化引发的

---

　　①　刘军：《该当与危险：新型刑罚目的对量刑的影响》，载《中国法学》2014年第2期。

　　②　赵秉志：《暴力犯罪死刑适用标准研究》，北京师范大学出版社2014年版，第189页。

　　③　刘仁文：《恢复性司法：刑事司法新理念》，载《人民检察》2004年第2期。

　　④　赵秉志、彭新林：《论民事赔偿与死刑的限制适用》，载《中国法学》2010年第5期。

案件，因被害方的过错行为引起的案件，案发后真诚悔罪、积极赔偿被害人经济损失的案件等具有酌定从轻情节的，应慎用死刑立即执行。"以上司法解释逐渐确立了民事赔偿作为酌定从轻量刑情节的法律地位。

由此可见，无论是刑法理论还是最高人民法院发布的法律文件共同反映出的一个基本精神是，如果被告人案发后积极赔偿被害人或被害人家属的经济损失，法院在量刑时可以考虑采纳民事赔偿情节，从而对被告人适当从轻处罚。具体到死刑案件，如果被告人存在民事赔偿情节，那么要对被告人适用死刑时应当更加慎重，并说明充分的理由。

这里还需要特别注意的是，所谓的从轻量刑情节是指对于具备该情节的被告人，在刑法分则条文规定的刑罚幅度内选择较轻的刑种或较短的刑期。如果不具备相应的量刑情节，则在量刑中即不得考虑该量刑情节。也就是说，从轻量刑情节，有就考量适用，没有就不予考虑，但绝不存在异化为从重量刑情节的可能性。如案例中，以被告人拒不赔偿为由而将不进行民事赔偿作为从重量刑情节的做法既是对量刑情节的误解，更是对刑法基本理论的违背。虽然样本中反映的情况只属于个别现象，但对于死刑案件来说，实践中如果不能准确理解并严格把握死刑适用标准，任何个案的不公都会造成不可挽回的后果。因此，民事赔偿情节的定性问题必须引起高度重视。

(二) 正确区分民事赔偿情节的具体内容与民事赔偿情节本身，不应以偏概全

实践中之所以会出现民事赔偿情节在个案中适用标准不一，进而影响死刑适用公平性的问题，其中一个重要的原因就在于，司法机关经常将民事赔偿情节与民事赔偿情节中的各具体内容混为一谈。这直接导致司法机关在实践中常以民事赔偿情节中某个具体内容的缺失为由认定整个民事赔偿情节的缺失，进而拒绝在死刑裁量中适用民事赔偿情节，并最终造成民事赔偿情节理解上的误区和适用上的错误。

首先，所谓的民事赔偿情节并不是某个单一的行为，而是一个包罗甚广的行为综合体。民事赔偿情节的各个不同的具体内容从不同的方面影响着被告人的人身危险性与社会危害性，进而影响到被告人的整体罪责。同时，民事赔偿情节也是一个较为宽泛的概念，本着有利于被告人的刑法解释精神，对民事赔偿情节从整体上看应当从宽认定，被告人只要具备民事赔偿情节中的任何一项具体内容就应当视为民事赔偿情节在质的层面上确实存在。

其次，民事赔偿情节的内容，具体包括民事赔偿的意愿、民事赔偿的时

间、民事赔偿的数额、民事赔偿的效果等。它们中的任意一个都不是民事赔偿情节的必备要素，因此缺少任何一个都不能据以认定民事赔偿情节的缺失。也就是说，如果被告人不具备包括民事赔偿的意愿、民事赔偿的时间、民事赔偿的数额、民事赔偿的效果等在内的任何相关内容，那么法院必然应当认定为民事赔偿情节的缺失。但如上所述，如果被告人拥有上述内容中的任何一个，都应当认定为民事赔偿情节的存在。

最后，就民事赔偿情节的具体内容对死刑适用的影响而言，民事赔偿情节的每一项具体内容并不直接决定民事赔偿情节的存在与否，但却影响民事赔偿情节的强度，进而影响民事赔偿情节在死刑裁量中的作用大小。比如说，被告人有民事赔偿的意愿但却没有实际进行民事赔偿，仍然认定民事赔偿情节在质的层面上的存在，但同时应当认定民事赔偿情节在量的层面上的程度较低；再比如被告人赔偿的数额以及该数额与被告人经济能力的关系也都属于影响民事赔偿情节程度的具体内容。

如前所述，在被告人仅表达出赔偿意愿但未实际作出赔偿行为的 7 个样本中，有两个案件的法官认为被告人表达赔偿意愿本身即可视为具有民事赔偿情节，显示出这些法官对其的正确认识，因为赔偿意愿本身就属于民事赔偿情节的一项内容，其存在即说明了民事赔偿情节在质的层面上的实际存在。因此，厘清民事赔偿情节与民事赔偿情节各具体内容之间的关系，有利于深化对民事赔偿情节本身的深刻认识，有利于司法实践中对民事赔偿情节的适用，并能够有效减少因民事赔偿情节理解上的偏差造成的实践中的错位。

(三) 着重强调民事赔偿情节的独立地位，其适用不以被害人家属谅解为前提

在刑事案件的量刑过程中，民事赔偿情节往往与被害人家属谅解情节共同出现。被告人及其家属的积极赔偿往往会带来被害人家属的谅解，而被害人家属之所以谅解被告人也大多是由于被告人及其家属的积极赔偿。这种情况在死刑案件中尤其明显，这也是实践中法院在考虑是否适用民事情节时常常会把民事赔偿情节与被害方谅解紧密联系在一起的重要原因。但经常性的共同出现并不代表必然的相伴而生，民事赔偿情节与被害人家属谅解情节之间不具有关系的必然性，换句话说，二者从本质上是相互独立的酌定从轻量刑情节。

首先从理论上说，民事赔偿情节与被害人家属谅解情节所反映出的从轻处罚的理由并不完全相同。量刑情节从本质上来说是反映了被告人行为的社会危害性和被告人自身的人身危险性，所有的量刑情节都是对这两方面的反映。事

实上，民事赔偿的意愿反映的也是被告人意图修复被犯罪行为侵害的社会关系的意愿，反映的也是自身的悔罪态度和较低的人身危险性；而民事赔偿的行为一方面反映了被告人的悔罪态度和较低的人身危险性，同时也是对犯罪行为侵害的社会关系的主动修复，反映了犯罪行为的社会危害性。而被害人家属谅解情节则属于社会关系修复的成果。

其次从司法上说，最高人民法院的指导性案例明确了民事赔偿情节的独立地位。我国已确立了指导性案例制度，即由最高人民法院发布对全国法院审判、执行工作具有普遍意义的典型案例，规范法官的自由裁量权，着力解决类似案件或案情基本相同的案件处理结果不相同的问题。① 在最高人民法院曾经发布过的两则指导性案例中，② 被告人及其家属均对被害人家属进行了赔偿，但被害人家属均未表示谅解，在这样的情况下，二审法院均以被告人及其家属对被害人家属做出赔偿为由将一审判处的死刑立即执行改判为死刑，缓期二年执行，这集中反映了最高人民法院对于民事赔偿情节影响量刑的态度和立场，即民事赔偿情节是独立于被害人家属谅解情节的酌定从轻情节。

最后从实践上说，"积极赔偿被害人经济损失与被害人谅解也可能单独存在"③，这类情况多见于因民间纠纷或婚姻家庭纠纷引发的案件中，被告人也系被害人家属的亲朋好友，被告人的犯罪动机不如其他原因引发的暴力性犯罪卑劣，因此即使没有赔偿行为也容易获得被害人家属的谅解。还有一些情况是，被告人家庭贫困，赔偿能力差，但被告人本身能够向被害人家属赔礼道歉，认罪悔罪且态度诚恳，被害人家属也可能予以谅解。

另外对于民事赔偿情节的独立地位问题，我们也可以借用上述民事赔偿情节与民事赔偿情节具体内容之间关系的理论进行理解与阐述。在某种程度上，我们可以将被害人家属是否谅解作为民事赔偿的实际效果之一进行看待。如果被告人及其家属积极赔偿换来了被害人家属的谅解，那说明被告人的民事赔偿

---

① 周强：《充分发挥案例指导作用促进法律统一正确实施》，载《人民法院报》2015年1月4日。

② 指导案例第12号由最高人民法院审判委员会讨论通过，2012年9月18日在中华人民共和国最高人民法院网站上发布：http：//www. court. gov. cn/shenpan-xia ngqing-13317. html，2015年12月28日最后访问；指导案例第4号，由最高人民法院审判委员会讨论通过，2011年12月20日在中华人民共和国最高人民法院网站上发布，http：//www. court. gov. cn/shenpan-xiangqing-4217. html，2015年12月28日最后访问。

③ 最高人民法院刑事审判第三庭：《量刑规范实务手册》，法律出版社2014年版，第84页。

行为取得了极好的效果，因此应该在更大的程度上对被告人进行从轻处罚。反之，如果被告人及其家属的赔偿未获得被害人家属的谅解，那么只是减损了民事赔偿行为的实际效果，但并不代表民事赔偿情节从整体上的缺失。从这个方面也可以解释，为什么不能将是否适用民事赔偿情节建立在被害人家属是否谅解这一情节之上。

综上所述，虽然民事赔偿与被害人家属谅解之间关系紧密却不具有必然性，每个情节都属于相互独立的酌定量刑情节，司法实践中应当对二者进行独立的评价。如果同时存在民事赔偿情节和被害人家属谅解情节当然最好，但如果仅有其一也有其独立价值。简单地以被害人家属不谅解为由明确拒绝适用民事赔偿情节的做法是对民事赔偿这一酌定量刑情节的贬低和降格，不符合刑法的基本理论和死刑的基本政策，在实践中也不利于被告人赔偿的进行和受损社会关系的弥补。因此，在适用民事赔偿情节时必须强调民事赔偿情节与被害人家属谅解情节之间的相互独立地位。

五、小　结

民事赔偿情节在暴力类犯罪的量刑中，尤其是在死刑案件的裁量中具有重要的影响，它与其他法定和酌定从轻量刑情节一起发挥着限制死刑适用的司法作用，理应引起深入的讨论，细致的研究和深刻的理解。为保障民事赔偿情节在死刑裁量中的公平、科学适用，必须要重视并解决民事赔偿情节在适用过程中存在的诸多问题，着力解决对民事赔偿情节的本质属性认识不清，对个案中适用民事赔偿情节的标准掌握不一，对民事赔偿情节与被害人家属谅解情节的关系理解混乱等核心问题。因此，不仅要充分明确民事赔偿情节的酌定从轻属性，避免出现将拒绝赔偿视为从重情节的错误做法，还要正确区分民事赔偿情节的具体内容与民事赔偿情节本身，避免把民事赔偿情节某个具体内容的缺失认定为民事赔偿整个情节的缺失，更要着重强调民事赔偿情节的独立地位，避免以被害人家属不谅解为由拒绝适用民事赔偿情节。

绑架罪死刑行为人特征分析研究

——以 37 个典型案例为对象

项 艳*

摘要： 绑架犯罪属于传统的犯罪类型，是暴力性质极其严重的一种犯罪。从犯罪学以及心理学的角度上讲，认识和了解绑架犯罪死刑行为人的特征，对防控暴力性质极其严重的绑架犯罪具有一定的基础意义与指导意义。笔者通过对"聚法案例"数据库中选取的全国范围内近年来的 37 个绑架罪死刑典型案例文书进行多维度统计，发现样本中的死刑行为人在个体上具有从事体力劳动型职业、赌博恶习比例高、社会经济地位低下、文化水平低下等特征；在作案方面有接近受害人的方式多样化、绑架手段极端化、绑架对象低龄化、索要赎金非唯一性等特征，除此之外，死刑行为人的诉讼表现特征同样值得我们关注。

关键词： 绑架罪 裁判文书 死刑行为人 实证研究 特征分析

绑架犯罪自古有之①，属于传统的犯罪类型，绑架案件一经发生往往导致严重的后果，容易引发社会震荡与民众恐慌②，一直以来，绑架犯罪的预防与控制都被全社会所关注。为了打击犯罪、维护社会稳定、保障国民人身安全，我国立法机关于该罪的量刑中设置了死刑这一只适用于罪行极其严重的犯罪的刑罚。③ 对于涉及行为人被判处死刑的绑架犯罪，大多数的实证研究侧重在研究死刑量刑适用的问题上，而对绑架犯罪案件中被判处死刑的行为人的个人特征则关注较少，从犯罪学以及心理学的角度上讲，正确认识、了解绑架犯罪死

---

* 项艳，吉林大学法学院博士研究生。

① "挟天子以令诸侯"恐怕是最为轰动的古代绑架案了。

② 如震惊中外的"北大女研究生章莹颖被绑架案"、涉及巨额赎金的"张子强绑架李泽钜案"、被改编为电影《解救吾先生》的"演员吴若甫绑架案"等。

③ 《中华人民共和国刑法》第 239 条第 2 款规定，犯绑架罪，杀害被绑架人的，或者故意伤害被绑架人，致人重伤、死亡的，处无期徒刑或者死刑，并处没收财产。

刑行为人的特征，对防控暴力性质极其严重的绑架犯罪具有基础意义与指导意义，基于此，本文拟以全国范围内的 37 个绑架罪死刑典型案例为研究样本，通过对案例文书进行多维度统计，经由分析具体地呈现出绑架罪死刑行为人的多种特征，并在此基础上提出相应的防控思考，以期通过该研究为新时代下预防和制裁恶性绑架犯罪提供一些有益的新思路、新视角，同时也有助于公安机关有的放矢地对此类案件进行调查、侦破。

一、样本选取与分析方法

裁判文书是由人民法院制作的反映案件事实、载明审理过程、表明判决结果等信息的具有实在法律效力的重要记载与背书，裁判文书中所描述的内容具有权威性与客观性。以最高人民法院《关于人民法院在互联网公布裁判文书的规定》的实施为标志，司法信息即裁判文书的网络公开成为"互联网+"时代的潮流。① 对法学界来说，被公开的裁判文书实属一片广袤的、可资深耕开发的法学"田野"，是学者进行实证研究的绝佳对象。

针对裁判文书所进行的实证研究，首先必须确定样本的选取来源以及采集范围。我国是疆域广大、幅员辽阔的大国，各个省、自治区、直辖市的经济发展状况各有差异，各地风土人情、治安情况不尽相同，为了在最大范围内呈现出绑架罪死刑行为人所具有的特征，笔者的研究样本选取了案例检索平台"聚法案例"数据库中全国范围内近五年内判决②的绑架罪中行为人被判处死刑的 37 篇典型案例文书③。文书数量不多，但经过缜密抽样及逐一筛选之后得到的 37 份有效判决书同样具有着较高的可信度。首先，研究样本即 37 例案件来自全国各地，具有总体代表性；其次，选取的所有案例均为生效判决，具有确定性与有效性；最后，37 份案例为人工逐一筛选而出的有效案例，精度和效度较好。

本文采取的研究方法为案例实证研究方法。以案例为基础的法律实证研究方法有着理论型研究所不可比拟的自身优势，法律实证分析的结果既可能发现

① 温泽彬、李劭申：《"互联网+"背景下的司法信息公开研究——以最高人民法院"司法公开示范法院"为对象》，载《现代法学》2016 年第 4 期。

② 判决时间范围限定为 2013 年 1 月 1 日—2018 年 6 月 30 日。

③ 裁判文书网中所公开的绑架罪死刑案件裁判文书内容良莠不齐，经笔者人工逐一筛选后，得出 37 份有代表性的有效案例。

法律和司法判例中人们不愿意看到的非理性，又可能发现其中人们尚未意识到的合理性。① 本研究拟通过实证的方法对裁判文书中的死刑行为人进行多维度分析(这些分析维度包括但不限于行为人的过往经历、犯罪动机、辩护情况等)，并经由分析呈现出绑架犯罪死刑行为人自身的特征与诉讼表现等特点。

二、绑架犯罪死刑行为人基本特征统计及结果分析

行为人特征描述又称犯罪人特征剖析、犯罪心理画像，它是指在侦查阶段从现场情况与作案环境因素出发，依据已掌握的情况对未知名的犯罪嫌疑人进行现场心理痕迹解读，对犯罪嫌疑人相关的行为、动机、心理过程以及人员心理特点等分析进而形成对犯罪嫌疑人的人物形象及活动征象的描述。②

(一)行为人的基本信息概况

针对行为人的特征所进行的实证研究，最基础却并非不重要的部分即在于对行为人的基本信息进行解构分析。根据裁判文书中呈现出来的有效信息，本研究中关于死刑行为人的基本信息的统计维度包括性别、年龄、文化程度、职业以及行为人是否有前科等几项。

1. 性别

在本文所统计的涉及绑架犯罪被判处死刑的 37 篇裁判文书中，共计有 40 名绑架罪死刑行为人，其中，女性有 2 名(且有 1 名被认定为从犯)，人数占比为 5%；男性有 38 名(均为主犯)，人数占比为 95%，见图 1。从该类行为人的性别比率我们可以很直观地看出，在暴力性质极强的、易于造成被害人重伤甚至致死的绑架犯罪中，男性由于天生具有优越于女性的综合身体素质，在人数上以"压倒性的优势"毫无意外地大大超过了女性。

2. 年龄

年龄是一个不受控制又会有规律地自我改变的因素，它以一种相对稳定的

---

① 白建军：《法律实证研究方法(第二版)》，北京大学出版社 2014 年版，第 6 页。
② 张凯、马红平：《犯罪心理画像在杀人案件侦查中的运用》，载《湖北警官学院学报》2015 年第 1 期。

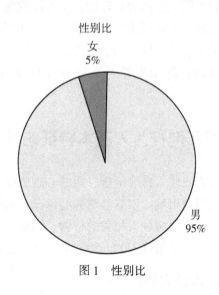

图 1　性别比

方式影响着犯罪，犯罪与年龄关系研究能够直观展示犯罪在人群中的分布状态，帮助快速洞悉犯罪态势的转变。① 根据我国《刑法》中关于刑事责任年龄的相关规定以及国民的年龄与体能之间的一般关系，本研究将年龄划分为 18 周岁至 25 周岁（以下简称第一阶段）、25 周岁以上至 45 周岁（以下简称第二阶段）、45 周岁以上（以下简称第三阶段）三个层次，见图 2。根据统计，在 40 名行为人中，除去有 4 人的年龄在裁判文书中未有表明之外，死刑行为人的年龄处在第一阶段的人数共计 8 人，占据总人数的 22%；处在第二阶段的人数最多，共计 27 人，占据总人数的 75%；处在第三阶段的人数仅为 1 人，具体年龄为 46 岁，占据总人数的 3%。从总体上来看，25 岁至 45 岁的青壮年男性是绑架犯罪中人身危险性比较大的群体。

3. 文化水平

在对行为人的文化程度的统计中，除去有 9 人的文化水平在裁判文书中未有体现之外，其中，处于小学文化的有 9 人，占比 30%；处于初中文化的有 18 人，占比 58%；处于高中及中专文化的有 2 人，占比 6%；处于大专及以上文化及以上有 2 人（其中一人专科一人本科），占比 6%，见图 3。可以看出，

---

　　① 邱格屏、吴真：《犯罪和年龄关系曲线纵向变化的实证分析——对 S 市的数据观察》，载《青少年犯罪问题》2018 年第 2 期。

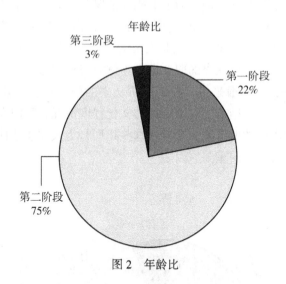

图 2　年龄比

绑架犯罪死刑行为人的文化程度从总体上来说并不高，其中大部分系初中及以下的文化水平，但也不乏大学程度的文化水平。

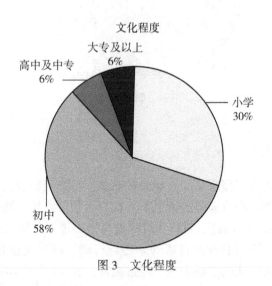

图 3　文化程度

4. 职业

在对行为人所从事职业的统计中，除去 4 人的职业在裁判文书中未有表明之外，绑架犯罪中被判处死刑行为人的职业情况具体如下：个体户为 2 人，占比 6%；打工者为 5 人，占比 14%；司机为 1 人，占比 3%；学生为 1 人，占比 3%；农民为 16 人，占比 43%；无业人员为 11 人，占比 31%，见图 4。可以看出，这些死刑行为人所从事的职业主要为体力劳动类型，并有近 1/3 的行为人属于"无业游民"。一般来讲，一个人所从事的职业往往与其具备的文化程度具有一定的相关性，结合上文中统计的文化程度情况，我们大致可以进行这样的推论：文化水平的低下至少是导致这些死刑行为人职业选择空间狭窄，故而只能从事重体力劳动的重要原因之一。

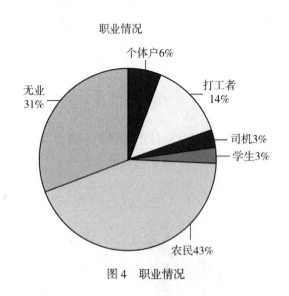

图 4　职业情况

5. 前科情况

前科是指行为人因侵害某类法益而被刑事、行政处罚后，又实施侵害相同或类似法益的行为，在有前科的情况下，行为人的危险性、特殊预防必要性增强，量刑责任加重。① 因此，对行为人的前科情况进行分析主要是为了考察行为人在受刑罚后是否具有改过自新的意愿与行动，同时这也是检验《刑法》的特殊预防功能是否达成的重要表现。经过统计，在 37 个样本中的 40 名死刑行为人，共计有 11 人在犯下绑架罪之前曾受到过刑罚处罚，并且有 3 人受到过

---

① 参见杜宣：《行为人前科劣迹规范适用的法教义学分析》，载《首都师范大学学报》2017 年第 2 期。

多次刑罚处罚，其中，行为人曾受刑罚所涉及的罪名以抢劫罪和盗窃罪居多，如此看来，屡教不改者大有人在。

（二）与受害人的社会关系

绑架犯罪死刑行为人与受害者的社会交往关系，也就是指绑架犯罪死刑行为人与被害人在犯罪发生前的社会交往关系，比如是否相识、相识原因、熟悉程度等。

在统计样本中，除了2个案件未表明行为人与受害人关系的以外，其余案件中有31%（11件）的案件，行为人与受害人（以及受害人家庭）之间是完全陌生的（见图5），这类案件中行为人大部分是临时起意实施犯罪，对犯罪对象的选择貌似具有随意性，其实却并不欠缺考虑，行为人多选择公园、游乐场这类公共区域为初始犯罪地点，并选定脱离父母看管的10周岁以下的未成年人作为犯罪对象。有69%（24件）的案件属于熟人作案，其中，行为人与受害人（以及受害人家庭）之间为亲戚关系的案件占比21%，受害者均为未成年人；属于"微友"关系的案件占比为17%，并且有两例行为人与被害人在绑架案发生前发生过性关系；具有雇佣关系的案件为占比12.5%，在此种关系中，行为人认为受害人（以及受害人家庭）有着丰厚的家底，进而生起恶念。在选择熟人作为犯罪对象的样本中，行为人对被害人的家庭情况、经济情况、生活习惯等知晓得较为清楚，往往选择在离被害人住址不远的地方进行蹲守。

与受害人（受害人家庭）的关系

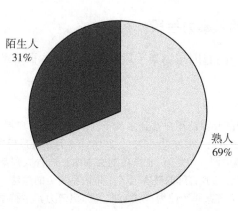

图5　与受害人（受害人家庭）的关系

在上述熟人作案中，有两类案件是较为特殊的。第一类特殊案件即行为人选择向关系暧昧的"微友"下手的案件。在信息网络发达的大背景之下，随着智能通信工具的普及使用，不管是在城市还是农村，人人都会使用手机微信已不是稀奇事，根据权威报告，微信软件活跃用户已近 10 亿人。① 在使用微信聊天交友的过程中，许多人会选择"奔现"，但这种"奔现"往往不只是单纯的见面聊天吃饭，双方实际上是追求带有性目的的约会。在研究样本的案例中，行为人或早已将"微友"选定为绑架对象，与其相约见面发生性关系后就进行绑架勒索，或是见面发生性关系后得知了受害人家中有钱，临时起意以勒索财物的目的绑架受害人。第二类值得注意的特殊案件是行为人选择主动认识、接近未成年受害人的案件。在该类型的案件中，行为人与受害人的相识是行为人单方面主动积极追求的结果，根据统计显示，行为人的惯用手法是在学校附近同受害人进行搭讪，先与受害人发展为"哥们"或是男女朋友关系，熟悉后便常常带未成年人出入自己的住处，受害人殊不知此时早已落入了行为人精心编织、蓄谋已久的绑架圈套中。

其中，还有一类案件应当引起我们的重视。根据统计结果显示，在 37 个样本中，有 10 起绑架案件的发生与赌债有关：行为人因欠下赌债无法偿还，而勒索赎金的行为在行为人看来是"来钱快（且金额大）"的便利途径，因此选择铤而走险实施绑架犯罪。② 在我国，赌博行为是被严令禁止的活动，赌债双方之间产生的借贷关系是不受法律所保护的，即赌债是不受法律保护的非法之债。行为人欠下赌债表明行为人在平时的生活中养成了赌博的习惯，而不只是普通的娱乐打牌消遣，可以说，行为人平日养成的不良恶习，同其日后用极端手段谋财害命不能说不无关系。

(三) 绑架动因及暴力手段分析

死刑行为人绑架的起因与绑架手段的暴力性是本研究的重要部分，这是表

---

① 参见《截至 2017 年微信用户达到多少了，微信活跃用户近 10 亿人》，载搜狐网：https：//www. sohu. com/a/213562264_468721，2018 年 8 月 1 日最后访问。

② 譬如〔2013〕黑中刑一初字第 15 号裁判文书中，被告人郑某祥因其长期参与赌博需要钱，遂产生绑架经常与其打牌的被害人 A，并索要赎金的想法。〔2015〕吉刑一终字第 1 号裁判文书中，被告人陈某军因赌博欠债而产生绑架曾为其主持婚礼的花店业主王某乙勒索钱财之念。〔2014〕定中刑一初字第 24 号裁判文书中，被告人周某旺因赌博而产生外债后有了绑架人质而勒索钱财的念头，后确定朱某某为绑架对象。

明行为人为何被判处死刑的重要依据。① 根据统计显示，除了有 6 个案例未表明行为人的绑架动因以外，有多达 20 个案例中行为人实施绑架的动因是为了拿到赎金以归还欠款（合法与非法均有），同时，在该类案件中，行为人由于频频被债主催债，短时间内又无法筹够钱款，约 65% 的行为人选择以债主或债主的近亲属（一般是债主的孩子）或自己身边的熟人作为犯罪对象。其余案例中行为人绑架的起因有见财起意、经济拮据、报复泄愤等。

根据案例的描述，绑架犯罪死刑行为人对被害人所实施的暴力手段无一例外地都相当残忍。在统计案例的暴力手段中，行为人大多事前已经准备好了胶带、绳索、毛巾等辅助工具，用于将受害人进行捆绑与封口，使其丧失逃跑与呼救的可能，行为人还会选择随身携带钝器或是利器，用于紧急情况（如受害人意图逃跑、报警）或是在受害人激烈反抗时方便进行"撕票"。在 37 个研究样本中，死刑行为人不同程度地使用了暴力致死手段，在 2 个案例中行为人采取了堵住口鼻的手段，在 21 个案例中行为人采取了勒颈、缠颈、掐颈的手段，在 9 个案例中行为人采取了使用利器或钝器进行伤害的手段，见图 6。这些暴力手段的特点在于直接简单粗暴，在事先已经控制了受害人的情况下，即使受害人进行反抗，行为人也明白自己无须太"花心思"就可再将受害人制服，这些暴力手段的残忍之处令人出奇愤怒。②

---

① 绑架罪经过多次修改，但判处死刑的相应情节基本上为"杀害被绑架人的，致使被绑架人死亡的（《刑法修正案（九）》修改为'故意伤害被绑架人，致人重伤、死亡的'）"，这至少可以说明，行为人采用的致死性手段是其被判处死刑的主因。

② 笔者在分析案例的过程中，总不忍想象受害人在行为人的折磨、迫害之下孤立无援且绝望到底的情景。以下列举两例：根据"王某某等绑架案"裁判文书的表述，被告人王某某和李某将被害人绑架到手后，将其四肢分开绑在床的四边铁杆上，接着两名被告人将绳子解开，把被害人搬到地上，用砍刀在被害人胸口处从上往下割开，血流了一地后，他俩干脆在地上分解尸体。王某某先将尸体两条腿从膝盖处砍断，又从肩关节将两只手砍下来，再把四肢上的肉削成小块，将骨头砍成一节节的。李某将尸体大腿砍下来，也弄成小块肉和一节节的骨头。他俩将分解的尸块和骨头扔到塑料桶里，在桶里加水后用电热棒进行加热煮。王某某又将尸体头部砍下来，李某将内脏掏出来，切成小块。李某还将尸体头部的耳朵、鼻子、嘴巴、脸切下来，煮好后，他俩将尸体冷却，分开装入四个黑色塑料袋。当晚他俩准备去扔掉尸块，李某说死人的眼睛可能会留下他俩的影子，就用砍刀将头部的两颗眼珠挖下来并装到塑料袋里，并将装好的尸块抛到附近的小河边。在"汤某武绑架案"裁判文书中，被告人汤某武等人多次预谋绑架被害人姜某，将姜某劫持至一片玉米地内，三名行为人先后持刀猛刺姜某胸部、背部等部位数刀，后焚烧姜某的身体。姜某终因被刺破心脏、肺脏致循环衰竭死亡。

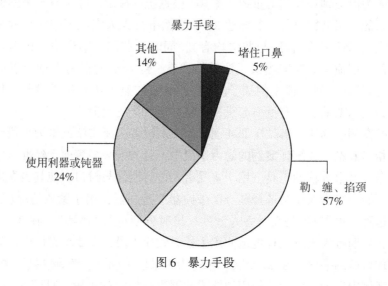

图 6 暴力手段

根据统计结果，本文认为，绑架案件的行为人被判处死刑与其实施的暴力致死手段具有重要关联，但与其犯罪的动因关系并不大，此外，结合行为人的基本特征等信息来看，行为人由于自身解决问题能力的缺乏、生活来源渠道有限等原因，不能正确对待纠纷或矛盾冲突，因而易出现对问题进行简单处理的现象，这也是其下手无分寸、采取极端手段的可能理由之一。

(四)共犯情况及索要金额情况

在所研究的 37 个样本中，有共犯情况的案例为 11 例，占比 30%，同时，被判处死刑的行为人均为共同犯罪中的主犯角色；行为人单独作案的案例为 26 例，占比 70%。总体来说，在共同犯罪中，各共犯对实施绑架犯罪蓄谋已久，有统一的"作战计划"，各个行为人有自己的"任务池"，其中尤以主犯的人身危险性与社会危害性最大。

在索要赎金的部分，37 个案件中行为人索要的赎金从 2000 元到 500 万元不等，具体情况如表 1：

表 1   索要赎金情况

金额数	2000~20 万元	20 万~50 万元	50 万~100 万元	100 万元以上	未表明
案件数量及占比	19(51%)	7(20%)	3(8%)	2(5%)	6(16%)

在对案例的分析过程中，笔者发现，绑架犯罪的行为人人数与索要赎金的金额并不具有正相关性，也即，并不是具有共犯情况、犯罪人数越多，其索要的赎金金额就越大。此外，行为人在索要金额上并不具有唯一确定性，譬如样本中就出现了多例行为人与受害人家属"讨价还价"①的情形以及行为人"自降赎金"的情形②。

三、绑架犯罪死刑行为人的诉讼表现特征及相关分析

(一) 认罪态度及对刑罚的影响

一般来说，在诉讼案件中被告人的认罪态度若是较为良好，就有可能"享受"到从轻处罚这一"优惠"。行为人实施犯罪行为后，是否如实供述自己的罪行及其对此的认识，就涉及认罪态度的问题。实践中行为人认罪的态度是多种多样的，有的是积极认罪、真诚悔罪，有的是消极坦白、避重就轻，还有的是顽固抗拒、拒不认罪等。认罪态度好坏在一定程度上反映出行为人人身危险性的大小和改造的难易程度，也往往是法院裁量刑罚包括死刑时的重要考量因素。③ 在本研究所统计的 37 个案例、40 名行为人中，共计有 11 名死刑行为人当庭表示自愿认罪悔罪。最终的判决结果也一定程度上受到了行为人认罪态度的影响(或者说佐证了认罪态度的效果)，在研究样本中的判决结果部分，认罪态度良好的死刑行为人无一例外均被判处了死刑缓期执行，而没有表现出良好的认罪态度的行为人被判处死刑立即执行的比重极大(约占比 90%)。此外，需要说明的是，案例中的绝大部分死刑行为人的文化水平较低，其缺少接受法制教育或相关培训的条件与机会，对犯罪的后果欠缺基本认识，这也是影响其认罪意志的内在原因之一。

---

① 譬如研究样本中的"侯某平绑架案"裁判文书中，被告人侯某平和同伙用受害人廖某的手机联系其丈夫肖某索要赎金人民币 50 万元，经行为人与受害人家属的讨价还价，最后确定赎金为人民币 46.8 万元。

② 譬如研究样本中的"陈滔绑架案"裁判文书中，行为人陈滔用受害人李甲的手机给受害人的父亲李乙发短信，称李甲在其手上，索要赎金 23.8 万元。之后，陈滔又用李甲的手机给李乙打电话，让李乙至少支付 15 万元，并威胁不许报警。

③ 彭新林：《论认罪态度与死刑的限制适用》，载《学术交流》2014 年第 24 期。

(二) 行为人的辩护情况

辩护权, 是指法律赋予犯罪嫌疑人、被告人根据事实和法律, 针对指控、起诉进行申述、辩解和反驳, 提出证明自己无罪或者罪轻的材料和意见, 维护自己合法权益的诉讼权利。我国的辩护种类分为自行辩护、委托辩护与指定辩护三种, 据裁判文书内容显示, 在 37 例样本的 40 名死刑行为人中, 仅有 4 人进行了自行辩护, 均是对案件的事实部分所进行的辩解, 共有 16 人的辩护律师为法院为其所指定的①, 指定辩护率为 40%, 其余辩护人均为行为人家属自行委托的辩护律师, 委托辩护率为 60%。

根据判决书显示, 在自行辩护的环节, 大部分的行为人处于"无话可说"或"不知所措"的境况, 仅有少数的行为人稍有意识地行使了这一权利——针对检察机关指控的犯罪事实进行辩解和反驳, 但是由于行为人不具备法律专业知识的背景, 其辩解与反驳往往显得苍白, 或许在法官看来, 行为人的自行辩护实质上具有"浪费时间"的意味。可以说, 在刑事案件中, 行为人若是没有得到辩护律师的帮助陈述和辩护, 那法律所赋予他的辩护权就几乎没有任何实际意义, 而委托辩护律师与指定辩护律师的帮助将会大大弥补行为人在诉讼过程中孤立无援的境地, 正如《吉迪恩的号角》②一书所说的那样:"在刑事案件中, 律师是一种必需品, 而不是一种奢侈品。"

(三) 赔偿以及取得家属谅解情况

行为人在诉讼中若是能够积极赔偿、取得被害人家属谅解, 在一定程度会影响到法官③对行为人主观恶性及人身危险性的评价, 因而法院会在量刑阶段中对这一情节适时进行考虑斟酌。

在 37 个研究样本中, 共有 5 个案例中的行为人(或者其亲属)对被害人的家属进行了积极赔偿, 取得了被害人家属的谅解, 行为人最终也无一例外地获得了死缓的判决, 其余案例中均未表明行为人对被害人家属进行赔偿, 行为人最终被判处死刑立即执行的案件占案件总数的 76%。基于统计结果, 我们可

---

① 《刑事诉讼法》第 35 条规定:"犯罪嫌疑人、被告人可能被判处无期徒刑、死刑, 没有委托辩护人的, 人民法院、人民检察院和公安机关应当通知法律援助机构指派律师为其提供辩护。"即绑架犯罪死刑行为人至少有法院指定的辩护律师。

② [美]安东尼·刘易斯:《吉迪恩的号角》, 陈虎译, 中国法制出版社 2010 年版, 第 226 页。

③ 在实践中, 受影响的主体并不仅限于法官。

以认为，行为人在诉讼中若是积极弥补被害人家属受到的伤害取得家属谅解，对行为人来说既是一个忏悔赎罪的机会，但最为重要的是，这同时也是保住自己性命的关键机会。

但是笔者认为，即使行为人积极赔偿，获得了被害方的谅解，但这毕竟是属于犯罪后的情节，法院的判决理应着重考虑犯罪行为的社会危害性以及由此造成的严重社会影响，也就是说，对量刑社会效果的评价不能仅局限于行为人的赔偿和被害方的谅解①，若行为人论罪应当判处死刑立即执行则还是应依法判处死刑立即执行。

四、预防与抑制致死型绑架犯罪的思考

根据统计结果与相关分析，笔者认为，当前，预防与抑制致死型绑架犯罪可从以下几方面进行思考。

(一)建立网络社交的边界感

在互联网飞速发展的今天，传统的线下交友方式已逐渐被线上交友方式所取代，如上文所提到的，国内某些流行网络社交软件的注册用户已达数亿人，活跃用户也以亿计。虽然网络社交使交流沟通变得更为自由与便捷，但同时其存在的风险也是显而易见的。现实生活中，不少人沉迷于网络社交，且容易将线上互动快速地发展为线下交流，这就导致不法分子有机可乘——打着交友旗号而行不轨之事，本文研究样本中的多起恶性绑架案就发生在网友线下见面的过程中。对于网络社交，尤其是线下见面，绝对不能自以为已经熟悉对方而掉以轻心，同时，由于女性对于人际关系警觉性较低且边界感相对较弱，因此女性在与网友见面时，更要对对方的言行多加判断和防范，应尽量避免单独与网友见面，不轻易与网友发生经济来往。总之，交友时要建立一定的边界感，尤其是在鱼龙混杂的网络社交中。

(二)严厉整治赌博活动

本文的研究样本中，有较高比例的行为人的作案动因是为了快速筹钱以归

---

① 此种谅解普遍不具有真实性，实际上，很少有被害人家属会真正地宽恕行为人，多是为了获得赔偿金"折腰"，不得已选择了"谅解"。

还赌债，在现实中，绑架犯罪常常与赌债相关联的这一现象应值得我们注意。赌债是不受法律保护的非法之债，行为人一旦沾染赌博欠下赌债后，债务人往往威胁其在短期内归还，而行为人由于惧怕威胁便会选择实施"来钱快"的绑架犯罪，甚至在此过程中不惜对被害人痛下杀手。由赌债而引发的恶性绑架犯罪在实践中占据很高的比例，对此，公安机关在防控绑架犯罪时可以考虑从治理赌博问题入手，重点治理以操纵赌博犯罪的黑恶势力，狠抓农村赌博现象，肃清不良的赌博风气；同时，还应进一步强化网络监管，防止不法分子将网络发展为新的赌博阵地。

(三)针对绑架高发区域实施情境预防

情境预防是一种预防犯罪的方式，是通过管理、设计等方式在犯罪易发区或高发区建立起特定的预防犯罪的环境，通过减少犯罪机会从而预防犯罪。通过对研究样本的统计与分析，恶性的绑架犯罪高发区域有公园、校园门口等公共场所，这类场所的特点是人流量大，人员混杂，不安全因素较多。针对这些高发区域，一方面，鉴于恶性绑架犯罪的受害人大多为未成年人，因此学校和家庭要注重和加强对未成年人的保护和监管，减少犯罪人的犯罪机会；另一方面，公安机关应加大警力布控，增加摄像监控数量，增派巡逻警察或设置警岗亭等，以对犯罪人的心理产生一定的威慑，增加其实施犯罪的难度。

五、结　语

绑架犯罪所造成的恶劣后果不管是对当事人及其家属还是对整个社会而言都是无法承受的痛苦，在我国当前"逐步减少死刑适用罪名"的大趋势之下，对绑架犯罪依然保留了死刑这一最为残酷的刑罚，足以说明绑架犯罪性质的严重性。

人的生理特点、行为习惯和个性特征之间，存在着推此即彼的规律，犯罪存在着不同的模式，这些模式与罪犯特征之间存在着联系。本文从犯罪学的角度入手，针对绑架犯罪死刑行为人的特征进行了多维度地统计与分析，发现样本中的死刑行为人在个体上具有从事体力劳动型职业、赌博恶习比例高、社会经济地位低下、文化水平低下等特征；在作案方面有接近受害人的方式多样化、绑架手段极端化、绑架对象低龄化、索要赎金非唯一性等特征。虽然不能仅通过对 37 个案例、40 名死刑行为人的研究分析就得出具有普遍意义的结论，但相关的研究结果及建议或许仍可以为理论与实务工作者提供一个值得参考和关注的视角。在此意义上，笔者认为，每个国家或地区的绑架案犯罪死刑行为人都有着不同的面貌，关键是要与时俱进、发展并丰富与时代相勾连的相关特征理论研究。

附：同行评阅反馈 *

中国大陆地区的死刑适用，一直面临西方国家的某些批判指摘，认为相关数据不透明、标准不统一、适用不规范、救济不充分等。对于类似的批评，虽然很难从宏观上做出直接回应，但却可以从微观层面结合具体犯罪的刑事判决书这一公开素材，加以系统研究，并得出可供检验与讨论的研究成果。正是在这个意义上，《绑架罪死刑行为人特征分析研究——以 37 个典型案例为对象》一文，才凸显出其所具有的重要价值。

在中国刑法中，绑架致人死亡者适用死刑的规定，一方面因为不具有可选择性而备受批判，但同时也在很大程度上排除了法官在司法适用过程中自由裁量等非量化因素的干扰，作者选择这一罪名开展实证研究，也就具有了统计学意义上的合理性。更为重要的是，作者并未沿用通用的研究范式，而是将重点放在实施此类行为的犯罪人身上，因此在传统教义学、刑罚学实证研究的基础上，将自己的研究范围进一步扩大，使其成为传统刑法学基础上的犯罪学研究论文。正如其文中所言，绑架罪属于传统的犯罪类型，从犯罪学以及心理学的角度上讲，认识和了解绑架犯罪死刑行为人的特征，对防控恶性绑架犯罪具有重要的指导意义。通过对全国范围内近年发生的 37 个绑架罪死刑案例进行多维度统计，发现样本中的死刑行为人在个体上具有从事体力劳动型职业、赌博恶习比例高、社会经济地位低下、文化水平低下等特征；在作案方面有接近受害人的方式多样化、绑架手段极端化、绑架对象低龄化、索要赎金非唯一性等特征；此外，以这些特征为切入点，本文衍生分析了恶性绑架犯罪的发展趋势及其防控思路，相关的研究结果及建议或许可以为理论与实务工作者提供一个值得参考和关注的视角。

但在另一层面，判决书中所反映的犯罪人信息，大多是与刑罚适用相关的

---

* 评阅人：李立丰，吉林大学法学理论研究中心/法学院教授，博士生导师，浙江省金华市人民检察院副检察长。

定罪量刑情节类信息，从判决书入手尝试对犯罪人进行犯罪学性质的描摹或还原，显然存在先天不足的可能，这也反映出当前犯罪学研究的一个通常缺点，即研究者大多缺乏社会学研究背景，研究大多缺乏第一手走访调查材料，研究工具大多缺乏多样性与独创性等，而这些，是包括本文在内的类似研究所必须关注的。

死刑案件中司法鉴定问题的实证分析

李　婕　　王冬妍*

摘要：通过对死刑案件 342 份裁判文书的分析显示，死刑案件中司法鉴定争议的焦点主要是 DNA 鉴定、死因鉴定和被告人精神病鉴定。刑事诉讼中，司法人员在鉴定人选择、鉴定结论采纳与否方面存在随意性；虽然鉴定人出庭的现象逐渐增多，但鉴定人出庭对鉴定意见的采纳并不具有显著影响。为提升死刑案件司法鉴定的科学性，应当赋予当事人和法官共同启动司法鉴定程序的权利；通过司法解释明确重新鉴定的标准；举办听证补强鉴定意见的效力；在医学标准的基础上运用法学理论来判断被告人的刑事责任能力。

关键词：死刑　司法鉴定　实证分析

我国《刑法修正案》已经废除了部分经济犯罪的死刑，但在常见多发的暴力犯罪案件中，死刑仍然适用。随着冤假错案的纠正以及死刑案件证据审查的严格化，死刑案件中司法鉴定问题逐渐从幕后走向前台，成为公众关注和法庭辩论的焦点问题。司法鉴定是刑事诉讼证据的重要类型，司法鉴定结论对犯罪成立的认定起着举足轻重的作用；我国在建设社会主义法治国家的过程中，应重视死刑案件司法鉴定问题，以提高死刑案件审判质量，促进我国人权建设。

一、死刑案件中司法鉴定的争议问题

笔者根据多年研究有组织犯罪问题中收集到的部分死刑判决，同时从网络上收集了影响较大的死刑案件的案情，共计 342 份裁判文书。通过整理分析，发现死刑案件中司法鉴定对定罪量刑发挥着举足轻重的作用，但司法鉴定的证

---

* 李婕，女，法学博士，安徽大学法学院副教授；王冬妍，安徽大学法学院硕士研究生。

据效力、质证规则、使用取舍等问题并未形成一致意见。

(一)死刑案件中司法鉴定的主要类型

在 342 份裁判文书中出现的司法鉴定类型中，除了典型的 DNA 鉴定、足迹鉴定等司法鉴定外，还有"鉴定专家咨询委员会"出具的"鉴定咨询意见"、未依法取得司法鉴定资格的鉴定人和鉴定机构出具的"检验报告"（俗称"法外检验报告"）、人民检察院和人民法院技辅人员出具的"技术证据审核意见"（习惯上称之为"文证审查意见"）等与诉讼法规定的鉴定意见的要求不完全一致的鉴定意见形式。由于这些鉴定意见对定罪量刑也有一定的影响，笔者称之为"非典型鉴定意见"。下面将裁判文书中出现的典型的司法鉴定意见归类如表 1 所示：

表1 死刑案件中司法鉴定的主要类型

司法鉴定类型	案件数（单位：件）
法医尸检	231
DNA 鉴定	219
涉案财产鉴定	198
足迹鉴定	307
司法会计鉴定	174
毒物鉴定	97
警犬鉴别	109
测谎鉴定	85
毛发鉴定	242
其他医学鉴定	196
司法精神病鉴定	125
伤情鉴定	339
痕迹检验鉴定	271
枪支鉴定	182
乙醇鉴定	73
物价鉴定	121

司法鉴定类型	案件数（单位：件）
血型鉴定	319
药物鉴定	158
指纹鉴定	333
科学技术鉴定	96

（二）死刑案件中司法鉴定错误的主要类型

近年来我国出现的冤假错案中，几乎都是涉及死刑罪名的案件。司法鉴定在案件的定罪量刑中起着至关重要的作用；根据笔者整理分析，在上述案件的定案证据中，DNA鉴定缺失或DNA鉴定错误是导致冤假错案的决定性因素。统计结果如表2所示：

表2　　　　　　　　　　**死刑案件中司法鉴定错误的主要类型**

序号	案件类型	案件被告人	鉴定错误问题
1	故意杀人	佘某林	未作DNA鉴定，以辨认认定被害人
2	故意杀人	石某玉	未作DNA鉴定，血型鉴定错误，以血型鉴定认定嫌疑人
3	故意杀人	滕某善	未作DNA鉴定，以血型鉴定、颅相重合认定被害人，以工具痕迹种属认定代替同一认定
4	强奸杀人	呼某吉勒图	未作DNA鉴定，以血型鉴定认定嫌疑人
5	故意杀人	孙某刚	未作DNA鉴定，以血型鉴定认定嫌疑人
6	故意杀人	王某军	未作DNA鉴定，以血型鉴定认定嫌疑人，未作足迹鉴定
7	故意杀人	杨某忠等	未作DNA鉴定，以血型鉴定认定嫌疑人
8	抢劫杀人	张某明	未作DNA鉴定，以血型鉴定认定嫌疑人
9	故意杀人	吴某声	未作DNA鉴定，以血型鉴定认定嫌疑人
10	故意杀人	杨某明等	未作DNA鉴定，以血型鉴定认定嫌疑人
11	强奸杀人	孙某双	未作DNA鉴定，隐匿现场足迹鉴定与嫌疑人不符
12	强奸杀人	韩某福	未作DNA鉴定和血迹鉴定
13	强奸杀人	徐某辰	未及时作DNA鉴定，以血型鉴定认定嫌疑人

续表

序号	案件类型	案件被告人	鉴定错误问题
14	强奸杀人	王某红	未及时作 DNA 鉴定检验精斑，后 DNA 鉴定否定嫌疑人
15	故意杀人	赵某海	DNA 鉴定无法认定嫌疑人，仅凭口供认定被害人和嫌疑人
16	故意杀人	张某生	DNA 鉴定无法认定嫌疑人，以错误的辨认认定嫌疑人
17	故意杀人	李某明	毛发、DNA 鉴定检材来源不明，警犬鉴别、测谎鉴定错误、足迹鉴定错误且检材丢失
18	故意杀人	廖某军	DNA 鉴定未排除嫌疑人，毛发鉴定检材来源不明
19	奸淫幼女	王某超	未作 DNA 鉴定检验精斑，以被害人指认认定嫌疑人
20	强奸	裴某唐	未作 DNA 鉴定，以被害人指认认定嫌疑人
21	轮奸	王某武等	未作 DNA 鉴定，以阴道壁充血的妇科鉴定作为强奸证据
22	轮奸抢劫	魏某安	未作 DNA 鉴定，以血型鉴定认定嫌疑人
23	抢劫	陈某清等	未作 DNA 鉴定，以血型鉴定认定嫌疑人
24	强奸	徐某彬	未作 DNA 鉴定，血型鉴定错误，以血型鉴定认定嫌疑人
25	强奸	刘某	未作 DNA 或血型鉴定，以辨认认定嫌疑人
26	强奸	孟某明	未作 DNA 鉴定，3 年后送检未检出精斑
27	故意杀人	岳某元	DNA 鉴定错误，骨龄鉴定 16 岁与 18 岁差异未引起注意
28	故意杀人	李某伟	DNA 鉴定准确，但嫌疑人回家后与妻子尸体接触过被忽视
29	强奸杀人	余某平	DNA(精液)鉴定准确，但被害人是嫌疑人女友且曾留宿
30	强奸杀人	张某、张某平	指甲缝中残留物 DNA 鉴定已排除嫌疑人，被警方忽视
31	故意杀人	胡某杰	足迹鉴定认定嫌疑人，烟头 DNA 排除嫌疑人，被警方忽视
32	故意杀人	于某生	DNA(精液)鉴定已排除犯罪嫌疑人，被警方忽视
33	强奸	张某风	DNA 鉴定排除嫌疑人，证据被公安机关隐匿
34	故意杀人	刘某连	对胃内容经法医鉴定排除犯罪嫌疑人，被警方忽视
35	投放危险物质	念某	对水壶、高压锅和铁锅的毒物化验鉴定错误

序号	案件类型	案件被告人	鉴定错误问题
36	故意杀人	李某平	足迹鉴定错误
37	故意杀人	姜某然	足迹鉴定错误
38	抢劫杀人	王某发	错误法医工具痕迹鉴定，误认为39处刀伤为自伤
39	强奸	宋某民	足迹鉴定错误
40	故意杀人	杜某武	警犬鉴别、测谎鉴定错误，射击残留物鉴定
41	贪污挪用公款	涂某新	司法会计鉴定错误
42	抢劫杀人	何某明等	测谎鉴定错误
43	故意杀人	刘某河	测谎鉴定错误
44	偷税诈骗	卢某敏	司法会计鉴定错误
45	故意杀人	赵某建	毛发血型鉴定已排除嫌疑人，被警方忽略
46	强奸	文某军	法医鉴定处女膜无破损，而认定强奸未遂
47	故意杀人	王某文	现场拖鞋足迹鉴定已排除为嫌疑人所有，被警方忽视
48	故意杀人	张某身	两份足迹鉴定意见冲突，其中一份错误
49	抢劫杀人	史某生	未作指纹、足迹的排除性鉴定
50	强奸杀人	王某余	鉴定未找到精斑，与嫌疑人供述体内射精不符
51	故意杀人	代某民等	伤情鉴定与嫌疑人供述在工具痕迹上不符，但未获重视
52	故意杀人	陈某江	中心现场足迹排除嫌疑人、外围雪地足迹认定同一

(三) 影响死刑案件裁量的司法鉴定类型

通过分析裁判文书，笔者发现死刑案件中影响定罪量刑的司法鉴定主要是被害人死因鉴定和被告人精神病鉴定(详见表3、表4)。在多数案件中，被害人死因鉴定和被告人精神病鉴定会多次申请、多次进行，当然，鉴定结论也会出现前后矛盾的情况。

表3   死 因 鉴 定

案件名称	鉴定次数	案件持续时间(年)	发生地域
李国福案		2008	安徽阜阳
李某芬案	3	2009	贵州瓮安
涂某高案	2	2009	湖北石首
曾某生案	2	2009	广西南宁
李某明案	2	2009	云南普宁
徐某荣案	2	2009	山西丹凤
钱某会案		2009	浙江乐清
湖南少女凤凰坠亡案		2010	湖南凤凰
谢某案	2	2010	辽宁本溪
黄某陷警案	2	2010	安徽黄山
谢某新案	2	2011	湖北荆州
陈某明案	2	2011—2013	江苏南京
念某案	1	2006—2014	福建平潭
黎某阳案	3	2007—2008	广西南宁
张某案	3	2007—2008	吉林长春

表4   死刑案件中被告人精神病鉴定

案件基本情况	申请与决定鉴定时间	申请鉴定理由	决定机关与结果	鉴定意见
云南马某爵杀人案	一审中辩护人提出鉴定;二审请求重新鉴定	辩护人根据案情申请法院收集马某爵精神病的证据	一审法院支持了辩护人要求;二审法院认为,辩方对鉴定意见提出异议没有事实和证据支持,驳回重新鉴定申请	无精神病;被鉴定人马某爵在作案过程中有完全刑事责任能力

案件基本情况	申请与决定鉴定时间	申请鉴定理由	决定机关与结果	鉴定意见
陈某蕾杀夫碎尸案	侦查中提出请求；起诉中请求重新鉴定	陈某蕾亲属称其母亲和外婆有精神分裂症；美国司法机关认为其有"深度抑郁"	侦查机关启动鉴定；检察机关驳回重新鉴定申请	思维敏捷，鉴定期间未发现幻想、幻听现象。事发时符合生理性冲动，自我保护意识较强，有完全刑事责任能力
云南施某清杀人纵火案	起诉中决定鉴定；一、二审提出重新鉴定	施某清一审提出，1994年打工伤到了头，医院精神科医生说其有精神病	一审法院认为，被告人请求进行重新精神病鉴定的理由不充分，不予支持	施某清作案时精神状态正常，有完全刑事责任能力
曾某杰杀同学案	被告人及辩护人一审中申请鉴定和重新鉴定	被告人怀疑自己有精神病，其妈妈有间歇性精神病；大舅以及表哥有精神病史；鉴定报告根据侦查机关笔录制作	一审法院启动鉴定，并驳回重新鉴定申请	作案时无精神障碍，并且具有完全行为能力，应当对其行为负责
广东张某发杀人案	侦查中律师申请鉴定；一审提出其姐姐患精神分裂症，有家族病史	被鉴定人对自己的作案行为具有全部责任能力	偏执性精神障碍，在急性妄想状态下作案，无刑事责任能力	有"急性应激性精神障碍"，被鉴定人作案时无意识障碍，辨认能力正常，但自我控制能力减弱，应负部分刑事责任能力。法院采纳了部分刑事责任能力的意见

续表

案件基本情况	申请与决定鉴定时间	申请鉴定理由	决定机关与结果	鉴定意见
蒋某强杀人案	因在看守所表现异常，侦查机关进行鉴定；被害方要求重新鉴定	患有精神分裂症（发病期）；无刑事责任能力	患有偏执型精神分裂症，作案时无刑事责任能力	患精神分裂症，作案属混合型动机。辨认与控制能力均不完全，认定为限制刑事责任能力。重审时的意见认为，患精神分裂症，作案时属发病期，无刑事责任能力。一审采纳先定刑事责任能力；重审采纳无刑事责任能力
广东李某越杀人案	公安机关委托鉴定；被害人家属申请重新鉴定；检察机关两次鉴定	李某越患有精神分裂症，作案时丧失实质性辨认能力，无责任能力	患有精神分裂症，其精神症状对作案动机有间接影响，部分责任能力	患精神分裂症，评定为无刑事责任能力，法院采纳
辽宁赵某杀人案	其弟弟称其有精神病，公安机关3次委托鉴定	赵某当时确无刑事责任能力	赵某作案时具有限制刑事责任能力	对犯罪行为、后果等辨认能力与控制能力并未完全丧失，具有限制刑事责任能力

公安机关、检察机关和审判机关均享有独立的司法鉴定启动权，可以自行启动鉴定程序，并且几乎不受司法审查和当事人权利的制约。而与案件有直接利害关系的当事人却仅仅享有补充鉴定和重新鉴定请求权，即使当事人认为需要鉴定也无权启动鉴定程序。在鉴定启动程序结构上，这样的权利分配具有明显的偏向性。控辩双方权利设置严重失衡，导致双方诉讼地位不平等，当事人主体地位未得到应有的尊重，其诉讼权利缺失亦得不到有效的司法救济。刑事诉讼中有权直接启动司法鉴定的主体是侦查机关、公诉机关和审判机关，当事人及其代理人、辩护人既没有直接启动司法鉴定的权利，也没有"申请司法鉴

定"的权利，他们有的只是在对公安司法机关现有的鉴定结论不服的情况下"申请重新鉴定和补充鉴定"的权利；而且，在公安司法机关对当事人的重新鉴定或补充鉴定申请不予批准的情况下，立法也没有赋予当事人有效的救济途径。例如，邱某华的妻子及二审辩护人向法院提交了为邱某华作司法精神病鉴定的申请，但遭到了检察官的极力反对。

(四) 死刑案件中司法鉴定人员的选任

由于司法鉴定结论往往出现前后矛盾的情况，因此司法鉴定结论、司法鉴定人员的选任对案件定罪量刑起着至关重要的作用。课题组通过与人民法院、人民检察院、公安机关以及律师事务所的相关司法人员访谈了解到司法鉴定人员的挑选途径，具体分析如表5所示：

表5　　　　　　　　　　　　选 任 方 式

选任方式	名册中随机挑选	较为熟悉，以前合作过	级别高的鉴定机构中的鉴定人
比例(%)	10.61	31.82	57.58

(五) 鉴定人出庭及鉴定结论采纳情况与原因

根据刑事诉讼法的原理，鉴定结论如果符合关联性、合法性、真实性要求，可以被采纳为证据，进而影响定罪量刑。在同一案件多次鉴定的情况下，鉴定人作为专家辅助人出庭接受质证能够增强鉴定结论的证明力。那么这些因素如何影响死刑案件的定罪量刑？由于死刑案件事关重大，大多进行了多次司法鉴定。部分案件的判决书中，法官明确指出了鉴定意见采纳的原因，具体统计如表6至表9所示：

表6　　　　　　　　　　　　法律属性统计

职业	专家辅助人意见的法律属性				合计
	仅作为一种质证方式	可作为鉴定意见	可作为证人证言	其他	
法官	51	48	44	11	154

续表

职业	专家辅助人意见的法律属性				合计
	仅作为一种质证方式	可作为鉴定意见	可作为证人证言	其他	
律师	48	103	51	8	210
鉴定人	67	23	51	5	146
其他	33	18	16	0	67
合计	199	192	162	24	577

表 7　　　　　　　　　　出 庭 统 计

职业	是否经历过鉴定人出庭				合计
	多次经历	偶有经历	1 次经历	其他	
法官	13	48	44	11	116
律师	29	103	131	8	271
其他	0	18	16	0	34
合计	42	169	162	19	392

表 8　　　　　　　　　　诉讼地位统计

职业	专家辅助人的诉讼地位					合计
	类似鉴定人	类似辩护律师	类似证人	独立诉讼参加人	其他	
法官	76	4	43	32	0	155
律师	89	10	64	45	0	208
其他	15	7	24	19	0	65
合计	180	21	131	96	0	428

表 9　　　　　　　　　　未被采纳原因

案件数量	司法鉴定意见未被采纳的原因
7	鉴定意见逻辑、真实性、客观性存疑

续表

案件数量	司法鉴定意见未被采纳的原因
11	其他证据不足以证明犯罪导致鉴定意见未采用
5	侦查机关未履行告知义务，鉴定意见存在程序瑕疵
3	鉴定意见由被害人诉前独自作出，被告人异议成立
8	未采纳的鉴定意见未作出确定结论，而其他鉴定意见作出
4	被害人拒绝复查，自负后果
12	原审部分否定鉴定意见的客观性
14	鉴定材料选取片面、存疑
19	鉴定意见存在瑕疵，不能与其他证据印证
20	鉴定不全面导致鉴定意见不准确
13	鉴定意见缺乏客观性
2	鉴定机构不具备相应鉴定资质
6	鉴定意见适用的鉴定标准错误
9	鉴定标准适用错误，鉴定结论不全面、不严谨、不规范

二、死刑案件中完善司法鉴定的对策建议

上文的统计分析表明，死刑案件中死因鉴定、被告人精神病鉴定、DNA鉴定是对定罪量刑影响最大的鉴定结论。在对案件的同一事实多次鉴定的情况下，鉴定人资质、鉴定结论的科学性、鉴定人出庭接受质证等问题都对案件最终的定罪量刑有影响。

(一) 健全司法鉴定的启动程序

在司法鉴定制度改革过程中，鉴定权的启动主体问题始终是人们探讨的重点。司法鉴定启动权是指可以启动司法鉴定程序的权利，主要包括司法鉴定申请权、司法鉴定决定权及司法鉴定委托权。目前在我国现行刑事诉讼法律中，司法鉴定的初次启动权(即决定权和委托权)掌握在公安司法机关手中，当事人双方没有初次鉴定的启动权(包括无初次申请权、决定权、委托权)，因此当事人无权直接聘请鉴定人。当事人只享有申请补充鉴定和重新鉴定的权利，

并且申请人的补充鉴定和重新鉴定申请并不必然地启动鉴定程序，其决定权和委托权仍在公安司法机关手中。

我国鉴定程序的启动中发挥职权作用的主体除了法官之外，还包括侦查机关和检察机关。这种模式可能导致如下问题：一方面，侦查机关、检察机关自行启动鉴定难以保证鉴定的客观中立性；另一方面，侦查机关、检察机关自行启动鉴定也是造成"多头鉴定"和"重复鉴定"的最主要原因。鉴于此，我国应取消侦查机关自行启动鉴定的权利，由法院统一行使鉴定的最终决定权。① 为了保障当事人的参与性和鉴定程序的民主性，应当赋予控辩双方平等的委托鉴定申请权。然而完全由法院享有鉴定的决定权，却无法避免当事人对法院和鉴定机构中立性的质疑，这主要是由于《司法鉴定机构登记管理办法》颁布之前一些法院设置有自己的鉴定机构，这些鉴定机构是依附于法院的，虽然这些鉴定机构在鉴定管理体制改革后已经脱离法院，但实际上却与法院依然存在着各种联系，其中也包括利益联系，从而使法院和鉴定机构中立性遭受质疑，不利于程序正义的实现。

笔者认为，司法鉴定的启动程序，应当是当事人与法官共同结合的启动程序。具体如何结合呢？在刑事诉讼中司法鉴定程序的启动权可由法院或侦查机关、当事人共同享有；民事诉讼中司法鉴定程序的启动权亦是由法院与当事人双方共同享有。当事人、侦查机关虽然可以享有司法鉴定的启动权，但这一切活动都应在法院的调控下，法院可以有理由地制止当事人、侦查机关行使启动权，或者人民法院在必要时启动对复核鉴定的启动权。

（二）规范重新鉴定的程序

按照三大诉讼法的规定，重复鉴定可以弥补初始鉴定存在的不足，使鉴定结论这种主观对客观事物的认识更接近于客观实际，使其准确程度更高。重复鉴定对于保障鉴定结论客观性具有积极作用。但是在诉讼过程中却存在着对这种申请权和委托权的放任自流，一旦当事人提出申请就允许，申请人委托哪一个机构鉴定也是由当事人自己决定，导致司法鉴定实践中重新鉴定申请权的无限制行使。

有的司法机关迁就申请人，"有请必鉴"，认为反正费用由申请者承担；有的司法机关偏袒当事人一方，为了一方赢得"官司"，一定要得到适合自己预想的"鉴定结论"，从而导致对同一问题反复鉴定，鉴定结论之间的矛盾不

---

① 陈如超：《司法鉴定管理体制改革的逻辑与方向》，载《法学研究》2016年第1期。

仅无法排除，而且日益复杂。① 这种多头鉴定、重复鉴定问题，已严重影响了司法鉴定的客观性、科学性和权威性，在一定程度上影响了司法公正，也浪费了相当多的司法资源。因此，必须对重新鉴定程序进行限制和规范。问题的关键在于如何对此进行有效的控制。

笔者认为，2016 年修订的《司法鉴定程序通则》并未对重复鉴定、多头鉴定等问题进行有效地限制，这些问题必须通过诉讼法的修改来调整。例如，应当对补充鉴定、重新鉴定的申请权、决定权，对鉴定的机构以及次数等作出限制性规定；司法机关决定和委托鉴定时要严格审查，不能"有请必鉴"。同时，应当对重新申请鉴定的理由作出规定。针对这一问题，《最高人民法院关于民事诉讼证据的若干规定》专门规定了重新申请鉴定的法定情形，即只有以下情形才能申请重新鉴定：(1)鉴定机构或者鉴定人员不具备相关的鉴定资格的；(2)鉴定程序严重违法的；(3)鉴定结论明显依据不足的；(4)经过质证认定不能作为证据使用的其他情形。从民事诉讼的实践看，重复鉴定的问题得到了较好的解决。因此，三大诉讼法修改应当予以借鉴。

(三)解决鉴定意见的效力问题

现行司法鉴定体制下，各鉴定机构之间没有隶属关系，无高低之分，鉴定机构之间是平等的，鉴定人之间也没有谁服从谁的问题，所作出的鉴定结论的证据资格和证明力也是平等的。这可以避免当事人为了追求更高级别的司法鉴定而带来的重复鉴定问题。但面对不同的鉴定意见时，法官该如何采信，该如何取舍，法律没有明确规定；出现多个鉴定意见时该如何取舍没有规定。② 笔者认为，法院在面临多个鉴定结论意见不同的情况下，采信哪份鉴定结论作为证明案件事实的根据，应由法官自由判断，即法官通过法庭审理对鉴定结论进行审查，包括通知鉴定人出庭接受控辩双方的质询，结合本案的其他证据进行综合分析，从而对鉴定结论的可采性和证明力作出判断。

一些法院也建立了"重新鉴定听证制度"(丰县法院)或"司法鉴定的阳光操作"(杭州中院)。如丰县的"重新鉴定听证程序"，是指申请人对司法鉴定意见提出重新鉴定申请时，由法院司法鉴定部门负责召集承办法官、当事人、检察机关及鉴定机构人员进行听证。听证时，鉴定机构要对鉴定程序、依据等接受承办法官及案件当事人质询，并可就其中的疑问进行辩论。为增强透明度，该

---

① 潘广俊：《司法鉴定意见争议评价机制研究》，载《证据科学》2012 年第 5 期。

② 赵珊珊：《司法鉴定主体格局的中国模式》，载《证据科学》2013 年第 1 期。

制度还要求听证应公开进行。该院通过试行这项制度，规范了申请重新鉴定启动程序，降低了诉讼成本，提高了司法效率，取得了良好效果。

（四）科学看待侦查机关内部鉴定机构存在的合理性

目前法律法规仅废除了法院内部的鉴定机构，改变了过去自审自鉴的状况，但是仍然保留了公安机关和人民检察院内部的鉴定机构，因此自侦自鉴的现象仍然存在。那么是否必须废除侦查机关的鉴定机构，多头鉴定和重复鉴定问题才能得到解决呢？有学者认为，公安机关、检察机关的鉴定机构不可取消，如果取消，如何保证刑事诉讼案件的及时、迅速侦破？笔者认为这种观点有一定的道理。因为公安机关担负着侦破案件、打击刑事犯罪的艰巨任务，为了能够及时开展侦查、及时发现和审查嫌疑人，一个直接为其服务的专门技术鉴定机构，是必不可少的。

那么应该如何防止自侦自鉴现象的产生呢？从我国著名刑事诉讼法学家在"刑事诉讼法第二修正案学者拟制稿"中可以看出，虽然仍将"鉴定结论"列为证据的一种，但是侦查机关的鉴定机构已经被看作是其内部的技术侦查部门，为其侦破案件提供服务。[1] 侦查机关的技术部门对物证的检验结果，只是为侦查人员确定侦查方向，确定犯罪嫌疑人服务，不再是诉讼意义上的鉴定结论。这种检验结果在将来如果要作为证据使用，必须由侦查机关另行委托经合法登记的鉴定机构进行鉴定，此时鉴定人所作的"鉴定结论"才能作为诉讼证据使用。[2] 笔者认为，这种方案的设计具有一定的可行性，既可保证刑事诉讼案件的及时、迅速侦破，又能够防止自侦自鉴问题的产生，从而为解决效率与公正的衡平提供解决方案。

（五）正确应用刑事责任能力的鉴定意见

精神医学上的"精神病"与《刑法》第 18 条规定所述"精神病人"中的"精神病"概念是否等同？《刑法》第 18 条在保护谁？精神疾病离我们有多远？有无精神疾病与是否需要承担刑事责任之间是什么关系？对涉案的犯罪嫌疑人有无必要进行司法精神医学鉴定中的刑事责任能力鉴定？启动权应如何配置？邱某华对杀害熊某成、道某的其他人员和香客，以及在湖北的抢劫、伤害等危害行

---

① 熊秋红：《我国司法鉴定体制之重构》，载《法商研究》2004 年第 3 期。
② 陈光中、吕泽华：《我国刑事司法鉴定的新发展与新展望》，载《中国司法鉴定》2012 年第 2 期。

为坚持认为是正确的，从不感到后悔，其提供的理由是荒谬的，明显的是在妒忌妄想等精神症状的驱使下出现了一系列危害行为，却坚称自己没有精神病，也表明他对自己的危害行为和精神疾病缺乏实质性辨认能力。不能因为他对自己的一般行为具有表象上的物理性的辨认能力或庭审时思路清晰，而认定他对危害行为也有辨认能力。①

笔者认为，精神医学鉴定所作出的鉴定意见，实质上是一种精神医学专家的证言，是关于精神疾病患者责任能力的评定意见。它是法定证据之一，只有被司法机构审查、采信后才具有法律效力。如不被采纳，则和废纸没有什么区别。这说明，鉴定意见不是无一例外地都被司法机关终采信，而是要经过严格的审查程序。其逻辑结论是，即使精神医学专家鉴定得出犯罪嫌疑人患有某精神疾病，并因此丧失对涉及案件的刑事责任能力这样的结论，也不必然消除其刑事法律责任，② 这需要结合全案证据综合判断。在精神病的医学检验和对鉴定结论的逻辑推理中，一定要科学区分技术检验标准和实质证明标准，准确进行证据能力、证明标准的厘清与论证。在此科学的医学鉴定基础上，司法人员要从法学的标准判断被告人在犯罪时是否具有辨认、控制能力，从而得出其是否具有刑事责任能力的结论。

附表：

	第一次鉴定	第二次鉴定	第三次鉴定	裁决结果	备注
1	公诉部门提供证明犯罪数额			未采纳；构成职务侵占罪	鉴定结果有部分与逻辑相驳，不合常理；所用数据真实性合理性存疑；采用的方法、原理不具有科学性；不能够排除、否定辩护人提出的各项疑问，其结论不具有排他性、唯一性，不予采纳。
2	公安机关提供证明伤情	自诉人提供证明伤情		未采纳；不构成故意伤害罪	鉴定结果本身合法，但其余证据无法形成完整证据链条，无法据此定罪。

① 陈卫东、程雷：《司法精神病鉴定基本问题研究》，载《法学研究》2012年第1期。
② 季美君：《专家证据的价值与我国司法鉴定制度的修改》，载《法学研究》2013年第2期。

	第一次鉴定	第二次鉴定	第三次鉴定	裁决结果	备注
3	不确定何方提供证明犯罪事实存在			采纳；构成非法经营罪且情节特别严重	本案司法鉴定依据公安机关查获的证据作出，其内容与被告实际作案情况相符、署名符合法律规定。被告及其辩护人提出的异议不充分，因此采纳本鉴定意见。
4	原告方提供证明伤情			采纳；构成故意伤害罪	本案鉴定意见书证明被害人伤情达到轻伤，影响本案定罪。
5	公安机关提供证明死因、无精神病			采纳；构成故意杀人罪	本案尸检意见书证明被害人因失血过多死亡，与被告行为具有因果关系；精神病鉴定意见确认被告人无精神病，应负刑事责任。本案鉴定影响定罪。
6	公诉机关提供确定具体贪污数额			采纳；构成贪污罪	鉴定所以及负责鉴定的鉴定人员均具备相应的资质，并且依法、采用法定方式对涉案土地进行评价，鉴定程序合法，鉴定结论和补充鉴定符合客观实际，具有合理性，予以采纳。
7	公诉方提供证明种子系伪劣			采纳；构成销售伪劣种子罪	负责鉴定的种子站，符合农业部相关规定、参加鉴定的专家组成人员，均符合法定鉴定人员条件；鉴定程序、方法科学合理，所作的鉴定结论合法有效。本鉴定影响犯罪数额的确定。
8	一审公诉机关提供	一审公诉机关提供证明犯罪事实		采纳第二份鉴定意见，未采纳第一份鉴定意见；构成职务侵占	第一份鉴定意见书存在侦查阶段未告知的程序性问题，原公诉机关未将该鉴定书作为定案证据向法庭举证。而第二份鉴定意见书并非第一份的重新鉴定，故两份虽是同一鉴定人，但只有一份作为有效证据，不构成定案证据中同一鉴定人就同一事项作出鉴定问题，故采纳。

	第一次鉴定	第二次鉴定	第三次鉴定	裁决结果	备注
9	公安机关提供损伤程度鉴定意见书；被害人提供伤残等级鉴定意见	法院随机选定司法鉴定所重新鉴定被害人伤残等级		采纳公安机关及法院鉴定的意见，未采纳被害人鉴定的意见；构成故意伤害罪	对于两份伤残程度鉴定意见，被害人所提供的系其诉讼前单方自行委托鉴定，被告人提出异议，故法院另行选定鉴定所鉴定。鉴定过程程序合法，相关鉴定人亦出庭进行说明，其司法鉴定意见具有科学性、客观性，予以采纳。本鉴定意见影响定罪和赔偿。
10	公安机关提供证明犯罪事实、损失数额及无精神病			采纳；构成交通肇事罪、以危险方法危害公共安全罪	关于被告人精神病的司法鉴定，鉴定机构和鉴定人均具有法定资质，鉴定过程和方法符合相关要求，其鉴定意见合法、有效，且能与被告人在整个案件过程中的具体表现及其他证据相互印证，可以作为定案的根据。本鉴定意见影响被告人刑事责任的承担。
11	被害人提供证明伤残程度			采纳；构成故意伤害罪	本案中两份司法鉴定证明被害人分别构成轻伤，并致8、9级伤残，影响犯罪成立；后续治疗期长度鉴定影响赔偿数额计算。
12	公安机关、检察院提供证明伤情	重新鉴定证明伤情	法大法庭科学技术鉴定研究所证明伤情	均采纳；构成故意伤害罪	本案中的司法鉴定证明被害人分别构成轻伤、轻微伤，影响被告人故意伤害罪的成立。三次鉴定均为一审时提供，鉴定结论相互印证，均已采纳，但第三次不确定是谁提供。
13	公安局机关提供两份证明伤情	公安机关提供证明伤情	被告人提供证明伤情	采纳前三份鉴定意见，未采纳被告方的鉴定意见；构成故意伤害罪	对于辩护人提出本案鉴定意见存在的未盖章、无资质、有矛盾问题，争议鉴定意见作出于规定之前，不直接影响鉴定结论的合法性；争议鉴定人具有从事法医临床鉴定的资格，司法鉴定管理处开出的事后确认证明；鉴定委托日期矛盾的问题，鉴定人出庭证明其系笔误。

	第一次鉴定	第二次鉴定	第三次鉴定	裁决结果	备注
14	公安机关提供证明伤情	一审法院委托鉴定机构重新鉴定		均采纳；构成故意伤害罪	因被告人对公安机关出具的鉴定意见提出异议，一审法院委托其他司法鉴定所重新鉴定，两份鉴定意见一致。上述鉴定意见均具备关联性、合法性、客观性，且鉴定人出庭分析解释。
15	一审公诉机关提供证明犯罪事实			均采纳；构成受贿罪、贪污罪	第一份鉴定意见系检察院委托具有司法鉴定资质的鉴定机构进行；第二份是由具有文书鉴定、痕迹鉴定资质的鉴定机构作出，相关鉴定人亦具有文书、痕迹鉴定资格，检验全面，样本与检材均为一月内所写，得出的鉴定意见是全面、客观、唯一的。
16	公诉方提供证明伤情			采纳；构成故意伤害罪	本案伤残鉴定和司法鉴定的作出符合法律规定，能与其他证据相互印证，证明被害人构成重伤影响犯罪成立以及赔偿数额计算。
17	原告方提供证明伤情			采纳；构成交通肇事罪	本案中鉴定意见影响被告人附带民事诉讼赔偿金额的确定。
18	公诉机关提供证明事故原因			采纳；构成工程重大安全事故罪	本案中鉴定机构和鉴定人员均有法定资质，其鉴定程序合法，鉴定意见客观、真实，同时应被告人申请，鉴定人员出庭并当庭作出的鉴定说明，故此鉴定意见法院予以采纳。
19	公安机关提供证明伤情	被害人申请，法院委托机构重新鉴定		采纳；构成故意伤害罪	本案司法鉴定中心及鉴定人具有法定资质，在本案鉴定过程中鉴定程序合法，鉴定过程和方法符合专业规范要求，鉴定意见的形式要件完备，可以作为本案的证据使用，没有必要重新鉴定。本案鉴定意见关系被告伤情确定，影响犯罪成立与否。

	第一次鉴定	第二次鉴定	第三次鉴定	裁决结果	备注
20	公安机关提供证明犯罪事实			采纳；构成贩卖毒品罪、容留他人吸毒罪	对于争议的精神病鉴定意见系公安机关委托鉴定所进行，该司法鉴定所具有法医精神病鉴定的资质，相关鉴定人员具有从事法医精神病鉴定的资格，且该司法鉴定意见的鉴定形式要件完备、鉴定程序合法，鉴定意见明确，符合法律及司法解释对鉴定意见的要求，该司法鉴定意见应当作为证据使用。
21	公安机关提供证明犯罪事实			采纳；构成运输毒品罪、非法持有毒品罪	辩护人援引地区规定"样本原则上应当是原件"，法院认为此规定仅为行业指导意见。本案中快递单据虽是复印件，但字迹清晰、书写正常，由公安机关合法提取，符合鉴定条件，且出具该鉴定意见的鉴定机构及鉴定人员具备法定鉴定资质，依据法定程序及科学方法作出的鉴定意见，并有证人证言印证，予以采信。
22	公安机关提供证明伤情	被告人申请，法院委托重新鉴定，被害人不同意，终止	被告人又申请，法院委托对被害人提供影音重新鉴定	采纳第二份意见，未采纳公安机关的意见，构成故意伤害罪	本案出现了两份合法但结论矛盾的鉴定意见，在被害人多次拒绝重新鉴定情况下，法院从疑罪有利于被告人出发，采纳第二份意见，由被害人自担相应责任。本司法鉴定意见影响被告人量刑。
23	公诉机关提供证明伤情			采纳；构成故意伤害罪	本案鉴定机构是在被害人受伤后作出鉴定，鉴定时间上没有违背法定程序。鉴定根据派出所送检的被害人住院治疗病历等作出，鉴定机构和鉴定人具有法定资质，鉴定程序合法，依据充分。

续表

	第一次鉴定	第二次鉴定	第三次鉴定	裁决结果	备注
24	一审公诉机关提供证明贪污事实			采纳；原审部分否定客观性，构成贪污罪、巨额财产来源不明罪	本案司法鉴定意见是经有资质的鉴定机构及其人员所作出，其借助显微镜检验检材涂改痕迹，结合自己作为专业人员的经验，作出涂改痕迹的意见，可以作为本案认定事实的参考。但有关数据存在涂改的痕迹，并非当然就可以确凿充分地认定存在贪污。
25	公诉机关提供证明无精神病及犯罪数额	被告人提供证明被告人有精神病		采纳公诉机关的鉴定意见，未采纳被告方的鉴定意见；构成盗窃罪	第二份鉴定意见所依据的部分材料系案发后取得，有矛盾之处，具有明显的片面性，部分鉴定程序违反法律规定，且鉴定人当庭未能作出充分、合理的说明，故不予采信；第一份鉴定意见依据的材料较为客观、真实，鉴定程序符合法律规定，且鉴定人当庭对所作鉴定意见给予了科学、合理的说明，故予以采信。
26	公诉机关提供证明涉案烟火为爆炸物			采纳；构成非法储存爆炸物罪	公诉机关出示了湖南鼎信司法鉴定中心鉴定意见书及国家烟花爆竹产品质量监督检验中心的检验和试验报告，两份鉴定意见基本一致，相互印证，予以采信。鉴定意见影响被告人犯罪成立。
27	公安机关提供证明伤情			采纳；构成故意伤害罪	本案轻伤鉴定系鉴定机构受公安分局委托，鉴定程序合法，鉴定人具备专业鉴定资质，对鉴定所依据的材料及评定为轻伤的事实及依据，鉴定人当庭进行解答，与本案其他证据能够形成完整的证据链条，予以采纳。本鉴定意见影响犯罪成立。

续表

	第一次鉴定	第二次鉴定	第三次鉴定	裁决结果	备注
28	被害人提供证明伤情	公安机关提供鉴定补充说明证明伤情		均采纳；构成故意伤害罪	对于被告人异议，鉴定人均出庭对鉴定结论和补充说明进行说明。因法医鉴定查体结果与医院临床诊断存在误差而鉴定查体时，被鉴定人有比例尺测量的照片，故应以鉴定查体结果为准。
29	公安机关提供证明案件事实			采纳；构成贩卖毒品罪	公安机关查获毒品时，取样、查封、称重程序合法，鉴定机构和鉴定人具有法定资质，鉴定适用的标准是公安部统一适用的。
30	公安机关提供证明死因及因果			采纳；构成交通肇事罪	本案鉴定意见影响犯罪成立以及肇事车辆转让人是否对本案负连带责任。
31	公诉机关提供证明盗窃数额			采纳；构成盗窃罪	本案鉴定意见涉及盗窃金额的认定，影响被告人量刑。
32	公安机关提供证明犯罪人是谁	被告人提供三份证明自己未曾犯罪		采纳公安机关提供的鉴定意见，未采纳被告方的鉴定意见	公安机关提供鉴定机构持有鉴定许可证，具有鉴定资质，委派鉴定人具有执业资格，作出的鉴定意见书符合规定，程序合法能与本案其他证据相互印证，与本案具有关联性，且经庭审质证，予以采信。而被告人出具的三份鉴定意见，与本案其他证据不能相互印证，存在多方面的瑕疵及疑点，故对其结论不予采纳。
33	公诉机关提供证明捐赠款未入账			采纳；构成挪用资金罪	司法鉴定检验报告对被告人基本犯罪事实进行了证明，对犯罪金额最终确认，报告的内容客观真实，予以采信。

	第一次鉴定	第二次鉴定	第三次鉴定	裁决结果	备注
34	被告人提供证明伤情	公安机关提供证明伤情		采纳公安机关的鉴定意见，未采纳被告方的鉴定意见；构成故意伤害罪	第一份鉴定意见仅就被害人部分伤情进行鉴定，与被害人损伤的实际伤情明显不符。公安机关鉴定意见系对被害人所受的整体伤情及功能的鉴定，鉴定意见为重伤并无不当，且与第一份鉴定意见并不矛盾，予以采纳。本案鉴定意见影响定罪量刑。
35	公诉机关提供证明伤情			采纳；构成故意伤害罪	本案鉴定意见，虽然被害人是在事后查出该伤害结果，但其所伤的部位与被告人所实施伤害行为基本吻合，予以采信。
36	公诉机关提供证明盗窃数额			采纳；构成盗窃罪	本案鉴定意见影响犯罪成立。
37	公诉机关提供证明虚开增值税发票价格及国家损失			采纳；构成玩忽职守罪	本案鉴定机构经省司法厅准予，将司法会计鉴定转为中准会计师事务所分所，由该单位承接原申办单位开展司法鉴定活动的一切法律责任。两家单位实则一家，其具备司法会计鉴定资格。
38	公安机关提供证明被害人有精神分裂症	被告人甲亲属申请鉴定认定其无精神病		采纳；构成强奸罪	本案鉴定意见影响被告人刑事责任的承担。

190

	第一次鉴定	第二次鉴定	第三次鉴定	裁决结果	备注
39	公诉机关提供证明被害人死亡原因			采纳；构成玩忽职守罪	本案鉴定机构受检察院合法委托；鉴定人及机构都具有法医鉴定资质；鉴定意见是根据案情摘要、被害人生前入所体检表、病理学鉴定意见书等材料，进行科学分析论证得出，内容客观，程序合法，且有桂林医学会出具的分析意见作为证明案件事实的补强证据相互印证，故予以采信。本案鉴定意见影响犯罪成立。
40	公诉机关提供证明犯罪事实			采纳笔迹、录音鉴定，未采纳会计鉴定；构成合同诈骗罪	本案录音鉴定样本是合法取得，音频内容未经剪辑处理，鉴定内容完备；但会计司法鉴定意见书中，鉴定机构没有引用收货证明等关键证据，所下的结论缺乏客观性，不应予以采信。
41	公诉机关提供四份证明案情及犯罪人			采纳；构成交通肇事罪	鉴定中心及鉴定人具备法定资质，涉案鉴定事项未超出该鉴定机构业务范围。鉴定人依据现有检材，运用道路交通事故痕迹学、物理等学科综合分析鉴定，对事故发生时的车辆状态、车上人员的位置综合分析还原，在严格按照鉴定程序的前提下作出鉴定意见，具有合法性、真实性，符合本案事故发生时的客观实际。
42	公安机关提供三份证明盗伐数量			采纳；构成滥伐林木罪；另一人又构成非法收购、运输滥伐林木罪	本案聘请的鉴定人员均具有林业技术资质，鉴定方法符合法规等规定。本案鉴定意见的依据来源于证人现场指认，林木蓄积属于专业技术人员按相关技术规程换算，效力大于证人证言的估算，故矛盾部分采纳鉴定意见。

	第一次鉴定	第二次鉴定	第三次鉴定	裁决结果	备注
43	公诉机关提供证明伤情及犯罪数额			采纳；构成抢劫罪；另一人构成掩饰、隐瞒犯罪所得罪	本案鉴定意见影响犯罪成立及量刑。
44	公诉机关提供证明被告人发送诈骗信息数量			采纳；构成诈骗罪未遂	本案鉴定意见有司法鉴定人签字盖章，并附有鉴定中心的司法鉴定许可证及司法鉴定人执业资格证。检测程序、依据等方面无瑕疵，应予采信。
45	公诉机关提供证明被害人死亡原因			采纳；构成玩忽职守罪	本案鉴定机构具有法医类司法鉴定业务资质，委托程序合法，鉴定人、鉴定机构都具有法医鉴定资质。鉴定意见系结合有关案情，进行科学分析论证得出，内容客观，程序合法，且有桂林医学会出具的分析意见补强、相互印证，予以采信。
46	公诉机关提供证明案情及伤情			采纳；构成交通肇事罪	本案司法鉴定中心是经省司法厅依法核准登记并具有独立法人资格的司法鉴定机构，具有机动车技术性能鉴定资质，且本鉴定结论书是该机构鉴定人员根据有关条款及检验方法进行检验、对比、鉴定作出的，其鉴定程序合法，内容客观真实，予以采纳。
47	公诉机关提供证明伤情			采纳；构成故意伤害罪	本案鉴定意见与本案有重大关联性，在原审中没有得到认证，属于原审以后出现的新证据，影响量刑，予以采纳并重新判决。

	第一次鉴定	第二次鉴定	第三次鉴定	裁决结果	备注
48	公诉机关提供证明案情及死因	辩护人提供证明案情		采纳公诉机关的鉴定意见，未采纳辩护人提供的鉴定意见；构成交通肇事罪	司法鉴定中心经合法委托，鉴定物的提取和送检程序合法。虽然鉴定意见中存在表述瑕疵，但该鉴定中心事后已作出补正意见，进行了补正，鉴定人当庭对存在的瑕疵进行了说明，并对鉴定程序和鉴定意见的形成等情况也作出合理解释。被告人收到鉴定意见书后，均未提出异议，故予以确认并采纳。辩护人提供的鉴定机构无微量元素鉴定资质，不予采纳。
49	公诉机关提供证明伤情	被告方提供证明伤情		采纳第一份鉴定意见，未采纳被告方提供的鉴定意见；构成故意伤害罪	本案两组鉴定意见鉴定内容一致但鉴定标准变更，依据司法部规定，对于2014年1月1日前已发生法律效力的判决、裁定，需要进行重新鉴定的，依照原鉴定标准进行。因此采纳第一份鉴定意见。
50	公诉机关提供证明案情及死因			采纳；构成交通肇事罪	本案鉴定意见影响事故责任认定和死者死亡原因认定，影响定罪量刑以及民事赔偿额。
51	公安机关提供两份证明被告人酒驾			采纳；构成危险驾驶罪	本案鉴定所出具的第一份检验报告书，表述了基本情况、检案摘要、检验过程、检验结果四项内容，其中检验过程表述较为详细，表述了检验用仪器设备、色谱条件、检验规程及检验过程等具体情况。鉴定所出具的第二份检验报告书，同样表述有基本情况、检案摘要、检验过程、检验

续表

	第一次鉴定	第二次鉴定	第三次鉴定	裁决结果	备注
					结果四项内容，其中对于检验过程一项的表述较为简单，没有检验用仪器设备、色谱条件、检验过程的表述，但对于采用标准和依据、检验规程均有表述，文书的基本要素具备，达到了《司法鉴定机构资质认定评审标准》中规定的准确、客观、真实的规范要求，均予以采纳。
52	公安机关提供证明伤情			采纳；构成故意伤害罪	本案鉴定机构是经福建省司法厅批准成立的司法鉴定机构，并持有司法鉴定许可证，鉴定范围包括法医临床鉴定，有资格鉴定。
53	被害人方提供证明伤情	被告人不服申请重新鉴定，法院委托证明伤情	检察院委托证明伤情	采纳第一、三份鉴定结论，未采纳被告方鉴定意见；构成故意伤害罪	本案三个鉴定机构和鉴定人员均具有司法鉴定的资质和鉴定资格，鉴定程序合法。从材料方面来看，第一、三个鉴定中心依据的鉴定材料更为全面，更有利于作出客观、准确的鉴定结论。从结论方面来看，第一、三个鉴定中心根据现行鉴定标准作出，而第二个鉴定中心依旧标准作出，结论不全面、不严谨、不规范，不予采纳。
54	公诉机关提供证明案情及伤情	被告人申请重新鉴定，证明伤情		均采纳；构成交通肇事罪	本案的三家鉴定机构均具有鉴定资质，虽然措辞上有所差别，但结论均认定被害人的伤情符合交通事故所致，被害人的损伤程度已构成重伤并排除自行摔伤的可能，不相互矛盾。
55	公安机关提供证明伤情			均采纳；构成故意伤害罪	本案致人损伤的行为发生在 2014 年 1 月 1 日之前，依法适用原鉴定标准，因此本案鉴定意见合法有效，予以采纳。

续表

	第一次鉴定	第二次鉴定	第三次鉴定	裁决结果	备注
56	公诉机关提供证明非法集资事实			采纳；构成非法吸收公众存款罪	本案鉴定意见影响被告人犯罪事实的认定，进而影响定罪。
57	被害人申请证明伤情	被告人申请重新鉴定	被害人申请重新鉴定	采纳第一、三份鉴定意见。未采纳被告方的鉴定意见构成故意伤害罪	医院病案资料记载了被害人受伤后入院时伤情的真实情况，病案资料客观真实，第一、三个鉴定机构据此作出鉴定意见，真实可靠，鉴定程序合法，应采信。
58	不确定何方提供证明被告人无精神病			采纳；构成滥用职权罪、贪污罪	鉴定意见系有鉴定资质的鉴定机构依法作出，应予采纳。鉴定意见最后附有鉴定委员会出具的意见，有两位委员亲笔签名，已说明该鉴定意见由精神病司法鉴定委员会委托并参与了鉴定过程，符合《精神病司法鉴定管理办法》的规定的委托程序。
59	公诉机关提供三份证明伤情及无精神病			均采纳；构成故意伤害罪	第一次做鉴定时，由于损伤时间较短，不能最终确定伤害结果，后来经具有法定鉴定资格的鉴定机构复查，证实被害人属于重伤，其结论客观真实，证据理由充分，予以采信；精神病鉴定程序合法，鉴定机构、鉴定人员均符合法律规定，予以采信。
60	一审提供证明伤情	二审提供（均不确定是何方）		采纳；构成故意伤害罪	一、二审司法鉴定程序合法，且结论均证明被害人伤势系轻伤，不存在矛盾之处，予以采纳。

续表

	第一次鉴定	第二次鉴定	第三次鉴定	裁决结果	备注
61	公诉机关提供司法鉴定意见书			采纳；构成故意杀人罪	司法鉴定意见书认定被告人患精神活性物质所致精神障碍，但根据现场检测报告书、证人证言及被告人供述等均证实，被告人有长期吸毒史且在案发前曾吸食毒品，其所患精神障碍系其自行摄入毒品所致，不属刑法意义上的精神病人，应承担刑事责任。
62	公诉机关提供证明伤情及案情			采纳；构成交通肇事罪	本案鉴定意见影响被告人犯罪的成立与否。
63	不确定何方提供证明伤残等级	检察院委托证明伤情	被告人提供证明伤情	均采纳；构成故意伤害罪	本案三份鉴定意见结论一致，相互印证，予以采信。本案鉴定意见影响被告人犯罪成立与否。

附：同行评阅反馈*

台湾地区死刑案件的鉴定，可以分为两大类型，其一为罪责认定类型，也就是用以判断被告是否犯得判处死刑罪名的鉴定；其二则为量刑认定类型，是用以判断被告应否科处死刑的鉴定。

关于罪责认定类型的鉴定，不会被特别归为专属于死刑案件的鉴定类型。因为这一类鉴定，无论是否为死刑案件都会发生。所有案件都会有事实认定问题，只要案件处于认定事实阶段，有必要借由其他领域的专家协助法院认定事实，就有进行鉴定的必要。相对来说，属于量刑认定类型的鉴定，才会被认为是专属于死刑案件的鉴定类型。所有的死刑案件，法院都必须在死刑与自由刑之间作出选择，以决定被告是否应被判处死刑。

在李婕博士的《死刑案件中司法鉴定问题的实证分析》(下称李文)一文中，

---

* 评阅人：林俊宏，台湾"法律扶助基金会"台北分会律师。

主轴大多放在第一个类型，也就是在事实认定阶段。不过如果分析台湾地区早期的死刑案件，应该也会得出类似结论，因为台湾大概也是在 2009 年 12 月《公民权利和政治权利国际公约》生效施行后，法院才逐步开始要求对于死刑案件的量刑，应依法进行调查及辩论。因此，台湾地区早期的判决，也都是着重于事实认定阶段鉴定的问题。

在 2009 年 12 月之后，台湾地区就死刑案件鉴定最具指标意义的司法见解，应该就属"最高法院"102 年度台上字 170 号刑事判决了，判决指出："于法定刑包括死刑之案件，如考虑选择科处死刑，本于恤刑意旨，除须符合上述诸项原则外，其应审酌之有利与不利于犯罪行为人之科刑因素，尤其刑法第 57 条所例示之 10 款事由，即应逐一检视、审酌，以类似'盘点存货'之谨密思维，具实详予清点，使犯罪行为人系以一个'活生生的社会人'而非'孤立的犯罪人'面目呈现，藉以增强对其全人格形成因素之认识，期使刑罚裁量尽量能符合'宪制性规定'要求限制人民基本权利所应遵守之比例原则……犯罪行为人何以显无教化矫正之合理期待可能，而不得不施以极刑对待，必须考量犯罪行为人之人格形成及其他相关背景资讯，以实证调查方式进行评估（例如科刑前之调查报告），如科处死刑必也已达无从经由终身监禁之手段防御其对社会之危险性，且依其犯罪行为及犯罪行为人之状况，科处死刑并无过度或明显不相称各情，且均应于判决理由内负实质说明之义务，否则即难谓其运用审酌'刑法'第 57 条各款之情形符合所适用之法规之目的，而无悖乎实体法上之正当法律程序。"

此号见解明确指出死刑量刑应该要进行量刑调查。这个调查必须要逐一盘点台湾地区"刑法"明文的各项量刑事由，让被告的活生生的生命历程可以在法院呈现，让法院可以用以决定是否判处被告死刑。至于要如何呈现被告的活生生的生命历程，此号见解进一步指出，要以实证调查方式进行，并例示要求科刑前之调查报告。台湾的死刑案件往往就都会在这号判决的脉络之下，进行科刑前调查，做法上都会委由具有心理学或司法精神医学背景的专家，对被告进行心理衡鉴，通过了解被告的性格、家庭背景、生活经历、成长环境、本件犯罪动机、犯后心理状态、被告的人身危险性及再犯可能性预测性等各项因素，建构被告的生命历程，并使法院得以借由心理衡鉴来认识被告，以决定是否判处被告死刑。

在"最高法院"102 年度台上字 170 号刑事判决之后，"最高法院"107 年度台上字第 480 号刑事判决又进一步指出，"再法院对被告进行量刑或处遇方案之审酌，而嘱托鉴定人以被告之犯罪要件事实以外之事实情状，提供法院相关必要资讯之鉴定时，该相关情状之鉴定事项常涉及多样之多层面因素，诸如被告之性格、家庭背景、生活经历、成长环境、本件犯罪动机、犯后心理状态、犯罪人之人身危险性及再犯可能性预测，甚至日后之处遇方案选择、处遇成效等分析。其评估内容往往跨越单一领域，而包括心理学、犯罪学、社会学、精神医学等专业，自需借助心理师、医师、社工师、保护观察官等专门人士于判决前进行综合性之团队鉴定调查，以客观提供法院作为决定刑度及处遇内容之依据，并可避免单一鉴定人之主观定调"。要求死刑案件所进行的心理衡鉴，应该要由心理师、医师、社工师、保护观察官等专门人士共同组成综合性的团队进行鉴定调查，以避免单一鉴定人流于主观，再进一步拉高死刑案件的鉴定门槛。

在台湾地区审理死刑案件的发展上，对于事实认定的争议相对于过往，其实减少许多。实务上的多数死刑案件，被告对于犯罪事实大多是不争执的。有争执的，多存在于被告的行为应否判处死刑，正因为如此，台湾地区这几年就死刑案件的鉴定发展，就会集中在量刑认定鉴定的部分。

回到事实认定鉴定的部分，如前所言，这部分问题会被认为是鉴定通则问题，也就是所有案件均会适用。针对这个层面的讨论，台湾地区"司法院"目前所公布的草案条文，已将法制方向调整为更倾向美国的当事人对抗制度，检、辩双方都有权独自委任专家到庭成为专家证人或进行专业鉴定。同时引进了《美国联邦证据规则》第702条以下的相关规定，对于专家证人的专业性、判断专家证言的法则与专家证人应到庭接受检辩交互诘问的程序事项，都有明确规范，鉴定法制已逐步完善，或许也可以供李文参酌。

死刑复核程序中被告人的律师帮助权

——基于 255 份最高人民法院死刑复核刑事裁定书的实证研究

吴宏耀　张　亮*

摘要：本文以中国裁判文书网公布的最高人民法院死刑复核刑事裁定书为研究样本，对死刑复核程序中被告人获得律师帮助的现状进行了实证考察。通过分析，我们发现最高人民法院严格把控死刑适用在客观上需要律师的协助，而死刑复核程序中绝大多数的被告人兼有极强的求生意志和极差的求生能力，这一尖锐的矛盾催生了死刑复核程序中被告人获得律师帮助的迫切需求。在以审判为中心的诉讼制度改革时代背景下，有必要在死刑复核程序中扩大辩护律师的参与，实现死刑复核程序中指定辩护的全覆盖，同时有必要采取措施提高死刑复核程序中指定律师的辩护质量。

关键词：死刑复核　律师帮助　指定辩护　实证研究

中国裁判文书网是最高人民法院设立的、统一公布各级人民法院生效裁判文书的网络平台。作为世界最大规模的裁判文书网站，① 中国裁判文书网为观察我国司法实践以及具体法律规定的实际运作情况提供了一定意义上的现实可能性。鉴于 2012 年《刑事诉讼法》第 240 条明确规定了辩护律师参与最高人民法院死刑复核程序的权利，本文试图以中国裁判文书网公布的最高人民法院死

---

　* 吴宏耀，法学博士，中国政法大学教授；张亮，法学硕士，中国政法大学刑事辩护研究中心研究员，北京市中闻律师事务所律师。本文曾发表于《法律适用》2017 年第 7 期，作者为收入本书做了修订。

　① “据统计，截至 2016 年 8 月 16 日，中国裁判文书网公开的裁判文书超过 2000 万篇，网站访问量突破 20 亿次，用户覆盖全球 190 多个国家和地区，超过 5 亿次的访问量来自海外，其中北美地区的访问量超过 1 亿次。”“经过 3 年的不断努力，中国裁判文书网已经成为全球最大的裁判文书公开平台。”《公开文书超过 2000 万篇　中国裁判文书网全球最大》，载《人民日报》2016 年 8 月 31 日，第 9 版。

刑复核刑事裁定书为研究样本，对死刑复核程序中被告人获得律师帮助的现状进行实证考察，以期展示最高人民法院死刑复核程序在辩护权方面存在的相关问题。

实证研究作为一种从个别到一般归纳出事物的本质属性和发展规律的研究方法，强调客观材料的大量获取和实践经验的不断累积。第一手的客观材料越多，就越容易获得更加精准的一般规律与普遍结论。但囿于个人认知能力的有限性，所有的实证研究都需要确定一个有合理容量并具有足够代表性的研究样本。考虑到中国裁判文书网的运行时间以及实证研究对数据稳定性的要求，本实证研究最终将样本确定为最高人民法院在 2014 年 1 月 1 日至 2016 年 8 月 31 日时间段内作出并公布在中国裁判文书网上的所有死刑复核刑事裁定书。

本文的实证研究以中国裁判文书网为平台，运用高级检索功能，以"刑事案由"为案件类型，以"最高人民法院"为法院层级，以"复核"为审判程序，分别以"2014""2015""2016"为裁判年份进行检索，共得到 255 份死刑复核刑事裁定书。这 255 份死刑复核裁定书即为本文实证研究的对象。

一、对最高人民法院复核裁定的实证分析

死刑是剥夺人的生命的刑罚，又被称为极刑。正如最高人民法院常务副院长沈德咏所说："死刑案件的审判，生杀予夺往往就在一念之间。但这一念必须建立在牢固的证据基础之上，必须确保零差错！"①死刑案件的审判干系之大、责任之重不言而喻。其中，在死刑案件的全过程中，死刑复核程序无疑具有绝无仅有的特殊地位——它是死刑适用的最后一道屏障！死刑复核案件都是经过中级人民法院一审、高级人民法院终审裁决的案件，可以说进入死刑复核程序的被告人都是一只脚已经踏进鬼门关的人，生死系于一线。因此死刑复核程序的审理必须保证足够的科学严谨。

通过对样本中 255 份死刑复核刑事裁定书的整理与分析，我们发现，在整体上缺少辩护律师参与的情况下，死刑复核程序在充分发挥统一死刑适用标准，严格限制死刑适用，确保死刑适用公正公平等方面，至少存在以下三个方面的问题。或者说，仅凭最高人民法院一己之力，难以确保死刑案件的质量和死刑适用的公平性，从客观上也显示出，死刑复核程序的有效运行需要专业刑

---

① 最高人民法院刑事审判第一、二、三、四、五庭：《最高人民法院依法不核准死刑典型案例》，法律出版社 2014 年版，第 2 页。

辩律师的参与。

(一) 犯罪事实的认定与证据运用

证据是确保死刑案件质量的生命线，必须以一丝不苟、如履薄冰的审慎态度高度重视，死刑案件必须切实贯彻证据裁判原则，始终坚持最严格的证据标准。但是通过样本分析，我们发现，最高人民法院在事实认定方面仍存在以下问题。

一是有过于倚重口供之嫌，在相对缺乏客观证据的情况下主要依靠口供定案。最高人民法院、最高人民检察院、公安部、司法部印发的《关于进一步严格依法办案确保办理死刑案件质量的意见》(法发〔2007〕11 号) 中规定，"办理死刑案件，要坚持重证据、不轻信口供的原则。只有被告人供述，没有其他证据的，不能认定被告人有罪"。但是在诸如阿卜杜杰力力·麦提纳某尔涉嫌故意杀人、爆炸、参加恐怖组织案①，林某良涉嫌故意杀人案②，李某平涉嫌故意杀人案③等案件中，全案的定罪证据都仅有被告人的供述和证人证言，没有任何有效的实物证据，而且以上三个案件，所谓的证人均不是直接目击证人，其证言与案件本身的关联性大有疑问，不应该单凭一句"事实清楚，证据确实充分"便能定案。

二是对口供与其他证据，以及各种证据之间的疑点与矛盾点的审查不够细致，排除合理怀疑的证据体系不够完善。在阿不都卡地·阿不力某孜涉嫌运输毒品案④中，全案的定罪证据只有在其背包里发现的毒品疑似物，而且被告人本身并不认罪，至少死刑复核刑事裁定书所构建的证据体系并不能排除被告人是在不知情的情况下运输了毒品这一合理怀疑。在张某进涉嫌故意杀人案⑤中，全案定罪的证据只有一封"被告人在逃期间写给被害人父亲和当地派出所

---

① 《阿卜杜杰力力·麦提纳某尔参加恐怖组织、故意杀人、爆炸死刑复核刑事裁定书》，载中国裁判文书网：http：//www. court. gov. cn/wenshu/xiangqing-174. html。

② 《林某良故意杀人死刑复核刑事裁定书》，载中国裁判文书网：http：//www. court. gov. cn/wenshu/xiangqing-283. html。

③ 《阿不都卡地·阿不力某孜运输毒品死刑复核裁定书》，载中国裁判文书网：http：//www. court. gov. cn/wenshu/xiangqing-8645. html。

④ 《阿不都卡地·阿不力某孜运输毒品死刑复核裁定书》，载中国裁判文书网：http：//www. court. gov. cn/wenshu/xiangqing-8264. html。

⑤ 《张丽进故意杀人死刑复核裁定书》，载中国裁判文书网：http：//www. court. gov. cn/wenshu/xiangqing-9132. html。

的信"，而且被告人只是"曾经供认"，也就是说至少在死刑复核期间，被告人并不认罪。诚然，在其他证据确实充分的情况下，即使没有被告人的供述，也可以认定被告人有罪，但至少应当对口供与其他证据之间的矛盾点进行细致的审查与足够的解释。

三是仅仅对各种证据进行简单地罗列，缺乏对各种证据本身的证明价值以及各证据之间关联性的系统考察，没有形成有说服力的证据链。以样本中的137个故意杀人案为例，几乎每个案件在证据陈列时都有尸体鉴定意见、DNA鉴定意见、现场勘验笔录、证人证言和被告人供述等证据。但每项证据本身是否具备证据能力？每项证据分别证明了什么问题？各项证据之间是否相互印证？这些所谓的证据是否排除合理怀疑地指向了被告人？全案的证据是否形成了有系统有逻辑的证据体系？这些问题都应当在裁定书中进行必要的说理，否则有违证据裁判原则的要求，也不利于司法的公开与透明。

(二) 刑事政策方面

"保留死刑，严格控制死刑"是我国的基本死刑政策，其核心就是要"慎杀""少杀""凡是可杀可不杀的一律不杀""逐步减少死刑的适用"。但是通过对样本案例的研读，我们发现最高人民法院在死刑复核程序中对死刑适用刑事政策的把握亦不甚明确与统一。在有些案件中，没有实现死刑适用标准的精细化，没有全面分析法定、酌定从宽和从严情节，没有充分考虑当地的治安状况和犯罪行为对群众安全感的影响。

一是对具备法定从宽量刑情节的案件，尤其是被告人自首或立功的案件，没有尽可能地贯彻"少杀""慎杀"的死刑政策。在 255 个样本案件中，共有 14 个案件的被告人有自首或立功情节，但仍然被核准死刑立即执行。如在黎某芳涉嫌以危险方法危害公共安全案①中，被告人黎某芳为了防止弟弟黎某革在与他人打斗中吃亏而开车撞向人群并致二人死亡，随后到公安机关自首，本案被告人行凶事出有因且有自首行为，但仍然被判处死刑立即执行。在王某权涉嫌抢劫案②中，被告人王某权是在同案犯王某珍提议及带领下抢劫被害人尹某某，而且在被捕后有协助公安机关抓获同案被告人王某珍的立功表现，但仍然

---

① 《黎某芳以危险方法危害公共安全死刑复核裁定书》，载中国裁判文书网：http：//www. court. gov. cn/wenshu/xiangqing-9072. html。

② 《王某权故意杀人死刑复核裁定书》，载中国裁判文书网：http：//www. court. gov. cn/wenshu/xiangqing-10340. html。

认定为主犯并被判处死刑立即执行。从死刑复核刑事裁定书的内容上看，以上两个案件都应归入死刑政策中"可杀可不杀"的范围之内，但最终被核准死刑立即执行的结果让人唏嘘。

二是对案件起因以及被害人过错等酌定情节在量刑时重视不够，特别是对因民间矛盾激化等引发的事出有因、针对特定对象、对治安和群众安全感尚未造成重大影响的案件，没有充分综合考虑犯罪行为的社会危害性及犯罪人的人身危险性等因素，而单纯以犯罪行为造成的严重后果为由判处死刑。如在赵某君涉嫌故意杀人案①中，被告人赵某君酒后在麻将馆因琐事与他人发生争执后持刀行凶致一人死亡，属于因民间矛盾激化引发的犯罪，"可杀可不杀"。在王某明涉嫌故意杀人案②中，被告人王某明因为感情纠纷发生冲突，在被两被害人用扁担、铁管击打后取刀刺死两人，自杀未遂，属于婚姻家庭矛盾激化引发的犯罪，并且有防卫过当的痕迹，"可杀可不杀"。在张某全涉嫌故意杀人案③中，被告人张某全酒后因琐事与村民席某甲发生争执，在被席某甲用凳子将头部打伤后，张某全掏出单刃尖刀割刺席某甲的颈部胸部等处数刀致人死亡，本案也属于因民间矛盾激化引发的犯罪，且被害人对矛盾激化存在过错，"可杀可不杀"。以上三个案件的复核结果同样让人质疑死刑复核程序中严格执行死刑政策的决心与标准。

三是对于共同犯罪案件，没有精细区分各被告人地位及作用的差别，对主犯的认定不尽公平合理，对罪责刑相适应的原则贯彻不彻底。如在孙子某某涉嫌运输毒品案④中，被告人孙子某某既不是指挥者，也不是提议者，甚至当场查获的毒品也是出自他人之手，死刑复核刑事裁定书中也没有任何情节显示孙子某某在犯罪中有突出地位，刑事裁定书仅以"在共同犯罪中驾驶摩托车起主要作用"为由认定孙子某某为主犯，并判处死刑立即执行，这样的复核结果配

---

① 《赵某君故意杀人死刑复核裁定书》，载中国裁判文书网：http://www. court. gov. cn/wenshu/xiangqing-9029. html。

② 《王某明故意杀人死刑复核裁定书》，载中国裁判文书网：http://www. court. gov. cn/wenshu/xiangqing-8146. html。

③ 《张某全故意杀人死刑复核裁定书》，载中国裁判文书网：http://www. court. gov. cn/wenshu/xiangqing-9025. html。

④ 《孙子某某运输毒品死刑复核裁定书》，载中国裁判文书网：http://www. court. gov. cn/wenshu/xiangqing-10804. html。

上这样的案情介绍与判决说理多少有些让人摸不着头脑。回到王某权涉嫌抢劫案①，被告人王某权是在同案犯王某珍提议并带领下抢劫被害人尹某某，而且在被捕后有协助公安机关抓获同案被告人王某珍的立功表现，但仍然认定为主犯并被判处死刑立即执行，如此的复核结果亦容易让人对主犯认定的标准产生疑惑与思考。

（三）死刑适用的公平性

在废除死刑已经成为世界潮流，而我国现阶段又保留死刑的情况下，最高人民法院办理死刑案件必须要更加严谨审慎，既要根据证据正确认定案件事实，杜绝冤假错案的发生，又要严格统一适用死刑的标准，保证量刑适当、量刑公正，以最大限度地维系死刑适用的相对正当性。虽然我国刑法规定死刑仅适用于"罪行极其严重"的犯罪分子，但是在实践中全国各地中级以上各级人民法院对"罪行极其严重"的理解存在着显著的不一致，反映在死刑复核刑事裁定书中就是死刑适用公平性的失衡。

以故意杀人案为例，最高人民法院刑庭编写的《最高人民法院依法不核准死刑典型案例》中，以"婚恋矛盾引发，被告人作案后投案自首"为由，对持水果刀连捅30余刀致怀孕的恋人死亡的郭某裁定不予核准死刑立即执行②。与此相对应，样本案例中因婚姻家庭矛盾而持菜刀杀死妻子后自首的汪某平③，因感情纠纷而持刀杀死两名被害人并于现场自首的高某环④，因怀疑两被害人使用赌博软件操纵赌局使其连续输钱而持刀杀人后自首的李某华⑤，酒后因琐事同村民席某甲发生争执并被席某甲用凳子将头部打伤后持刀杀人的张某全⑥等被告人是否有必须被判处死刑立即执行就成为一个值得讨论的问题了。至少

---

① 《王某权故意杀人死刑复核裁定书》，载中国裁判文书网：http：//www. court. gov. cn/wenshu/xiangqing-10340. html。

② 最高人民法院刑事审判第一、二、三、四、五庭：《最高人民法院依法不核准死刑典型案例》，法律出版社2014年版，第112页。

③ 《汪某平故意杀人死刑复核裁定书》，载中国裁判文书网：http：//www. court. gov. cn/wenshu/xiangqing-104. html。

④ 《高某环故意杀人死刑复核裁定书》，载中国裁判文书网：http：//www. court. gov. cn/wenshu/xiangqing-8134. html。

⑤ 《李某华故意杀人死刑复核裁定书》，载中国裁判文书网：http：//www. court. gov. cn/wenshu/xiangqing-271. html。

⑥ 《张某全故意杀人死刑复核裁定书》，载中国裁判文书网：http：//www. court. gov. cn/wenshu/xiangqing-9025. html。

将上述四个样本案例与典型案例放在一起比较，会让人不自觉地产生一种量刑畸轻畸重的不公平感。

死刑适用标准存在的公平性问题在毒品类犯罪中尤为突出和明显。在研究样本中，以"涉案毒品数量大"为由被核准死刑立即执行的案件共有 27 件，涉案毒品数量由少到多依次是：1109. 51 克、2770 克、2995. 5 克、3000 克、3651 克、5576 克、5616 克、7158 克、7508 克、8323 克、9297. 5 克、10200 克、10995 克、11921. 1 克、12672 克、17050 克、20384 克、20850 克、24726. 667 克、21475. 32 克(制造)、23125 克、27330 克、28752. 5 克、30594 克、39600 克、112542 克(制造)并 38000 克(贩卖)、141600 克。其中，数量最少的与数量最多的之间相差 127 倍之多。当然，毒品类死刑案件的裁量不会仅考虑毒品的数量，但是考虑到上述大多数一万克以下的涉毒案件中并没有其他的从重处罚情节，有的还是运输毒品罪这样危害性较小的犯罪行为，与动辄几十万克的走私、制造、贩卖毒品案件相比，人们仍然要质疑涉案毒品死刑适用的公平性问题。

二、对死刑复核案件被告人的实证分析

就死刑复核制度而言，对国家来讲，该制度最深层次的目的是确保死刑案件的质量(防止"错杀")，同时确保死刑适用的公平性(尽量"少杀")；而对被告人来讲，该制度则意味着最后一次"保命"的机会。因此，作为国家司法制度中生命权保护最后一道防线的死刑复核制度，其提供的制度安排必须要对被告人的权利需求进行足够的回应。那么，死刑复核程序的制度安排是否能符合被告人相应的权利需求呢？对此，本文将进行以下实证分析。

(一)死刑案件的被告人往往具有极强的求生意愿

我们这里所谓的"需求"主要是考察进入死刑复核程序的当事人在死刑复核程序中的核心关切与实际需求——保命，因此我们的第一个课题就是研究被告人对自己生命的态度，也就是被告人在死刑面前的求生意志，而这最集中地体现在被告人的主动上诉情况中。

在研究样本的 255 个案件中，一审被判处死刑立即执行后被告人主动提起上诉的有 220 个，占比高达 86. 27%，这充分显示出，绝大多数被判处死刑立即执行的被告人在死刑面前均表现出了极强的求生意志，换句话说，他们其实并不想死。不管涉案的犯罪人在平日里是多么的恶贯满盈，也不管其犯罪行为

是多么的十恶不赦，抑或是他们心有委屈甚至有冤屈，当一纸写着"死刑立即执行"的判决书送到他们手中的时候，他们怕了，他们不想死，他们想继续活下去，于是他们大多数人选择了主动提起上诉，希望二审法院可以无罪宣判或从轻改判，至少先留下一条性命。

虽说我国刑法学通说认为，人没有处分自己生命的权利①，我国刑法也没有把被告人自身对死刑以及生命的认识作为死刑适用的量刑因素，但是我们从被判处死刑立即执行的被告人的视角去关注并研究他们对生命的态度以及死刑适用的认知，可以有效帮助我们更好地了解死刑制度所应有的起点与初衷，并反思现有的制度离最原本的起点的距离，反思我们的制度是否有效回应了被告人最核心的"需求"。

(二) 死刑案件的被告人往往具有极差的求生能力

如果说被告人在死刑复核程序中最核心的"需求"就是"保命"，那么这一"需求"的具体化就是"辩护"，就是为自己说话。根据我国法律，一个人为自己辩护无非两种途径：一种是自己为自己辩护，这需要自己具有相应的能力素养与知识储备；另一种是聘请他人为自己辩护，这需要自己具有聘请他人所必需的经济基础与人脉渠道。通过对样本中被判处死刑立即执行的被告人身份特征的分析与研究，我们发现以上两种途径对大多数被告人来讲都是势比登天的"绝路"。

首先，从职业结构上看，绝大多数被告人有很大的可能不具备聘请辩护律师为自己辩护的经济能力。在研究样本的255个死刑复核案件中，共涉及被告人281个，其中农民153人，占281个被告人的54.45%；无业者60人，占比21.35%；农民工43人，占比15.30%；其他职业者有25人，占比8.90%。而这25个职业状况较好的被告人的具体情况如下：工人3人、护林工1人、司机1人、个体户7人、商贩1人、在校大学生2人、医生2人、教师2人、民警1人、报社机房主任1人、公司高管4人。

陆学艺教授曾以职业分类为基础，以组织资源、经济资源和文化资源的占有状况为标准将当代中国的社会阶层结构由高到低划分为十个社会阶层：国家

---

① 如黎宏教授即认为剥夺自己的生命，即便是自愿的，也是剥夺自己决定自由的物质基础和存在前提，违反了刑法保护个人自己决定自由的宗旨，因此自杀行为也是具有社会危害性的行为，也是违法的。参见黎宏：《刑法总论问题思考》，中国人民大学出版社2007年版，第396页；黎宏：《刑法学》，法律出版社2012年版，第635页。

与社会管理者阶层、经理人员阶层、私营企业主阶层、专业技术人员阶层、办事人员阶层、个体工商户阶层、商业服务业员工阶层、产业工人阶层、农业劳动者阶层和城乡无业失业半失业者阶层[①]。按照这个标准，样本中的 281 名被告人中，即使包括 2 名在校大学生在内，也仅有 12 名处于前五个社会阶层里，占比仅 4.27%；而处于最底层的三个社会阶层里的却有 256 人，占比高达 91.10%。这样的数据，不仅让人产生"死刑是专为穷人准备的"的疑问，而且会让人质疑他们聘请辩护人为自己辩护所必须具备的能力。换句话说，从职业结构上分析，绝大多数被判处死刑立即执行的被告人均处于社会底层，有很大的可能不具备聘请辩护律师进行辩护的经济能力。

其次，从学历结构上看，绝大多数被告人均不具备为自己进行有效辩护所必需的能力素养。如前所述，在研究样本的 255 个死刑复核案件中，被判处死刑立即执行的被告人共有 281 人，其中初中以下（含初中）学历者共有 246 人，占比 87.54%，其中文盲者 15 人，小学学历者 103 人，初中学历者 128 人。高中以上（含高中）学历者共有 35 人，占比仅 12.46%，其中高中学历者 17 人，中专学历者 6 人，大专学历者 5 人，大学学历者 7 人。由此可知，在死刑复核程序中，有近九成的被告人是仅仅完成了义务教育甚至没有完成义务教育的低学历者，文化水平及能力素养均处于比较低级的层次。

众所周知，刑事辩护尤其是死刑辩护是一项极具专业性的工作，死刑程序的复杂程度常常让许多专业的刑事辩护律师都捉襟见肘，死刑辩护对一个辩护人能力素养要求之高不言而喻。虽然说一个人的学历并不能完全代表其实际的能力，但是综合考虑上述学历结构及职业结构的实际数据，我们有理由推断，绝大多数被判处死刑立即执行的被告人均不具备为自己进行有效的死刑辩护所必须具备的能力素养。

（三）死刑案件的被告人急需高质量的辩护服务

关于死刑复核程序中被告人"需求"的考察进行到第三步。在之前的考察中我们认识到被告人在死刑复核程序为"保命"而需要为自己"辩护"，但是他们中的大多数人限于能力素养与经济能力，既无力自己为自己辩护，又无力聘请他人为自己辩护。于是自然而然，他们为了保命，就迫切需要国家和法律为自己提供有效的救济，也就是需要国家请人为他们"辩护"，这也是他们对国

[①] 陆学艺：《当代中国社会阶层研究报告》，社会科学文献出版社 2002 年版，第 4 页。

家、对法律、对死刑制度所提出的直接"需求"，国家法律制度对这个"需求"的满足程度直接决定了我国目前的死刑复核制度的正当性与合理性程度。

通过对研究样本中所有的死刑复核刑事裁定书的考察，除了一句简单的"本院依法组成合议庭，对本案进行了复核，依法讯问了被告人"之外，我们无法直观地发现国家为保障死刑复核程序中被告人的辩护权所作出的更多努力。而且通过检索相关的法律法规，我们也没有发现更多直接保障死刑复核程序被告人获得律师帮助权利的规定。或者我们可以略显武断地说，我们的死刑复核制度并没有充分地呼应被告人的"需求"，有将死刑复核程序沦落为死刑适用过程中的一道流水程序之嫌。这种"供给"与"需求"上的强烈反差就好比一个人在一只脚已经踏进鬼门关的时候，想要拼死一搏，却手无寸铁，钳口结舌。法谚有云："法律乃善良及公平之艺术"，法律若不通人情，不能呼应当事人的迫切需求，无异于与法律所规范的人脱节，已不是人性的法律。因此，国家应该在死刑复核程序中给予被告人的需求以更多的回应与保障。

三、对死刑复核辩护律师的实证分析

(一) 辩护律师在死刑复核程序中的参与现状

为了解我国目前死刑复核程序中辩护律师的实际参与状况，我们立足样本，从辩护律师参与死刑复核的"广度""深度""力度"三个方面进行了考察。

1. 死刑复核程序中辩护律师参与的广度不够

所谓死刑复核程序中辩护律师参与的"广度"是指有辩护律师参与的死刑复核案件在全部死刑复核案件中所占的比例，简单来说就是看有多少死刑复核案件中有律师的介入。根据我们的统计，在255个研究样本里，在死刑复核程序中有辩护律师参与的案件共22个，占比仅8.63%。考虑到以下三个因素，这组数据反映出死刑复核阶段律师参与的广度的确太小了：第一个对比因素是死刑复核程序的重要性，如前所述，死刑复核程序是被告人跨入鬼门关前的最后一道屏障，此处失守则永无翻身的机会；第二个对比因素是死刑复核程序中被告人极强的求生意志与极差的求生能力之间的强烈反差，导致他们对国家提供的辩护帮助的迫切需要；第三个对比因素是死刑案件在一审、二审中100%获得律师帮助的权利，同样是死刑适用的程序，而且还是最后一道程序，却无律师参与。

学过程序法的人大抵都会知道一个观念，辩护权是一项基本人权，因为辩护权就是诉讼中的牙齿和武器，没有辩护权保障的其他所有诉讼权利都可能化为虚无。死刑复核程序中的被告人，自身没有能力为自己提供有效的辩护，国家又未能给他们提供应有的帮助，他们所享有的辩护权就是一个虚无的东西，看得见却摸不着，因而他们在死刑复核程序中所享有的所有的权利都可能是虚伪的，甚至连整个死刑复核程序也都可能是虚伪的。

尤其是在被告人有自首或立功情节，或者被害人对矛盾的激化具有明显的过错，或者案件的发生是由于婚姻家庭矛盾、邻里矛盾激化导致的案件，因为没有辩护人的有效参与，让本该可以不被核准死刑的被告人可能失去了最后一根救命稻草，甚是遗憾。凡此种种也不禁让我们再次感慨死刑复核程序中辩护律师参与的"广度"之狭窄。

2. 死刑复核程序中辩护律师参与的深度不够

所谓死刑复核程序中辩护律师参与的"深度"是指辩护律师在所参与的死刑复核案件中提出的辩护意见受到重视的程度，简单来说就是辩护律师的辩护意见是否受到了最高人民法院的重视与采纳。通过研读样本中有辩护律师参与的 22 个死刑复核裁定书，我们发现，最高人民法院在死刑复核裁定书中提到辩护律师的仅仅有一句话，即在"审理经过"部分以一句"本院依法组成合议庭，对本案进行了复核，依法讯问了被告人，听取了辩护律师意见，现已复核终结"权作交代，而整个裁定书完全没有交代辩护律师的辩护行为与辩护内容，更没有对辩护律师的辩护意见作出任何回应①。这至少显示出最高人民法院对死刑复核程序中辩护律师的参与重视程度不够高，辩护律师在死刑复核程序中没有充分发挥实际作用。

辩护权不仅仅强调"说"，更要强调"听"，是一种被认真聆听的权利。如果最高人民法院法官在办理死刑案件时对辩护律师的辩护意见没有足够的重视与回应，则容易出现"你说你的我判我的"的窘境，让辩护流于形式。北京市尚权律师事务所曾在 2013 年 12 月发布了一份《律师参与死刑复核程序的报

---

① 陈永生教授通过分析 20 起震惊全国的冤案发现，我国侦查、起诉和审判机关都非常轻视律师辩护，对辩护律师的合理意见经常不予采纳，有多达 85% 的案件辩护律师提出了有力的辩护意见，但办案人员却置之不理。详见陈永生：《我国刑事误判问题透视》，载《中国法学》2007 年第 3 期。

告》，其中详细介绍了律师在死刑复核程序中的种种不如意，其中包括拒绝律师查阅卷宗、拒绝律师会见当事人、难以了解案件进展、难以约见承办法官、裁定结果不通知律师等①。对比死刑复核裁定书中对辩护律师意见的忽视，上述报告中所说的种种不如意似乎瞬间变得如此地真实而鲜活，更充分地彰显出死刑复核程序中辩护律师参与的"深度"之表浅。

3. 死刑复核程序中辩护律师参与的力度不够

死刑复核程序中辩护律师参与的"力度"是指从裁定结果上看，辩护律师在死刑复核程序中所发挥的实际作用，简单说就是辩护律师的介入对死刑核准的结果是否有所影响。在有辩护律师参与的 22 个死刑复核案件中，最高人民法院作出"不予核准并撤销原判，发回重审"的裁定的案件有 2 个②，或者可以单从结果上说，辩护律师在死刑复核阶段的辩护成功率仅有 9.09%，成功率很低。

尤其是符合《最高人民法院关于贯彻宽严相济刑事政策的若干意见》所规定的"对于因恋爱、婚姻、家庭、邻里纠纷等民间矛盾引发的犯罪……应酌情从宽处罚"的情况下，辩护律师的参与没有实现案件的从轻改判，让人遗憾。如徐某涛涉嫌故意杀人案③中，被告人徐某涛因恋爱矛盾激化，而用随身携带的水果刀刺死自己的女友，后自杀未遂。如果将此案不核准死刑立即执行，这既符合最高人民法院司法解释的精神，也完全符合最高人民法院副院长沈德咏所说的"事出有因、针对特定对象、对社会治安和群众安全感尚未造成重大影响的，要严格控制死刑的适用"。但不知是因为律师的辩护不到位，还是最高人民法院对律师的辩护意见重视不够，还是因为被害人家属的

---

① 参见北京市尚权律师事务所：《律师参与死刑复核程序的报告》，载《第十一届刑事法前沿论坛文集》，2013 年 12 月。

② 这两个案件分别是周某辉、秦某强迫卖淫一案，案号为〔2012〕湘高法刑三终字第 31 号和田某军故意杀人案，案号为〔2014〕冀刑三终字第 36 号。

③ 基本案情如下："徐某涛来到王某甲家地下室，一再要求与王某甲和好，并用随身携带的水果刀割伤自己的手腕要挟王某甲继续保持恋爱关系。遭到王某甲拒绝后，徐某涛产生先杀死王某甲后自杀的念头，即持水果刀朝王某甲颈部、项部、左胸部、肩部等部位连续捅刺数十刀，致王某甲因血气胸并失血性休克死亡。徐某涛作案后自杀未遂。"《徐某涛故意杀人死刑复核裁定书》，载中国裁判文书网：http://www. court. gov. cn/wenshu/xiangqing-251. html。

因素，最后核准死刑立即执行的结果仍然让人感慨死刑复核程序中辩护律师参与的"力度"着实不够。

（二）辩护律师参与死刑复核程序意义重大

如上所述，在有辩护律师参与的 22 个死刑复核案件中，最高人民法院作出"不予核准"的裁定的案件只有 2 个，也就是说辩护律师在死刑复核阶段的辩护成功率仅有 9.09%。从表面看，辩护律师介入死刑复核程序的成功率很低，似乎可有可无。但是，从样本整体上来看，255 个案件中只有 5 个案件的死刑案件不予核准，占比仅仅为 1.96%。相比较而言，死刑复核程序中辩护律师的介入仍然将成功率提高了 7.13 个百分点的。而且，从另外一个角度看，正所谓救人一命胜造七级浮屠，即使因为辩护律师的参与而让哪怕 1% 的本不该执行死刑的被告人"死里逃生"，那又该是怎样的功德无量啊？因此，死刑复核程序中辩护律师参与的"力度"虽然不大，但是却不能否认其积极的作用。

从另外一个方面来看，死刑复核程序中辩护律师的参与至少可以保证增强死刑复核程序的正当性。且不谈死刑复核程序的司法属性抑或行政属性，如果死刑案件的一审和二审都必须要有律师的辩护，那同样作为死刑适用的必经程序的死刑复核程序也应当有律师的参与，否则死刑复核程序的形式意义将大于实质意义，死刑复核权收归最高人民法院也或多或少显得有些不够彻底。因此，死刑复核程序中辩护律师的参与至少可以提高死刑复核程序的正当性。

此外，加强死刑复核程序中律师参与的必要性，我们至少还可以从以下两个维度进行思考：第一，人是人，不是神，故而不能神化，所以在死刑复核程序中，尽管最高人民法院法官具有较高的业务水平、较深的理论功底和较多的审判经验，但我们依然不能否认的是，单靠他们的良知与努力并不能充分保证死刑复核的准确性与公平性。第二，人是人，不是物，故而不能物化，所以死刑复核程序中的被告人亦属于独立自主具备平等人格的人，他们有自己的尊严与价值，他们应当参与并且是实质性地参与死刑复核程序，而不能向物品一样单纯被"讯问"了事。因此，我们认为，在死刑复核程序中保障被告人获得律师帮助的权利，扩大刑辩律师的充分参与，有利于尊重被告人的主体地位并顺应其求生的本能需求，具有重要的司法价值与人权意义。

四、完善死刑复核程序的建议

（一）死刑复核程序应当全面实行指定辩护制度

日本学者田口守一曾说"刑事诉讼的历史就是辩护权扩充的历史"①，这句话对我国刑事诉讼法的发展同样适用。从律师地位的提高到律师权利的保障，从律师介入时间的提前到法律援助制度的完善，我国的刑事诉讼制度也随着辩护权的扩大而逐步完善。我们认为，要解决死刑复核程序中现存的各种问题与矛盾，实现死刑复核程序中指定辩护的全覆盖应当成为首要推进的有力举措。

首先，在死刑复核程序中全面推行指定辩护是我国宪法和法律的要求。《中华人民共和国宪法》第 125 条规定的"被告人有权获得辩护"使辩护权成为宪法性权利。《中华人民共和国刑事诉讼法》第 11 条"被告人有权获得辩护，人民法院有义务保证被告人获得辩护"的规定进一步从公民权利和国家责任的双重角度对辩护权进行了规定。因此，从我国的现行法律上来看，保障被告人享有辩护权并获得有效辩护，不仅是被追诉人的权利，更是国家的责任。因此，获得律师的辩护是每一位被告人的基本权利，而保障公民的基本权利是国家行为，也就是说，保障被告人获得辩护是国家应当承担的义务，而不是当事人所需承担的责任。同时，联合国文件《关于律师作用的基本原则》中规定："任何没有律师的人在司法需要情况下均有权获得按犯罪性质指派给他的一名有经验和能力的律师以便得到有效的法律协助，如果他无足够力量为此种服务支付费用，可不交费。"②

具体到死刑复核程序，《中华人民共和国刑事诉讼法》第 35 条明确规定："犯罪嫌疑人、被告人可能被判处无期徒刑、死刑，没有委托辩护人的，人民法院、人民检察院和公安机关应当通知法律援助机构指派律师为其提供辩护。"这一规定实现了死刑案件一审程序和二审程序中指定辩护的全覆盖，而

---

① ［日］田口守一：《刑事诉讼法》，张凌、于秀峰译，中国政法大学出版社 2010 年版，第 107 页。

② 转引自杨春洪、付凌云：《论死刑案件指定辩护的有效性——兼谈构建死刑案件指定辩护质量标准》，载《政法学刊》第 31 卷第 5 期。另见陈瑞华等：《法律程序改革的突破与限度——2012 年刑事诉讼法修改述评》，中国法制出版社 2012 年版，第 26 页。

如前述，死刑复核程序作为死刑程序中与一审程序和二审程序相并列的诉讼程序，同样应当实现指定辩护的全覆盖。一般来讲，罪行越恶劣，可能被判处的刑罚越重、程序越紧急的被告人需要法律援助的迫切性也越强烈，而事实上，没有比死刑立即执行更重的刑罚，没有比死刑复核程序更加紧急的诉讼程序，因此，在死刑复核程序中全面推行指定辩护当属题中之意。

其次，在死刑复核程序中全面推行指定辩护是维护程序公正性的要求。现代法治国家，刑事司法的正当性更多来源于刑事程序的正当性，来源于对程序的限制与程序的保障，因为诉讼程序可以通过保障当事人的诉讼权利来保障这些权利背后所体现出来的自主性与自律性，同时可以保障法官的审判活动以及作出决定本身的正当性①。审判的公正性离不开控辩双方平等的武装与公平的对抗，而律师辩护正是国家为保障诉讼的相对均衡与相互制约而进行的制度设计，可以说辩护律师是刑事诉讼制度中最有可能立足于公民权利批评国家权力的立场上捍卫法律尊严与当事人利益的力量。

具体到死刑复核程序，根据前面的实证研究，被告人中有大约 91.10% 的人为处于社会最底层的农民、无业者或进城务工者，有高达 87.54% 人属于初中以下文化水平的低学历者，面对着生死系于一线的巨大压力，面对异常专业复杂的死刑程序，面对威武庄严的最高人民法院，他们既没有为自己辩护所需要具备的能力素养与知识储备，更没有聘请他人为自己辩护所需要的经济基础与人脉渠道。在强烈的求生欲望面前，国家的救济，更准确地说是国家提供的指定辩护将是他们命运翻盘的最大指望。尤其在最高人民法院单方面力量不足以实现死刑适用标准的严格精细化把控的情况下，对被告人这一迫切"需求"的回应与满足，将直接决定着我国目前的死刑复核制度的正当性与合理性。

最后，在死刑复核程序中全面推行指定辩护是尊重被告人尊严的要求。如前所述，"人的尊严"作为一种唯人始有、是人即有的特殊价值，不能以价格评估，亦不能被他物替代，更不能被限制与剥夺。此人本主义的法律观，提醒我们既不能神化侦查人员、公诉人员及审判人员，更不能物化犯罪嫌疑人或被告人。因此，一方面要维护当事人的程序主体地位，保证其实质性参与并影响诉讼程序的权利与实力，另一方面国家要为没有能力的当事人或者特殊的当事人提供必要的法律帮助。

---

① ［日］谷口安平：《程序的正义与诉讼（增补本）》，王亚新、刘荣军译，中国政法大学出版社 2002 年版，第 11 页。

　　具体到死刑复核程序，"尊重人的尊严"也理应成为死刑复核程序中超越程序正义至人权保障的上位目的。根据研究样本，我们发现死刑复核程序中有高达86.27%的被告人通过选择主动提起上诉体现出面对死刑时极强的求生意志，但几无求生能力的他们有91.37%的人在没有律师帮助的情况下绝望地"自生自灭"，我们认为这是对人的生命、价值和尊严极大的不敬。因此，死刑复核程序应当实现指定辩护的全覆盖，让无助的他们在绝望中可以触摸到生的希望与人的尊严。

　　总之，不管是从我国现行宪法和刑事基本法律的角度，还是从刑事审判程序正当性的角度，抑或是从尊重人的尊严与价值的角度，在死刑复核程序中为没有能力的被告人指定辩护都是政府不容推卸的责任与义务，在死刑复核程序中实现指定辩护的全覆盖不仅是正当的，而且是必需的，具有充分的必要性。

(二) 应当切实保障死刑复核案件法律援助的质量

　　不管是委托辩护还是指定辩护，被告人权利的保障最终还是要取决于辩护的质量。为了考察目前我国死刑案件指定辩护的运行情况，我们以中国裁判文书网为平台，搜集并整理了山东省高级人民法院在2014年和2015年两年时间内作出并公布的276个死刑案件①。其中，被告人获得辩护律师辩护的比例占到了100%，但是指定辩护的质量却让人担忧。其中几个比较有代表性的情况如表1所示。

表1　　　　　　　　　　山东省死刑案件指定辩护中存在的问题

编号	律师姓名	接受指定的案件数量	代表性辩护意见摘录
1	孟律师	31	何某录故意杀人案："请省法院以故意杀人罪核准被告人何某录死刑、缓期两年执行。"
2	吴律师	18	曹某才故意杀人案："对认定曹某才的犯罪事实没有异议，但原审法院对被告人曹某才量刑过重。"(注：被告人本人在供述里不承认故意杀人)

---

　　①　之所以选择山东省高级人民法院公布的死刑案件，是因为山东省是全国第一个出台省级《死刑案件辩护指导意见》的省份，比较有代表性。

编号	律师 姓名	接受指定的 案件数量	代表性辩护意见摘录
3	孙律师	18	刘某故意杀人案："原审判决考虑到上述法定和酌定从轻或减轻处罚情节，已对其从轻处罚，提请法院维持原审判决。"
4	刘律师	14	鹿某某故意杀人案："原审判决认定事实清楚，证据充分，定罪准确，量刑适当，请法院依法核准。"
5	王律师	14	孟某春故意杀人案："一审判决定罪准确，量刑适当，建议省高级人民法院依法核准被告人孟某春死刑，缓刑二年执行。"

一方面，从辩护律师接受死刑案件指定辩护任务的数量及频率来看，部分律师承担了完全超出其精力与能力范围的指定辩护任务。如孟律师在两年的时间里承担了 31 件死刑案件的指定辩护，平均一个月 1.3 件，考虑到样本数据的不完全性，在死刑案件之外接受委托案件的数量，以及死刑案件本身的复杂性与专业性，我们实在无法期待孟律师可以在死刑案件中提供有效的辩护。至于辩护的效果，纵览山东省作出的这 276 个死刑案件，指定辩护律师成功促使二审法院改判或发回重审的案件个数为零。单从结果上看，指定辩护的辩护质量亦不容乐观。

另一方面，从辩护律师在死刑案件指定辩护中提供的辩护意见来看，部分律师的辩护意见公式化问题严重，不仅无效，甚至还可能会起到巨大的反作用。如"原审判决认定事实清楚，证据充分，定罪准确，量刑适当，请法院依法核准"之类的辩护意见就无用。因为根据"上诉不加刑"的诉讼原则，在检察院没有提起抗诉的情况下，对于一审判处死刑缓期二年执行的案件，二审中即使不付出任何的努力，最差的结果也不过是"依法核准"，又何必指定辩护律师。更有甚者，竟然在被告人本人不认罪的情况下发表辩护意见说"对一审法院认定的犯罪事实没有异议"，让人不明白该律师的辩护意义何在？！

正如有学者所说，作为国家的"批量生产"和当事人的"私人定制"，死刑案件指定辩护的质量与委托辩护相比，存在着天然的劣势，一味要求死刑案件指定辩护的质量达到委托辩护的标准在很大程度上并不现实。① 但即便如此，死刑案件的指定辩护也应当满足最基本的标准。如果死刑案件的指定辩护仅仅满足于形式上的辩护，进行所谓的"配合性辩护"甚至是"表演性辩护"②，这不仅违背了设置指定辩护的初衷，白白浪费国家和人民的资源，而且会使被追诉人的辩护权竹篮子打水一场空，甚至会对被告人的尊严以及国家的司法权威造成更严重的伤害。因此，在死刑复核程序中如何具体落实指定辩护制度，如何有效保证指定辩护的质量，就成为另外一个亟待解决的课题。为此，我们提出以下建议：

第一，建立死刑案件辩护律师准入制度，设置死刑复核案件指定辩护律师库，提高死刑案件尤其是死刑复核案件指定辩护的门槛。具体可以由司法部法律援助中心与全国律师协会协调负责，综合考虑教育背景、执业年限、代理刑事案件的数量、代理死刑案件的数量、辩护质量与辩护效果、参加相关律师培训的经历等因素，从全国范围内挑选，并经过一定的培训与考核，最终确定入选名单。这样既可以从源头上提高死刑复核程序中参与律师的素质与水平，提高律师参与死刑复核程序的专业性与针对性，也能够有效保障被告人的诉讼权利与辩护效果。

第二，建立死刑案件辩护律师退出制度，对死刑复核案件指定辩护律师库律师办理死刑复核案件的质量进行追踪考核，不合格者及时淘汰退出。具体可以由相关高校组织成立独立的第三方考核评估机构进行考核，考核的依据包括阅卷笔录、质证意见、辩护意见，以及主办法官和当事人的评估等，如果连续两次考核不合格或累积三次考核不合格，则予以淘汰。如此既可以督促承办死刑复核案件的律师尽职尽责、全力以赴，也可以保证律师库的源头活水及质量长青。

第三，提高死刑复核案件指定辩护律师库成员律师的办案补贴和其他待遇，增强律师库成员律师办理死刑复核案件的职业满足感与尊荣感。具体包括全方位保障辩护律师的辩护权利，为律师办理死刑复核案件提供必要的便利，尊重律师并及时回应辩护律师的辩护意见，适当提高办理死刑复核案件律师的物质补贴，在律师评优等相关评选中给予必要的优待等。这样可以从最高人民

---

① 杨春洪、付凌云：《论死刑案件指定辩护的有效性——兼谈构建死刑案件指定辩护质量标准》，载《政法学刊》第 31 卷第 5 期。

② 李奋飞：《论"表演性辩护"——中国律师法庭辩护功能的异化及其矫正》，载《政法论坛》第 32 卷第 3 期。

法院开始，从死刑复核程序开始，引导全社会倡导尊重律师、重视律师的社会氛围，增强律师参与法律援助的热情，并助力全面推进依法治国战略的全面推进。

附：同行评阅反馈*

我有此荣幸拜读了张亮大律师《死刑复核程序中被告人的律师帮助权》一文，并受邀略予评阅，是为此文之来由。

话说"评阅"二字，我同样身为律师，面对张亮大律师高见，如何敢当？但若以本文权充对于中国刑事辩护同道以及刑事法学者的三两心得分享，从一个在台湾曾办理不少重大案件（其中包括许多死刑案件以及冤错案件）的专业律师以及司法心理学的研究者立场出发，那或无不可。是以，以下谨就本文阅读后些许心得与思考，予以分享；一来仅供张亮大律师修订文稿时权充参考，二来盼求抛砖引玉之功，希冀能与中国刑事程序法界学者与实务家就相关议题有更多对话交流，于愿足矣。

本文行文流畅，架构严谨，论述井井有条，引证翔实，说理鞭辟入里。一来对于现存的状况作出检讨与反省，再则对于死刑辩护的未来与展望。作者更耗费心思，深入搜集并研读 2014 年起超过二百篇死刑相关的复核刑事裁定书，作出了确实的分析与指摘，仅以一万余字的篇幅达成，足见作者用功之深，用心之真。若说本文大部分论述，于我心有戚戚焉，绝非虚言。不过，若本文确有修订或者日后扩充写作之必要（延伸写作成书又何妨！），那么以下三个未尽成熟的建议，或可提供张大律师参考一二：

第一，期盼实证研究之方法可以更加深入严谨。

本文源自作者对于 2014—2016 年 8 月间中国最高人民法院有关死刑程序的复核刑事裁定书的搜集与解读。在法学实证研究（legal empirical studies）领域中，裁判书的分析与解读，甚至编码（coding）分析法等，向来是将文字为主的裁判书化为进一步以统计数字形态进行研究的方法之一。本文就此迈出第一步，针对 255 篇裁判书予以搜集为实证样本母体，进行初步的统计分析，实属可喜。不过，以未来展望性而言，本文研究范围内的样本数据虽然不大，实证研究的统计方法与理论上却也不乏小样本可以进行的检定方法（例如卡方检定

* 评阅人：黄致豪，美国国家诉讼诘辩学院 NITA 认证诘辩教师、律师、司法心理学研究者。

之类)，借以研究变因之间的相关性(relevance)，作者日后或许可以参考，无须全部都只使用单纯的比例分析。此外，作者文内所引用的相关数据在运用与诠释上，似乎有略微过度推论的问题。例如：作者主张有关死刑复核程序有律师参与，可以在相当程度上(7.13%)提高成功率，这是有关因果性(causality)的论断了。不过实证研究当中要主张因果性存在，除了必须有相关性(correlation)作为前提要件之外，更必须有一定的时序性，以及排除其他因素的影响，才能建立。很可惜，这部分作者并未深入论述。

第二，总体经济"供需理论"作为死刑辩护援助需求之依据，仍有思考余地。

本文作者在谈论到死刑被告对于辩护的"需求"时，运用了古典总体经济市场理论下的供需原则来加以解释，我个人以为似乎有些未见周延。国家的刑事司法政策，许多时候未必是为了因应市场需求而生；更何况司法本身在许多状况下因为人权与宪法的要求，原本便具有难以通过市场理论、供需假说或者民意基础进行诠释或解读的"抗多数性"。此处死刑被告在复核程序当中对于有效辩护的迫切需求，便是一个重要例子。就此以言，浅见以为或许以宪法保障国民的生存权，以及司法(尤其死刑程序)的正当法律程序严谨要求，二者合并作为法律上的论理依据，或许较引用经济理论更加贴切。

第三，死刑法律援助与辩护质量提升政策的具体规划似付之阙如。

本文作者在文末提出几点建议，本人无不心有戚戚。但作为读者，我深切期盼看到张大律师作为一个法学者与实务工作者，能大步往前，勇敢针对"死刑辩护的质量定义"以及"有效辩护的操作性定义"的具体基准，提出建议。诸如：死刑辩护律师必须历经若干年的刑事辩护接案经验、必须接过哪些类型的案件、必须针对书状以及辩论内容提出供审查、必须接受诘辩技术(trial advocacy)，科学证据法则，以及其他相关法学新知的回训与检定等，作出具体的说理。要知道，有效辩护(effective counsel)在世界各国都是刑事辩护的重要议题，在死刑案件中尤其如此。因此这方面的参考文献或许不至于付之阙如，无处引证。

虽然我提出了上述三个期待与意见分享，但有机会读到本篇心得的读者请务必理解：这些期待并非批判之词，而是希望看到日后张亮大律师可以将这篇深有潜力的小论文予以尽情发挥，终成一家之言的盼望与提问。若以本文原始目的而言，原作瑕不掩瑜，自是不争的事实。

附录　中国死刑制度概览

一、关于死刑的刑事法体系

1979 年中国通过第一部刑法。此后《刑法》进行了十次修订。1979 年制定的《刑事诉讼法》也分别于 1996 年、2012 年和 2018 年进行了修订。四十多年来，中国死刑法律与政策的重要发展节点如表 1 所示。

表 1　　　　　　　　中国死刑法律与政策的重要发展节点

时间	法律	法条、政策
1979	第一部《刑法》和《刑事诉讼法》通过	28 项罪行可被判处死刑 最高人民法院有权复核所有死刑案件
1981		最高人民法院将死刑案件审查和批准权下放至省级高级人民法院； 新增 13 项死刑罪名
1982		新增 7 项死刑罪名，包括贩卖毒品罪
1983		新增 10 项与公共安全相关的死刑罪名
1990	《全国人民代表大会常务委员会关于禁毒的决定》	所有涉毒犯罪均可判处死刑
1996	《刑事诉讼法修正案（一）》	所有可能被判处死刑的被告人必须有辩护人； 注射死刑成为正式执行死刑的方式之一
1997	《刑法修正案（一）》	总计 68 项罪行可被判处死刑
2002		最高人民法院发布《关于开展注射执行死刑工作的通知》
2006		最高人民法院提出"宽严相济"刑事政策
2007		最高人民法院将死刑立即执行复核权收回

续表

时间	法律	法条、政策
2010		《关于办理死刑案件审查判断证据若干问题的规定》 《关于办理刑事案件排除非法证据若干问题的规定》
2011	《刑法修正案(八)》	死刑罪名减少了 13 个，剩余 55 个； 提高死刑缓期两年执行和无期徒刑的标准
2012	《刑事诉讼法修正案(二)》	出台加强刑事辩护的新举措
2013		十八届三中全会通过《关于全面深化改革若干重大问题的决定》，其明确指出，要"完善人权司法保障制度……逐步减少适用死刑罪名"
2013		中央政法委《关于切实防止冤假错案的规定》
2015		《关于依法办理家庭暴力犯罪案件的意见》
2015	《刑法修正案(九)》	死刑罪名减少 9 个，剩余 46 个； 实行死刑缓期两年执行并限制减刑
2018	《刑事诉讼法修正案(三)》	实行速裁程序，包括可能适用死刑的罪名；提高死缓期间再犯新罪而执行死刑的门槛

　　《刑事诉讼法》是中国规定面临刑事指控和刑罚的人所受待遇的主要法律，并非所有形式的剥夺自由都受到刑法规制。根据《行政处罚法》的规定，对于行政违法，通常允许 15 日以内的短期行政拘留。《禁毒法》允许强制隔离进行戒毒。

　　刑事案件开始于由地方公安机关负责的侦查阶段，批准逮捕后，检察机关负责审查起诉，也可能需要进一步侦查(退回补充侦查)，一旦检察机关认为证据确实充分，案件将会进入审判阶段，包括法院开庭审理。诉讼程序的每个阶段都有时间限制(期限)，办案部门申请进一步调查或澄清说明可能会将每个阶段延长几个月。

　　涉嫌犯罪的人可能被警方拘留，以开展进一步调查。被拘留者应当在 24 小时内被转移到看守所，并在看守所进行讯问(预审)。公安机关最多有 30 日时间向检察院申请批准逮捕，"逮捕"与许多法域的"控告(charge)"更接近。逮捕是中国刑事诉讼程序中的强制措施，涉及对自由的剥夺。取保候审(审前释放)是例外情形。

涉嫌恐怖主义、危害国家安全和贪污罪行的人面临被判处死刑的风险,并且在被转移到看守所而进入正规的刑事司法系统之前,最长可以羁押6个月。《刑事诉讼法》授权对涉嫌危害国家安全、恐怖主义犯罪的嫌疑人适用"指定居所监视居住"。根据《国家安全法》《监察法》的规定,涉嫌贪污犯罪的嫌疑人可被"留置"6个月。

二、关于死刑的保障措施

《关于保护面对死刑的人的权利的保障措施》(以下简称《保障措施》)
经济及社会理事会 1984 年 5 月 25 日第 1984/50 号决议批准

1. 在没有废除死刑的国家,只有最严重的罪行可判处死刑,但应理解为死刑的范围只限于对蓄意而结果为害命或其他极端严重的罪刑。

2. 只有犯罪时法律明文规定应判死刑的罪行可判处死刑,但应理解为,如果在犯罪之后法律规定可以轻判,该罪犯应予轻判。

3. 犯罪时未满 18 岁的人不得判处死刑,对孕妇或新生婴儿的母亲,或精神病患者不得执行死刑。

4. 只有在对被告的罪行根据明确和令人信服的证据、对事实没有其他解释余地的情况下,才能判处死刑。

5. 只有在经过法律程序提供确保审判公正的各种可能的保障,至少相当于《公民权利和政治权利国际公约》第 14 条所载的各项措施,包括任何被怀疑或被控告犯了可判死刑之罪的人有权在诉讼过程的每一阶段取得适当法律协助后,才可根据主管法院的终审执行死刑。

6. 任何被判处死刑的人均有权向较高级的法院上诉,并应采取步骤确保这些上诉必须受理。

7. 任何被判处死刑的人均有权寻求赦免或减刑,所有死刑案件均可给予赦免或减刑。

8. 在上诉或采取其他追诉程序或与赦免或减刑有关的其他程序期间,不得执行死刑。

9. 判处死刑后,应以尽量减轻痛苦的方式执行。

《经济社会理事会关于对保障措施的补充规定的第 1989/64 号决议》

1）通过辩护时间和设施方面的便利，为面临死刑指控的人提供特别的保护，包括在诉讼的每个阶段提供超过非死刑案件的充分法律协助。

2）所有死刑案件均规定强制上诉或复审，并规定可以赦免。

3）规定不得判处死刑或执行死刑的最高年龄。

4）取消对精神发育迟滞或限制精神能力者的死刑，无论是在判决还是执行阶段。

《经济社会理事会关于加强保障措施的第 1996/15 号决议》

1）鼓励未废除死刑的成员国，根据《公民权利和政治权利国际公约》第 14 条的规定，给予每一位可能面临死刑判决的被告一切保证以确保获得公正审判，并考虑到司法独立、律师作用的基本原则和检察官的作用准则，以及《保护所有遭受任何形式拘留或监禁的人的原则》和《囚犯待遇最低限度标准规则》中所确立的原则体系。

2）还鼓励尚未废除死刑的成员国，通过口译或笔译的形式确保不能够完全理解法庭语言的被告获得充分的告知，包括所有对他们的指控和法庭上出示的相关证据的内容。

3）呼吁可能执行死刑的成员国为被告向高级法院提出上诉并完成上诉程序、请求赦免提供充分的时间保证，以确保有效地适用《关于保护面对死刑的人的权利的保障措施》第 5 条和第 8 条。

4）也呼吁可能执行死刑的成员国，确保参与死刑执行的官员充分了解有关囚犯请愿或上诉请求赦免的情形。

5）敦促可能执行死刑的成员国，有效适用《囚犯待遇最低限度标准规则》，以便将死刑犯的痛苦减至最低，并避免加重这种痛苦。

三、最严重的罪行

国际和区域组织就《保障措施》第 1 条的两项要求达成了共识。首先，强制性的死刑量刑与《保障措施》规定不符，量刑必须逐案评估。其次，"最严重的罪行"仅限于故意杀人犯罪，毒品犯罪等非暴力犯罪不在此类。

　　根据联合国经济社会理事会在 2015 年的报告，强制性的死刑量刑与《保障措施》第 1 条不符，因为它"未能考虑被告人的个人情况和犯罪具体情形"，因此"不能对判处刑罚所涉特定犯罪行为的严重程度进行区分"。

　　《保障措施》第 1 条是针对《公民权利和政治权利国际公约》第 6 条所述"最严重的罪行"的更清晰定义的。《公民权利和政治权利国际公约》第 6 条规定，在未废除死刑的国家，判处死刑只能是作为对最严重的罪行的惩罚。联合国秘书长担心"最严重的罪行"一词本身太过含糊，因此在《保障措施》中加入了"结果为害命或其他极端严重的罪刑"这一句。法外处决、即决处决或任意处决问题特别报告员认为，应对"最严重的罪行"作出客观解释，否则"将使相关国际法标准丧失意义"。①

　　人权事务委员会在 2018 年 10 月通过的《关于生命权的第 36 号一般性意见》第 35 段明确指出，"对'最严重的罪行'必须进行限制性地解释，仅适用于包括故意杀人在内的极端严重的犯罪行为"。根据《保障措施》第 1 条，"最严重的罪行"不应该包括涉毒品犯罪和其他非故意的暴力和杀人罪行。酷刑和其他残忍、不人道或有辱人格的待遇或处罚特别报告员也阐明，"最严重的罪行"的定义不包括毒品犯罪。酷刑问题特别报告员认为："对涉毒品犯罪人员适用死刑构成侵犯生命权、歧视性对待，并可能侵犯……他们的人格尊严权。"法外处决、即决处决或任意处决问题特别报告员也有相同表述。

　　中国的刑罚政策影响了死刑适用。2000 年左右实行的"宽严相济"刑事政策和"少杀慎杀"观念对于减少死刑执行数量意义重大。在 2006 年 11 月 6 日第五次全国刑事审判工作会议讲话中，时任最高人民法院院长肖扬强调，为了防止错杀，死刑只能作为最后的手段。② 他还鼓励下级法院对有相关减轻处罚的情节以及因家庭、邻里或其他类似纠纷引起的受害人至少有部分过错的案件进行自由裁量，适用替代性判决：死刑缓期两年执行。

　　2007 年，最高人民法院收回了所有死刑立即执行判决的复核权，并颁布一项规则，规定死刑立即执行仅适用于极少数罪行严重的犯罪分子，③ 与家庭纠纷相关的激情犯罪和经济犯罪不应判处死刑。

---

　　① Alston, Philip, "Report of the Special Rapporteur on Extrajudicial, Summary or Arbitrary Executions", 29 January 2007, A/HRC/4/20, https://documents-dds—ny.un.org/doc/UNDOC/GEN/G07/105/00/PDF/G0710500.pdf? OpenElement.

　　② 石婷：《法律将放宽死刑》，载《南华早报》2016 年 11 月 10 日。

　　③ "Chief Justice Vows 'Extreme Caution' in Death Penalty Cases", China Daily, 15 March, 2007.

刑法修正案已经将可能判处死刑的罪名总数减少到 46 个。2011 年，删除了 13 项死刑罪名，将死刑罪名总数从 68 个降低到 55 个。2015 年，这一数字被刑法修正案降低到 46 个(见表 2)。这些不再适用死刑的罪行许多都是非暴力犯罪，例如经济犯罪。

表 2　　　　　　　　　　刑法规定的 46 个死刑罪名

序号	刑法条文	死刑罪名
1	第一章 危害国家安全罪（第 102 条、第 113 条）	背叛国家罪
2	第一章 危害国家安全罪（第 103 条第 1 款、第 113 条）	分裂国家罪
3	第一章 危害国家安全罪（第 104 条、第 113 条）	武装叛乱、暴乱罪
4	第一章 危害国家安全罪（第 108 条、第 113 条）	投敌叛变罪
5	第一章 危害国家安全罪（第 110 条、第 113 条）	间谍罪
6	第一章 危害国家安全罪（第 111 条、第 113 条）	为境外窃取、刺探、收买、非法提供国家秘密、情报罪
7	第一章 危害国家安全罪（第 112 条、第 113 条）	资敌罪
8	第二章 危害公共安全罪（第 115 条第 1 款）	放火罪
9	第二章 危害公共安全罪（第 115 条第 1 款）	决水罪
10	第二章 危害公共安全罪（第 115 条第 1 款）	爆炸罪
11	第二章 危害公共安全罪（第 115 条第 1 款）	投放危险物质罪
12	第二章 危害公共安全罪（第 115 条第 1 款）	以危险方法危害公共安全罪
13	第二章 危害公共安全罪（第 119 条第 1 款）	破坏交通工具罪
14	第二章 危害公共安全罪（第 119 条第 1 款）	破坏交通设施罪
15	第二章 危害公共安全罪（第 119 条第 1 款）	破坏电力设备罪
16	第二章 危害公共安全罪（第 119 条第 1 款）	破坏易燃易爆设备罪
17	第二章 危害公共安全罪（第 121 条）	劫持航空器罪
18	第二章 危害公共安全罪（第 125 条第 1 款）	非法制造、买卖、运输、邮寄、储存枪支、弹药、爆炸物罪
19	第二章 危害公共安全罪（第 125 条第 2 款）	非法制造、买卖、运输、储存危险物质罪

序号	刑法条文	死刑罪名
20	第二章 危害公共安全罪（第127条第1款）	盗窃、抢夺枪支、弹药、爆炸物、危险物质罪
21	第二章 危害公共安全罪（第127条第2款）	抢劫枪支、弹药、爆炸物、危险物质罪
22	第三章 破坏社会主义市场经济秩序罪（第141条）	生产、销售假药罪
23	第四章 侵犯公民人身权利、民主权利罪（第232条）	故意杀人罪
24	第四章 侵犯公民人身权利、民主权利罪（第234条）	故意伤害罪
25	第四章 侵犯公民人身权利、民主权利罪（第236条）	强奸罪
26	第四章 侵犯公民人身权利、民主权利罪（第239条）	绑架罪
27	第四章 侵犯公民人身权利、民主权利罪（第240条）	拐卖妇女儿童罪
28	第五章 侵犯财产罪（第263条）	抢劫罪
29	第六章 妨害社会管理秩序罪之第二节妨害司法罪（第317条）	暴动越狱罪
30	第六章 妨害社会管理秩序罪之第二节妨害司法罪（第317条）	聚众持械劫狱罪
31	第六章 妨害社会管理秩序罪之第七节走私、贩卖、运输、制造毒品罪（第347条）	走私、贩卖、运输、制造毒品罪
32	第七章 危害国防利益罪（第369条）	破坏武器装备、军事设施、军事通信罪
33	第七章 危害国防利益罪（第370条）	故意提供不合格的武器装备、军事设施罪
34	第八章 贪污贿赂罪（第383条）	贪污罪
35	第十章 军人违反职责罪（第421条）	战时违抗命令罪
36	第十章 军人违反职责罪（第422条）	隐瞒、谎报军情罪

续表

序号	刑法条文	死刑罪名
37	第十章 军人违反职责罪（第 422 条）	拒传、假传军令罪
38	第十章 军人违反职责罪（第 423 条）	投降罪
39	第十章 军人违反职责罪（第 424 条）	战时临阵脱逃罪
40	第十章 军人违反职责罪（第 430 条）	军人叛逃罪
41	第十章 军人违反职责罪（第 431 条）	非法获取军事秘密罪
42	第十章 军人违反职责罪（第 431 条）	为境外窃取、刺探、收买、非法提供军事秘密罪
43	第十章 军人违反职责罪（第 438 条）	盗窃、抢夺武器装备、军用物资罪
44	第十章 军人违反职责罪（第 438 条）	盗窃、抢夺枪支、弹药、爆炸物罪（处罚参照第 127 条）
45	第十章 军人违反职责罪（第 439 条）	非法出卖、转让武器装备罪
46	第十章 军人违反职责罪（第 446 条）	战时残害居民、掠夺居民财物罪

《刑法》规定可能判处死刑的犯罪还包括没有造成致命后果的暴力犯罪，例如强奸、绑架和拐卖妇女和儿童。人口拐卖(《刑法（2017 年修订)》第 240 条)是数量有限的在"情节特别严重"情形下应当判决死刑的罪行之一。其他罪行包括劫持航空器致人重伤或死亡(《刑法（2017 年修订)》第 121 条)和组织越狱罪(《刑法（2017 年修订)》第 317 条)。法官在决定罪行是否达到"特别严重"时有一定的自由裁量权。

1997 年修订《刑法》第 48 条规定："死刑只适用于罪行极其严重的犯罪分子。"此前，1979 年《刑法》规定死刑只适用于"罪大恶极"的犯罪分子。

死刑判决分为立即执行和缓期两年执行(包括死缓限制减刑)。在死刑案件中，如果"没有必要"立即对被告执行死刑，法院可以判处死缓。死刑缓期两年，之后法院将决定是否将死刑减为无期徒刑还是执行死刑。根据刑法规定，死缓判决通常会被减为无期徒刑或者 25 年有期徒刑，后者的前提是犯罪分子在两年死缓执行期间没有故意犯罪。只有犯罪分子在死刑缓期两年执行期内故意犯罪，且"情节恶劣"才会被执行死刑。

《刑法》第 232 条规定，故意杀人的，处死刑、无期徒刑或者十年以上有期徒刑。《刑法》第 14 条规定："明知自己的行为会发生危害社会的结果，并且希望或者放任这种结果发生，因而构成犯罪的，是故意犯罪。故意犯罪，应当负刑事责任。"因此，任何意识到自己的行为可能会导致死亡的人都犯有"故意"杀人罪。《刑法》第 234 条也规定，"故意伤害"致人死亡，或者以"特别残忍手段致人重伤造成残疾的"，也可能被判处死刑。对于这种犯罪，死刑的量刑位置不同于故意杀人罪，这表明死刑不是优先建议的刑罚。第 234 条规定"故意伤害致人死亡"判处"十年以上有期徒刑、无期徒刑或死刑"，而"故意杀人罪"的刑罚列举顺序是"死刑、无期徒刑或者十年以上有期徒刑"。在一些案件中，律师为了减轻量刑，会请求法院将杀人罪的指控变更为"故意伤害致人死亡"。

2015 年 3 月，最高人民法院、最高人民检察院、公安部和司法部联合发布了《关于依法办理家庭暴力刑事案件的意见》，这是中国第一个聚焦全面惩治和预防家庭暴力犯罪的司法解释，明确了刑罚适用中的一系列问题，包括量刑情节，如被害人过错。2015 年 12 月，全国人民代表大会常务委员会通过了《反家庭暴力法》，该法于 2016 年 3 月生效。在大多数情况下，家暴受害人反抗致人损害仍可能被认定为故意杀人，但量刑在有期徒刑和死刑缓期两年执行之间。比如李某因 2010 年杀害其丈夫谭某于 2011 年 8 月被判处死刑立即执行，上诉后，四川省高级人民法院于 2015 年 4 月改判为死刑缓期两年执行，法院维持了故意杀人罪的判决，但认为其长期遭受丈夫施加的家庭暴力是一个从轻处罚因素。

《刑法》第 347 条规定，死刑适用于毒品走私、贩卖、运输和制造，包括死刑在内的严厉处罚可能取决于：所涉及的毒品数量（1000 克以上鸦片或 50 克以上海洛因或甲基苯丙胺），是否为"犯罪集团首要分子"，以及是否使用"枪支"，暴力抗拒检查、拘留或逮捕，或者参与有组织的国际贩毒。

根据法律，有两个主要因素使毒品犯罪更有可能被判处死刑。一是涉案毒品数量，这是确定罪行严重程度以及是否达到判处死刑最低标准的主要因素。法律中的"毒品"指鸦片、海洛因、甲基苯丙胺（冰毒）、吗啡、大麻、可卡因以及国家规定管制的其他能够使人形成瘾癖的麻醉药品。另一个加重处罚的因素是累犯情节，如果一个人因走私、贩卖、运输、制造或非法持有毒品受到处罚而再犯，从重处罚，累犯更可能判处死刑。

四、弱势被告人

《保障措施》第 3 条的根据是，对最弱势的被告人施加死刑是不合比例且残酷的刑罚。酷刑和其他残忍、不人道和有辱人格的待遇或处罚问题特别报告员认为："对精神障碍者判处和执行死刑是极其残忍、不人道和有辱人格的。"在绝大多数国家，由于认识到少年罪犯的相对不成熟和回归社会的潜力，因此施加的刑罚比成年人要更宽大。在继续判处儿童死刑方面，伊朗是一个例外。禁止处决孕妇和新生婴儿母亲是基于承认该刑罚对无辜儿童的影响。1989 年通过的《对保障措施的补充规定》呼吁仍然保留死刑的国家确定一个不得被判处或执行死刑的最高年龄。

由于缺乏精神健康评估的清晰标准，禁止对精神病患者执行死刑在实践中难以实施，确定一个人是否属于"精神病患者"存在一定的主观性，各种各样关于"精神病"和死刑的术语也反映了对精神健康评估的不同标准。1989 年经社理事会通过的《对保障措施的补充规定》指出，应当废除对"精神发育迟滞（智力障碍）或限制精神能力者"的死刑适用。

联合国秘书长在 2010 年经社理事会报告中强调，《保障措施》第 3 条中对于"精神病"的要求与限制责任能力的理论不同。报告说："《保障措施》经常会和这些相关问题混淆，包括刑事责任能力、精神错乱辩护、受审能力质疑（由于精神问题无法参审判）等。"

获得公正审判的权利通常涉及平等和反歧视问题。联合国人权理事会对在性别、性取向、种族、宗教、残障和经济地位方面歧视性适用死刑表示关切。联合国大会 2018 年关于适用死刑的决议进一步呼吁防止歧视性适用死刑。人权理事会在最近对《公民权利和政治权利国际公约》第 6 条的权威解释中也指出，不得以"违反《公约》第 2 条第 1 款和第 26 条要求"的歧视性方式适用死刑。

根据中国刑法规定，未满 18 岁或者 75 岁以上的人犯罪应当减轻或从轻处罚。《刑法（2017 年修订）》第 49 条明确规定，对未满 18 岁或者 75 岁以上的人不适用死刑。

中国法律明确规定，对审判时怀孕的妇女，不适用死刑（《刑法（2017 年修订）》第 49 条）。但是没有关于禁止对新生儿的母亲执行死刑的明确法律规定。一位上诉法官在死刑复核的非正式指南中发表评论时解释道，对于 12 岁以下儿童的母亲，如果罪行很严重，她们通常会被判处死刑缓期两年执行。①

中国法律没有明确规定禁止对精神病人执行死刑。刑法规定，在刑事责任能力受限的情况下，法院可以给予更宽大的刑罚（《刑法（2017 年修订）》第 18 条）。如果某人患有间歇性精神疾病，法院必须确认他们在犯罪时是否精神正常。在中国，与精神病和死刑有关的三个关键问题是：对刑事责任的重视、对精神疾病的理解和鉴定程序。

《刑法》主要确定刑事责任问题。如果发现某人不具备刑事责任，那么他就不应受到刑事处罚，包括死刑。如果确定某人对其行为没有"刑事责任能力"，要么将其释放由家人看管，要么进行强制医疗。后者的前提是此人被视为对社会具有持续危害。强制医疗是在公安部管辖的封闭精神病院（安康医院）进行。

2018 年修订的《刑事诉讼法》第 35 条规定，患有精神病的犯罪嫌疑人或者被告人没有委托辩护人的，应当为其指派律师提供辩护。由于在确定精神障碍方面存在一些困难，并且缺乏提供法律援助的详细规定，人们认为该规定执行不力，尤其是在重要的侦查阶段。

只有公安机关、检察院和法院才有权下令进行精神病鉴定，此鉴定可以在刑事诉讼的任何阶段进行。如果辩护人对原始鉴定意见有疑问，可以申请补充鉴定或重新鉴定。辩护人要说明补充鉴定的理由，但司法机关并不一定会批准该申请。如果法院拒绝了辩方精神病鉴定的请求，并没有相应的上诉程序。在某些情况下，辩护方将委托独立鉴定中心进行鉴定，用这种评估意见来尝试说服法院重新考虑其决定。但该评估并没有正式的证据价值。被害人或被害人的家属也有权要求重新鉴定。

死刑案件中没有进行精神病鉴定的特定程序，但死刑案件中辩护律师提出精神病鉴定的申请通常会得到批准。北京和广东等地法院均要求在所有死刑案件进行精神病鉴定。大多数死刑案件中的精神病鉴定在二审阶段或最高人民法院死刑复核阶段进行。被告患有精神病的鉴定意见必须经过审查，才能作为审判证据。在鉴定意见遭到质疑的情况下，会要求鉴定人员出庭作证。

---

① Trevaskes, Susan, "From 'Killing Many' to 'Killing Fewer'" in Liang, Bin and Lu, Hong (eds.) The Death Penalty in China: Policy, Practice and Reform, Columbia University Press, 2016.

五、证据规则

对于什么构成"清晰而有说服力的证据"以及如何根据《保障措施》第 4 条使用专家证人，国际通行裁判法理表明，根据此项保障措施，死刑案件的举证责任必须加重。这项保障措施至少可以解释为《公民权利和政治权利公约》第 14 条所确认的无罪推定原则。《公民权利和政治权利国际公约》第 14 条还强调当事人审查对其不利的证人证言是公正审判的重要因素，该条规定："讯问或由律师讯问对他不利的证人，并使对他有利的证人在与对他不利的证人相同的条件下出庭和接受讯问。"

法外处决、即审即决或任意处决问题特别报告员认为，在采用最高标准对证据进行搜集和评估标准之时，必须推定被告无罪，直到其罪名已经被证明到可以排除一切合理怀疑的程度。同时，必须将所有从轻因素纳入考量。特别报告员继续强调，即使一国的法律总体上符合公正审判的国际标准，这些标准也必须适用于每个个案。

人权事务委员会在第 36 号一般性意见中指出，处决一个罪行还没被证明到排除合理怀疑的犯罪分子将构成任意剥夺生命。国家有义务根据包括 DNA 证据在内的新证据重新考虑定罪问题。委员会还鼓励各国考虑那些关于目击者证词不可靠和普遍存在虚假供述的研究。

中国官方白皮书认可无罪推定的原则，例如《中国人权司法保障的新进展》(2016 年)。《刑事诉讼法》在一定程度上也纳入了这个观念。2018 年修订后的《刑事诉讼法》第 200 条规定"证据不足，不能认定被告人有罪"，再结合第 12 条规定的"未经人民法院依法判决，对任何人都不得确定有罪"，构成了中国的"无罪推定"概念。

关于沉默权，《刑事诉讼法》第 120 条要求犯罪嫌疑人如实回答侦查人员的提问，他们也有权拒绝回答与案件无关的问题。

犯罪嫌疑人拥有辩护权。公诉案件中被告人有罪的证明责任由检察官承担(《刑事诉讼法》第 51 条)，辩护人也有义务提供被告人无罪的证据(《刑事诉讼法》第 37 条)。只有被告人供述，没有其他证据的，不能认定被告人有罪并处以刑罚，定罪必须要求"证据确实充分"。

《刑事诉讼法》第 50 条明确禁止刑讯逼供。2010 年两高三部颁布"两个证据规则"，回应死刑案件中证据审查认定以及一般刑事案件中非法证据的排除问题。这些规则于 2012 年被纳入修订的《刑事诉讼法》。中央政法委于 2013 年发布《关于切实防止冤假错案的规定》。新的规定要求对面临死刑或重刑的犯罪嫌疑人的讯问进行同步录音录像，该规则还赋予法官排除刑讯逼供获得证据的权力。2017 年，最高人民法院公布了非法证据排除的新规定。

在死刑案件中，目击证人的陈述很重要。在大陆法系中，证人的书面证词是审判前由公安局或者检察官提供的。《刑事诉讼法》规定，证人证言必须在法庭上经过控辩双方质证并查实以后，才能作为定案证据。2012 年修订的《刑事诉讼法》强调证人参与。第 187 条规定证人出庭作证的情形，第 188 条规定了鼓励证人出庭的规则。新修正案还为出庭作证的证人提供了更强的保护，包括经济补偿。

2005 年，全国人民代表大会常务委员会发布了《关于司法鉴定管理问题的决定》，旨在提高司法鉴定专家的独立性，并限制附属于公安的司法鉴定机构的作用。2010 年关于死刑案件审查判断证据的规则还强调了 DNA 鉴定、指纹分析或在犯罪现场通过其他手段检测到的生物证据，例如血迹、指纹或体液。2015 年，全国人民代表大会常务委员会修订了《关于司法鉴定管理问题的决定》。2016 年 2 月，司法部修订了《司法鉴定程序通则》，更加强调了对鉴定意见和专家报告的交叉询问(质证)。

公安局、检察院和人民法院均有权启动司法鉴定。辩方不能启动鉴定，只能申请重新鉴定或补充鉴定。《刑事诉讼法》第 192 条规定所有当事人均有权向法院通知新的证人到庭、调取新的物证，申请重新鉴定或勘验。法院没有义务批准这样的请求，辩方也没有诸如上诉程序之类的救济措施。辩护人可以进行私人的司法鉴定，并将其作为证据提交。

六、获得公正审判

对于面临死刑的人来说，获得公正审判的权利是其基本保障之一。如《保障措施》第 5 条所述，公平审判的最低标准由《公民权利和政治权利国际公约》第 14 条所规定。这些标准包括独立法庭通过公开审判审议刑事指控、被推定无罪的权利以及在诉讼所有阶段均可获得适当的法律服务和其他服务。对有关《保障措施》第 5 条的国际和区域性材料进行审查，可以总结出五项主要权利：(1)获得辩护的权利，包括获得律师的有效援助；(2)由独立公正的法庭进行审判的权利；(3)提起诉讼的权利；(4)领事告知权；(5)个性化量刑的权利。

公正审判权是《世界人权宣言》(UDHR)承认的一项人权，作为国际习惯法的一部分，已经对所有国家具有法律约束力。法院或其他法庭的独立性和公正性对进行公正审判至关重要。法院应"独立于政府其他部门，不受任何来源或出于任何原因的影响、威胁或干涉"（美洲人权法院）。公正性要求也适用于法官和陪审团。在涉及死刑的案件中，如果不能确保符合《公民权利和政治权利国际公约》第 14 条所规定的公正审判，将导致本质上任意性的判决。根据《公民权利和政治权利国际公约》第 6 条的规定，不得任意剥夺任何人的生命，且任何国家在任何公共紧急状态下均不得克减本权利（第 4 条第 2 款）。

2013 年《最高人民法院关于适用〈中华人民共和国刑事诉讼法〉的解释》包含了将潜在的侵犯公正审判权的行为作为其不核准死刑的理由。中国《宪法》规定，法院独立行使审判权，不受"任何行政机关、公共组织或个人的干涉"（第 131 条）。

中国《宪法》和《刑事诉讼法》确立了公开审判原则。法律还规定了涉及国家秘密、未成年被告人和个人隐私案件的例外情况。2013 年，最高人民法院启用了在线判决数据库（裁判文书网）。2018 年《最高人民法院关于进一步深化司法公开的意见》规定了法院应公开信息的范围。

基层人民法院不审理死刑案件，如果检察院认定案件可能导致无期徒刑或死刑的，应向中级人民法院提起公诉。辩方和控方均可将一审法院的裁判上诉至省一级的高级人民法院。二审法院的判决为终审判决。2007 年，最高人民法院收回了所有死刑判决的复核权。

案件进入检察院（审查起诉）阶段，受害人的家属有权委托代理人参与诉讼。受害人代理律师参与案件的程度，超出了其他许多法域考量被害人陈述的程度。诉讼代理人能够查看卷宗并向检察院和法院提交意见。

一审法院通常有 2 个月期限对公诉案件作出判决。经上级法院批准，可以延长至 3 个月，如果获得最高人民法院批准，则可以更久。如果法院要求检察院进一步调查，则将重新计算审理期限。

死刑案件和其他重大案件应由四名陪审员和三名法官组成的七人合议庭进行审理。（《人民陪审员法（2018 年）》第 16 条）人民陪审员是被任命"参与"审判活动的公民，与普通法系的陪审员不同。2018 年《人民陪审员法》修订了从普通公众及其工作范围中选拔陪审员的办法。在审阅了案卷和审判之后，人民陪审员与法官一起对事实的认定进行投票。陪审员可以对法律适用发表意见，他们不参与法律适用问题的表决（《人民陪审员法（2018）》第 22 条）。

法院可以召开庭前会议，考虑诸如证据或回避之类的问题。律师可以参加法庭调查和询问证人。审判期间，辩护律师提出辩护意见，是否有机会申请证人出庭或交叉询问证人，则由法庭裁量。

法院审判委员会可能会讨论死刑案件。法院院长将根据合议庭的请求决定是否应将死刑案件提交审委会讨论和裁决。审委会的成员人数是奇数，其决定可以推翻合议庭的决定。近来的改革建立了专门的刑事审判委员会，以"讨论决定重大、疑难、复杂案件"（《人民法院组织法（2018 年修订）》第 36 条）。

2018 年修订的《刑事诉讼法》引入速裁程序。速裁程序主要适用于不太严重的犯罪，原则上可以适用于死刑案件。精神病人、盲聋哑人和青少年不适用该程序。速裁程序要求侦查人员告知犯罪嫌疑人该程序权利和"认罪认罚"的法律后果（《刑事诉讼法（2018 年修订）》第 173 条）。犯罪嫌疑人认罪认罚的，应当在辩护律师或值班律师以及检察官在场的情况下签署认罪认罚具结书。

七、适当的法律协助

有效法律协助是公平审判的关键组成部分。无论当事人支付能力如何，都必须能够在刑事诉讼的每个阶段获得这种协助。从《世界人权宣言》第 10 条、第 11 条第 1 款以及《公民权利和政治权利国际公约》第 14 条衍生而来的关于在刑事司法系统中提供法律援助的国际法规范和指南均在不断增加。律师必须有足够时间准备案件，包括自己进行调查。这项辩护权的关键是能够充分获取信息。正如法外处决、即审即决或任意处决问题特别报告员所指出的那样："透明度是防止任意剥夺生命的基本正当程序保障之一。"

1989 年《经济社会理事会关于对保障措施的补充规定的第 1989/64 号决议》是建立在《保障措施》第 5 条的基础上，它规定在诉讼的每个阶段，律师的充分协助必须"超过非死刑案件提供的保护"。《经济社会理事会关于加强保障措施的第 1996/15 号决议》进一步鼓励尚未废除死刑的成员国保证《公民权利和政治权利国际公约》第 14 条规定的公正审判权，并牢记《关于律师作用的基本原则》。

政府必须"确保与（被告人）律师的所有会见都严格保密"（联合国禁止酷刑委员会）。有效辩护应"在死刑案件中发现并提交可能减轻罪刑的证据"（美洲人权委员会）。包括美国在内，所有保留死刑的国家都承认死刑案件法律援助的有效性和质量是公认的问题。国家是律师能力的保证人，这意味着国家必须确保有足够资金用于法律援助服务。

2012 年，联合国大会批准的《联合国关于在刑事司法系统中获得法律援助机会的原则和准则》，为所有法律援助规定了准则，包括公平原则、法律面前人人平等原则和不歧视原则。

《刑事诉讼法》的不断修订扩大了辩护律师的作用，使他们能够与委托人会见并参与刑事诉讼的三个主要阶段中：公安侦查、检察院审查和法院审判。在最高人民法院对死刑案件的复核中，律师也可能发挥作用。

《刑事诉讼法（2018 年）》第 35 条规定，如果犯罪嫌疑人或被告人可能被判处无期徒刑或死刑，没有委托辩护人为其辩护的，公安机关、检察院和法院应当通知法律援助机构指派律师。司法部地方行政机构的法律援助中心负责提供法律援助。2017 年发布的《值班律师指南》没有包含确保死刑案件早期代理的具体规定。值班律师应为被拘留者提供法律援助申请方面的帮助。如果在刑事诉讼的三个阶段提供法律援助，通常会导致三组不同的律师代理案件。

八、赦免、上诉和减刑

《保障措施》第 6、7、8 条揭示了有效上诉程序的四个特征：（1）对所有法律和事实问题均进行实质性审查；（2）复核期间的辩护权；（3）请求大赦、赦免或减刑的权利；（4）在复核期间中止执行。

联合国人权事务委员在关于《公民权利和政治权利国际公约》第 6 条（生命权）的一般性意见中指出，各国必须"采取一切可行措施避免在死刑案件中出现错判"。人权事务委员会还指出，必须为上诉和宪法申诉案件提供免费法律援助。

被告人在宣告判决后有 10 天时间向上一级法院上诉（《刑事诉讼法》第 230 条）。经被告人同意，被告人的辩护律师或近亲属也可以提出上诉。无论上诉的范围如何，二审法院都应对案件法律和事实问题进行全面审查。在死刑案件中，法院组成合议庭并开庭审理（《刑事诉讼法》第 234 条）。上一级法院在上诉后通常有 2 个月时间作出裁决，在死刑案件中可以再延长 2 个月。在特殊情况下，经最高人民法院批准，可以进一步延长期限（《刑事诉讼法》第 243 条）。

二审法院可以维持下级法院的判决，也可以在法律适用错误的情况下改判。如果案件事实不清或证据不足，二审法院可以改判，也可以撤销原判，发回原审法院重新审理（《刑事诉讼法》第 236 条）。2012 年修订《刑事诉讼法》时将二审法院发回原审法院重审限定为一次。在此之前，许多死刑案件被多次发回原审法院重审。如果在重审后再次提出上诉，则鼓励上一级法院直接作出判决。

2013 年《最高人民法院关于适用〈中华人民共和国刑事诉讼法〉的解释》第 42 条明确规定，最高人民法院复核死刑案件时，被告人没有委托辩护人的，法院应当通知法律援助中心提供法律援助。

不论被告人是否对初审中级法院的死刑判决提起上诉，上级法院都会进行复核。死刑缓期两年执行由高级人民法院核准（《刑事诉讼法》第248条）。复核程序与最高人民法院的复核程序类似，但不要求开庭审理。在死刑缓期两年执行判决的情况下，法院应当讯问被告人（2013年《最高人民法院关于适用〈中华人民共和国刑事诉讼法〉的解释》第344条和第345条）。

上级法院维持判决死刑立即执行的，应当将案件将移送最高人民法院复核。《刑事诉讼法》第四章规定了死刑复核程序。案件复核由三名审判员组成的合议庭进行。如果不核准死刑，最高人民法院有权将案件发回重审或改判（《刑事诉讼法》第250条）。2013年《最高人民法院关于适用〈中华人民共和国刑事诉讼法〉的解释》表明，最高人民法院决定不核准死刑最可能的结果是将案件退回高级法院或中级法院重新审理。最高人民法院的司法解释概括了死刑复核的决策标准。如果原审判决中的事实"不清楚"、证据"不充分"，或者出现新的证据，则应撤销原判决，并将该案发回重审。这也适用于法律适用错误或者违反诉讼程序，可能影响公正审判的情形（该解释第350条第6项）。

2015年最高人民法院《关于办理死刑复核案件听取辩护律师意见的办法》指出，死刑复核案件的辩护律师可以联系案件承办法官和最高人民法院办公室。他们可以在最高人民法院办公场所查阅案卷，还可以在看守所会见被告人，向最高人民法院法官提交书面意见。2019年9月《最高人民法院关于死刑复核及执行程序中保障当事人合法权益的若干规定》确认，被告人在最高人民法院死刑复核案件中享有辩护权。这些准则还规定，律师必须在接受案件的10天内向最高人民法院提交委托相关的手续。他们还必须在接受委托之日起一个半月内提交辩护意见。

最高人民法院授权死刑立即执行的决定是终局的。最高人民法院院长签署并下达执行死刑的命令（《刑事诉讼法》第261条）。在某些情况下，法院院长会延迟签署执行死刑的命令。在贾敬龙死刑案这一争议案件中，在签署死刑执行命令之前有几个星期的延期。在2019年的《最高人民法院关于死刑复核及执行程序中保障当事人合法权益的若干规定》颁布之前，没有法律规定要将裁定结果或死刑执行命令告知律师。新规定指出，宣告复核决定的人民法院应当在宣布后5日内将裁判文书送达辩护律师。

中国《宪法》赋予国家主席发布特赦令权力（第80条）。从理论上讲，这为面临死刑的囚犯提供了特赦可能性，但实际上并未适用过。

在减刑方面，法院可将死刑缓期两年执行的量刑在两年期满后减为无期徒刑或者有期徒刑。面临死刑立即执行的囚犯没有类似的权利申请减刑。

中国的审判监督程序规定了额外的上诉程序。2018 年修订《刑事诉讼法》第五章中有相关法律规定。法律允许当事人或其律师基于新证据或法律适用问题对法院判决提出申诉。审委会审议申诉，可能裁定重新审判。在审理申诉或重审期间，不会自动中止原判决的执行。由于法院应在最高核准死刑立即执行后的 7 天内执行死刑，因此不太可能启动审判监督程序。

九、尽量减轻痛苦

2015 年《联合国经济及社会理事会报告》强调了可能违反《保障措施》第 9 条的五种情况：(1)死囚牢房状况糟糕；(2)"死囚苦候"现象；(3)被执行死刑的人的家属的待遇；(4)执行方式过于痛苦；(5)公开执行死刑。

美洲人权委员会认为，剥夺食物饮水、卫生设施不足，以及长时间单独监禁、没有机会离开牢房进行锻炼，都侵犯了死囚的权利。"死囚苦候现象"是指对死刑犯的长期监禁构成残忍、不人道或有辱人格的惩罚的观念。联合国人权事务委员会试图确定一个令"死囚苦候"变得残酷、不人道和有辱人格的确切羁押期限。如果被关押在死囚牢房长达 13 年，不仅会造成"心理困扰"，而且是对囚犯案件管理不善的结果。联合国人权事务委员会还解释说，在等待上诉作出决定之前，羁押死囚超过 8 年会严重影响当事人的身心健康。

人权事务委员会在 2013 年 3 月 21 日通过的一项决议中呼吁各国在死刑案件中适当考虑儿童的最大利益。孩子应有权接触任何面临处决的父母，以及有关情况的所有相关信息。

大多数国际性和区域性人权机构通常会避免确定执行死刑的具体方法是否违反了《保障措施》第 9 条，部分原因在于，无论采用何种方法，精神和身体的痛苦都是死刑不可避免的后果。

酷刑问题特别报告员强调，死囚及其家属有为死亡做准备的权利。秘密执行死刑可能侵犯这项权利。[①] 2013 年 1 月，三名联合国特别报告员表示，公开处决加剧了残忍、不人道和有辱人格的待遇。

2017 年 6 月，公安部发布《看守所法（公开征求意见稿）》以征询公众意

---

① Méndez, Juan E, Interim Report of the Special Rapporteur on Torture and Other Cruel, Inhuman or Degrading Treatment or Punishment，9，August，2012. A/67/279.

见，尚未将立法提交全国人大审议。《看守所法》将更新 1990 年《看守所条例》。在中国，被判处死刑的人不会与其他人分开羁押于特别的"死囚牢房"。在判决和执行之间，囚犯会被继续关押在看守所。他们将与未决羁押的嫌疑人和被判短期监禁的囚犯共享一个大的监室。被判处死刑的被羁押人通常会戴上镣铐。对被判处死刑的囚犯广泛使用手铐和脚镣可能违反了国际标准。酷刑问题特别报告员在 2005 年 11 月访问中国后，对这种限制措施进行了批评。2015 年，联合国禁止酷刑委员会表示，"对缺乏有关使用拘束措施的法规和正当程序的权利的信息表示遗憾"。委员会建议中国"应当尽可能避免拘束措施的使用，或者只能在严格管制，且控制性较差的替代措施失败后作为最后的手段，并且只在尽可能短的时间内使用"。

使用身体约束的理由似乎在于，面临死刑执行的囚犯被认为有自残或自杀风险。1991 年《关于看守所使用戒具问题的通知》规定，公安部应为使用戒具确定共同标准。特别是手铐的重量不能超过 0.5 千克，脚镣的重量不能超过 5 千克。这些戒具只能用于制止或消除犯罪分子实施暴力、试图逃脱、自杀或破坏监管秩序的行为。例如，可以在法院一审判处死刑或上诉复核维持原判以及其他情况下使用。

1990 年《看守所条例》中没有提及死囚与律师和家属定期联系的需要。面临处决的囚犯被认为很危险。2019 年 9 月 1 日起生效的《最高人民法院关于死刑复核及执行程序中保障当事人合法权益的若干规定》要求，一审法院在收到最高人民法院的最终裁决后，将执行死刑的信息告知死刑犯及其家属，并允许他们会面。法院还可以允许死囚最后一次与近亲属之外的亲友会见，这种会见必须以"正当理由"为前提。规定指出，罪犯有权利通过录音录像等方式留下遗言。《刑事诉讼法》第 263 条规定，"死刑执行后，交付执行的法院应当通知罪犯家属"。根据 2019 年最高人民法院的新规，相关法院应在宣告最高人民法院的最终裁决 5 日内告知辩护律师。

一般认为，最高人民法院批准和执行之间的时间相对较短，因此在中国不存在"死囚苦候"现象。死缓判决也被视为死刑，死刑执行威胁仍然存在。被判处死缓以及因上诉而长期被监禁的人，也可能遭受类似于其他法域所批评的"死囚苦候"的心理困扰。

与枪决相比，注射死刑被认为是一种更人道和科学的执行方法。在 1997 年修订的《刑事诉讼法》第 252 条（2018 年《刑事诉讼法》修订后变为第 263 条）

中规定了注射死刑作为枪决之外的另一种执行方法。死刑采用枪决或注射等方法执行，可以在刑场和指定的羁押场所内执行。2000 年前后，相关法律争论强调了注射死刑，认为它是一种比枪决更人道的方法。此外，还引进了利用移动囚车执行死刑的方法，这被视为一种经济有效的执行注射死刑的方式。

　　通过使用麻醉药和致死性药物在药理学上诱发死亡是已知的。例如在美国，致死性注射的药物组合是硫喷妥钠、泮库溴铵和氯化钾。以这种药物组合来注射死刑在美国和国际社会都引起了人们的批评，人们担心该药物一旦使用会造成剧烈疼痛。